Liliane Opher-Cohn, Johannes Pfäfflin, Bernd Sonntag,
Bernd Klose und Peter Pogany-Wnendt (Hg.)

Das Ende der Sprachlosigkeit?

Reihe »edition psychosozial«

Liliane Opher-Cohn, Johannes Pfäfflin, Bernd Sonntag,
Bernd Klose und Peter Pogany-Wnendt (Hg.)

Das Ende der Sprachlosigkeit?

Auswirkungen
traumatischer Holocaust-Erfahrungen über
mehrere Generationen

Psychosozial-Verlag

Die Deutsche Bibliothek - CIP-Einheitsaufnahme
Das Ende der Sprachlosigkeit? :
Auswirkungen traumatischer Holocaust-Erfahrungen
über mehrere Generationen / Liliane Opher-Cohn ... (Hg.). - Gießen :
Psychosozial-Verl., 2000 (Reihe „Edition psychosozial")
ISBN 978-3-89806-005-9

2. erweiterte Auflage
© 2000 Psychosozial-Verlag
E-Mail: psychosozial-verlag@t-online.de
www.psychosozial-verlag.de
Alle Rechte, insbesondere das des auszugsweisen Abdrucks
und das der fotomechanischen Wiedergabe, vorbehalten.
Umschlagabbildung: Ulrike Körbitz, *Eierköpfe halten den Mund*, 1992
Umschlaggestaltung: Atelier Warminski, Büdingen
Printed in Germany
ISBN 978-3-89806-005-9

Inhaltsverzeichnis

Vorwort der Herausgeber 7

Reflexionen zum Thema des Symposions – Teil 1 9

Vamık D. Volkan
Die Anatomie der Vorbereitungen für das Symposium
„Das Ende der Sprachlosigkeit?" 23

Annette Streeck-Fischer
Vergangene und gegenwärtige Traumatisierung – jugendliche
Skinheads in Deutschland 51

Jörn Rüsen
Holocaust-Erfahrung und deutsche Identität –
historische Überlegungen zum Generationswandel
im Umgang mit der Vergangenheit 71

Klaus E. Grossmann
Verstrickung, Vermeidung, Desorganisation: Psychische
Inkohärenzen als Folge von Trennung und Verlust 85

Ira Brenner
Stacheldraht in der Seele: Ein Blick auf die generationsübergreifende Weitergabe des Holocaust-Traumas 113

Mathias Hirsch
Transgenerationale Weitergabe
von Schuld und Schuldgefühl 141

Ilany Kogan
Die Suche nach der Geschichte der Nachkommen
von Holocaust-Überlebenden in ihren Analysen:
Reparation des „seelischen Lochs" 163

Terez Virág
Das Holocaust-Syndrom in der Praxis der Psychotherapie
mit ungarischen Überlebenden 183

Inhaltsverzeichnis

Jean-Jacques Moscovitz
Bruch in der Geschichte und
Freudianische Lektüre des Aktuellen 201

Bernd Nitzschke
Psychoanalyse im „Dritten Reich" und die Folgen für die
psychoanalytische Geschichtsschreibung nach 1945 219

Yolanda Gampel
Gedächtnis – Vergessen und erinnern:
Ein Akt des Mutes, der Identität oder des Glaubens 247

Autorinnen und Autoren 265

Vorwort der Herausgeber

In unseren Fachdiskussionen über Psychotherapie-Patienten stellten wir fest, daß viele ein gemeinsames Problem hatten: Gefragt nach den Gefühlen und Einstellungen von Eltern, Großeltern oder anderen Familienmitgliedern während des Nationalsozialismus, konnten sie nur vage Antwort geben. Sie wuchsen auf, ohne mit ihren Verwandten über diese Zeitperiode genauer sprechen zu können.

Ein großer Teil der Patienten erwies sich, als wir die Aufmerksamkeit darauf richteten, durch Krieg und die Schrecken des Holocaust zumindest in seiner Entwicklungsgeschichte – wenn nicht in seiner Krankheitsentstehung – beeinflußt. Dies war scheinbar unabhängig davon, ob diese Patienten Kinder von Traumatisierten des Holocaust, von Mitläufern oder von Tätern waren. Auch die in den letzen Jahren in einer Vielzahl erschienenen historisch oder politisch orientierten Bücher zum Thema ermöglichten keinen ausreichenden inneren emotionalen Bezug zu den persönlichen Erfahrungen und den daraus resultierenden psychologischen Problemen.

Der Herausgeberkreis besteht aus Psychotherapeuten unterschiedlicher persönlicher Herkunft aus jüdischem und christlichem Hintergrund. Die Gruppe setzte sich, wie im ersten Kapitel nachzulesen, mit den versteckten Prozessen der eigenen Sprachlosigkeit und den existierenden Schatten des Holocaust auseinander.

In der Reflexion über die eigene Lebensgeschichte, die von Vamık D. Volkan im zweiten Kapitel des Buches als Ergebnis eines intensiven, über zwei Jahre gehenden Supervisionsprozesses kommentiert wird, bemerkten wir, daß auch in unserer Kindheit über die Fragen des Holocaust unzureichend gesprochen worden ist. In den langjährigen psychotherapeutischen Ausbildungen war dieses Thema meist zu kurz gekommen. Unausgesprochenen oder offen gestellten Fragen wurde auch in den Familien der Psychotherapeuten mit Sprachlosigkeit begegnet.

Vom 14.-16. August 1998 trafen sich auf Einladung des Psychotherapeutischen Arbeitskreises für Betroffene des Holocaust und

Vorwort

mit Unterstützung der Landesregierung Nordrhein-Westfalen anläßlich des 50. Jahrestages des Staates Israel Wissenschaftler aus Frankreich, Israel, den USA und Deutschland zu einem fachlichen Austausch mit 300 Teilnehmern im Rahmen eines Symposions in Düsseldorf. Die Ergebnisse werden mit diesem Buch einer interessierten Öffentlichkeit zugänglich gemacht.

Bei einer Abschlußdiskussion mit Referenten und Herausgebern waren wir uns einig, daß die Diskussion über die Folgen des Holocaust für die Betroffenen und für die nachfolgenden Generationen begonnen hat und weitergeführt werden kann. Wir haben hoffentlich einen Beitrag dazu leisten können, daß die noch geringe Zahl der Fragen gestellt werden kann und mögliche Anworten gegeben werden können.

Buch und Symposion wären nicht möglich gewesen ohne die Unterstützung folgender Personen und wir danken von Herzen: Frau Eisenmenger, Pali Gaspar, Norman Icking, Monika Janzen, Silke Kasten-Langhorst, Christian Koch, Karl Köhle, Heiner Lichtenstein, Herr Linke, Hannelore Lutz, Heike Müßner, Hubertus Neuerburg, Herr Schumacher, Günther Steinert, Kerstin Stellermann, Monika Türk, Joachim Zweite, dem Land Nordrhein-Westfalen, vertreten durch die Mitarbeiter der Staatskanzlei, und den Sponsoren.

Liliane Opher-Cohn
Johannes Pfäfflin
Bernd Sonntag
Bernd Klose
Peter Pogany-Wnendt

Reflexionen zum Thema des Symposions – Teil 1

Johannes Pfäfflin

Auf ein Bruchstück unausgesprochener Familiengeschichte stieß ich 1990 eher zufällig. Damals erschien im Württembergischen Gemeindeblatt ein Zeitdokument: Ein Brief, geschrieben im Mai 1933. Dieser Brief, der an den damaligen württembergischen Kirchenpräsidenten Theophil Wurm gerichtet war, wurde von den württembergischen Pfarrern Rudolf Daur, Fritz Pfäfflin und Hermann Umfried verfaßt. Der an zweiter Stelle unterzeichnende Fritz Pfäfflin ist mein 1988 verstorbener Vater.

Ich möchte Ihnen einige Ausschnitte aus diesem Brief zitieren:

> „Hochverehrter Herr Kirchenpräsident! Wir Unterzeichnenden erlauben uns, in schwerer Besorgnis um die Verkündigung der Kirche und das Heil unseres Volkes, uns an Sie zu wenden. Wir erkennen mit Dankbarkeit an, was von dem Herrn Kirchenpräsidenten und anderen Führern der württembergischen Kirche seit der Umwälzung in öffentlichen Äußerungen gesagt worden ist, um die Selbständigkeit der Kirche sicherzustellen und die nationale Erhebung in gesunde Bahnen zu lenken. Auch die Anordnung eines Kirchengebets für die Führer des Volkes haben wir begrüßt. ... Wir hätten aber den dringenden Wunsch, daß in nicht zu ferner Zeit ein klares, öffentliches, autoritatives Wort von der Führung der evangelischen Kirche Württembergs gesagt würde, das in bestimmterer Form als bisher zu einzelnen Geschehnissen und Entwicklungen der nationalen Erhebung Stellung nimmt. Wir würden in besonderer Weise begrüßen, wenn ein solches Wort in feierlicher und eindrücklicher Weise, entweder durch Verlesung von sämtlichen Kanzeln, oder durch Rundfunkansprache des Herrn Kirchenpräsidenten, an das ganze evangelische Kirchenvolk Württembergs herangebracht würde."

Es folgt nun eine ausführliche und von großer Sorge getragene Darstellung der Auseinandersetzungen um die Auswirkungen des „Gesetzes zur Wiederherstellung des Berufsbeamtentums" (den sog. „Arier-Paragraphen" vom 7. April 1933). Bürgermeister und andere Amtspersonen wurden willkürlich abgesetzt und durch „völlig unfähige(n) oder sittlich anfechtbare(n) Vertreter(n) der nationalen Parteirichtung" ersetzt.

Reflexionen zum Thema des Buches

Dann weiter im Brief: Im übrigen

„sind wir genötigt, ein Wort über die Stellung der christlichen Kirche zu den Judenverfolgungen zu sagen. Dem Herrn Kirchenpräsidenten sind die Vorgänge in Öhringen, Niederstetten, Creglingen und anderen Orten des Hohenloher Landes bekannt. Der besonders schwere Fall mit Todesfolge in Creglingen kann, nach unserem Wissen, vom Oberrabbinat in seinen genauen Einzelheiten in Erfahrung gebracht werden. Wir haben außerdem genaue Berichte von Überfällen, die auf hervorragende Vertreter des deutschen Judentums in deutschen Städten, auch in der württembergischen Landeshauptstadt verübt worden sind. Männer, die im Krieg ihre letzte Pflicht getan haben, Offiziere, Inhaber des Eisernen Kreuzes mit Kriegsverletzungen, solche, die in der Volksbildungsarbeit der deutschen und sogar der christlichen Kultur die Arbeitskraft eines Jahrzehnts geopfert haben, wurden bewußtlos geschlagen. Dazu kommt die Verächtlichmachung der Arbeit solcher Menschen und der gewalttätige Wille, sie von ihren Posten zu verdrängen. Bis in die Kinderwelt ist die Verfolgung vorgedrungen. Die christliche Kirche darf nach unserer Meinung zu diesen Dingen nicht länger schweigen."

Es existiert nur Schweigen, jedenfalls kein Antwortschreiben auf diesen Brief. Meine genaueren Nachforschungen haben ergeben, daß sich der engagierte Mitautor des Briefes und Freund meines Vaters, *Hermann* Umfried, im Januar 1934 suizidierte, nachdem er wiederholten Verhören, Drohungen und Angriffen durch die Nationalsozialisten ausgesetzt war.

Mein Taufname – ich wurde 1950 geboren – ist Johannes *Hermann* Pfäfflin. Zu meinem – im Verborgenen gehaltenen – Zweitnamen, der auch in meiner seelischen Repräsentation fast in Vergessenheit geraten war, wurde mir als Kind wiederholt gesagt, „Hermann" sei der Name eines kurz vor meiner Geburt verstorbenen Onkels. Aber es gibt keinen Hermann in den Familien väterlicher- und mütterlicherseits.

Ich trage also den – deutschen – Namen des brüderlichen Mitstreiters gegen die gerade an die Macht gekommenen Nationalsozialisten. Aber weshalb überdeckt der Mantel des Schweigens zu diesem Thema meine Kindheit, Jugend, Adoleszenz und auch meine weitere Lebensgeschichte? Angesichts des im Brief ersichtlichen Engagements seitens des Vaters läge eine innerfamiliäre offene Auseinandersetzung und Nachbearbeitung doch nahe.

Meinen Vater kenne ich als zurückgezogen lebenden, stillen

Menschen, der sich hinter den Schreibtisch seines Studierzimmers, wie die Pfarrstube genannt wurde, zurückzog. Konflikthaften Auseinandersetzungen – speziell zum Thema „Drittes Reich" und Nationalsozialismus – wich er aus. Er war im Krieg als Oberzahlmeister tätig und erlebte ganz sicher offenen Auges mit, was sich „da draußen" abspielte. Die einzige Kriegserinnerung, die ich von ihm persönlich vernahm, handelte von drei jüdischen Frauen, denen er das Leben retten wollte, indem er sie mit immer neuen – zum Teil auch schriftlichen – Begründungen in seiner zahlmeisterlichen Amtsstube als unentbehrliche Mitarbeiterinnen zu halten versuchte. Er sprach es niemals aus, aber es war – ohne Zweifel – eine vergebliche Bemühung. Ich verurteilte ihn dafür und empfand, was er selbst auch empfunden haben mag, daß er jämmerlich versagt hatte. Doch auch das blieb unausgesprochen.

Zu der anderen Seite meiner Familiengeschichte zu Beginn des „Dritten Reiches" sei soviel gesagt: Die Familie mütterlicherseits besaß einen Verlag, in dem eine Rundfunkrede von Magda Goebbels, gehalten zum Muttertag am 14. Mai 1933 (selber Monat, selbes Jahr wie der Brief des Vaters) herausgegeben und veröffentlicht wurde. Diese Denkschrift erschien unter dem Titel „Die deutsche Mutter". Bei Magda Goebbels handelt es sich um die Ehefrau des damaligen Propagandaministers.

Meine Eltern heirateten im August 1934. Über die – wie man doch meinen möchte, schönsten und erfüllendsten Jahre im Leben eines Paares – wurde in meiner Familie nicht gesprochen.

Literatur

Röhm, Eberhard, Thierfelder, Jörg: Juden – Christen – Deutsche. Band I: 1933-1935. Calwer Verlag Stuttgart 1990

Reflexionen zum Thema des Buches

Liliane Opher-Cohn

Ich wurde am 9. Juni 1952 in Bukarest geboren als Tochter von Miriam Cohn und Aizic Cohn. Ich bin ihr einziges Kind. Die Atmosphäre im Elternhaus war warm, bunt, aber auch bedrückt.

Alle Superlative dieser Welt reichten nicht aus, die mir angedichtet wurden: Prinzessin, Genie, Schönheit etc... Ich mußte Ballett machen, Klavier spielen und vieles andere mehr ...

Hier und jetzt, so viele Jahrzehnte danach, sehe ich wieder die Bilder vor mir, wie ich als 4jährige auf einer Bühne stand. An einem Tag im Kindergarten war ich: Primaballerina im Ballett, Primadonna im Menuett und war Dirigentin des Kinderorchesters. Bis heute habe ich keine Ahnung von Musik.

Ich wehrte mich dagegen. Regelmäßig wurde ich einen Tag davor krank: Mein Onkel pumpte mich mit Antibiotika voll, meine Mutter drehte mir die Schillerlocken. Mein Vater weinte vor Rührung.

Mit fünf konnte ich natürlich perfekt lesen. Dafür war mein Vater zuständig. Da Wladimir Jlitsch Lenin angeblich auch mit fünf lesen konnte, war es wohl recht billig, daß ich es auch konnte. Mein Vater war glühender Kommunist. Ich auch!

Mein Vater erklärte mir immer wieder: „Kind, denk daran, egal was passiert: in erster Linie bist Du MENSCH; wenn Du älter sein wirst, werden einige dumme Leute versuchen Dich zu diskriminieren, weil Du Frau und Jüdin bist. Kümmere Dich nicht darum!" Fast wie ein Gebet!

Meine Familie war nicht religiös. Trotzdem gab es an den jüdischen Feiertagen ein Fest. Die ganze Familie kam zusammen. Übers Judentum wurde nicht gesprochen. An solchen Abenden gab es immer „Lustige Geschichten aus dem Lager". Mein Vater hörte ruhig zu. Aber hinterher triumphierte er: „Ich hab es geschafft, den Nazis zu entfliehen. Ich habe in Rußland als Partisan gekämpft gegen die Deutschen." Daß er im KZ war, habe ich erst nach seinem Tod erfahren. Vor 5 Jahren. Mein Vater war für mich der Held. Meine Mutter und mein Onkel, ihr Bruder, die im Alter von 13 und 17 Jahren zusammen mit ihren Eltern in das Lager Transnistrien deportiert wurden, waren für mich die Feiglinge, die Opfer.

Mit neun Jahren sah ich in Bukarest den Film: „Das Tagebuch der Anne Frank" und war erschüttert. Mir wurde klar, was es bedeutet Jüdin zu sein. Ein Mädchen in meinem Alter!

In diesem Alter bekam man in den kommunistischen Ländern für gute Leistungen die Pionierskrawatte. Wie sehr hatte ich diesen Augenblick herbeigesehnt. Um meine Leistungen mußte ich mir als Kind der Superlative keine Sorgen machen – was sollte mich also daran hindern, meinen Idolen Marx, Engels und Lenin einen Schritt näherzukommen? Die Lehrerin: „Du, Cohn, und du, Leibowici, könnt die Krawatte nicht bekommen – ihr seid ja Juden."

Wir haben die Krawatte doch bekommen, meine Mutter hat wie eine Löwin dafür gekämpft; weil aber wir beiden Juden daran teilnahmen, fand die Feier im Klassenzimmer und nicht in der Öffentlichkeit der Aula statt.

Ich war 12, als wir nach Jahren der Demütigung nach Israel auswandern durften, mein Onkel hatte uns freigekauft. Wir machten einen Umweg über Düsseldorf, wo meine Großmutter und mein Onkel lebten, denen die Flucht aus Rumänien früher gelungen war.

Die Reihung von Schicksalsschlägen – die Spätfolgen – nahmen ihren Lauf: Die Mutter meiner Mutter erkrankte kurz nach unserer Ankunft an Krebs. Meine Mutter wollte bei ihr sein, und so blieben wir. Mein Vater, in Rumänien Professor für Chemie, sprach kein Wort deutsch, hielt sich und uns mit Jobs über Wasser. Mein großer Held war stumm geworden. Meine Mutter, in Rumänien eine Dame des gesellschaftlichen Lebens, wurde depressiv. Zwei Jahre nach dem Tod meiner Großmutter erkrankte auch sie an Krebs. Sie hatte es geschafft, es vor der Familie geheim zu halten. Als wir es erfuhren, war nichts mehr zu machen. Zwei Jahre des Leidens fingen für uns alle an, bis sie mit knapp fünfzig endlich sterben konnte.

Mein Onkel Abraham Braun beschäftigte sich hauptsächlich mit

Reflexionen zum Thema des Buches

den Gutachten für Wiedergutmachung und ging später nach Holland, wo er im Universitätsklinikum Leiden Überlebende des Holocaust behandelte.

In meiner eigenen Analyse als auch in der Arbeit mit meinen Patienten habe ich immer wieder gespürt, daß es einen Punkt gibt, bei dem man nicht mehr fragen darf.

Ich suchte Hilfe bei Supervisoren. Zu meinem Erstaunen stieß ich da auch auf Verwunderung, Befremden bis hin zu Beleidigungen, z. B.: „Sie mit ihrer Holocaust-Macke, das ist doch schon längst vorbei und überhaupt: Sie haben ja an der Düsseldorfer Universität studiert, da wird ja sowieso nur Verhaltenstherapie gelehrt, was wissen sie schon über die menschliche Seele!"

Ich ging nach Israel: dort traf ich die Psychoanalytikerin Yolanda Gampel. Sie war nicht befremdet. Sie verstand mich, und ich begann auch besser zu verstehen. Wir blieben in Kontakt.

Kurz nach dem Fall der Mauer fand in Jerusalem der Kongreß statt „Children in War". Hier lernte ich den amerikanischen Psychoanalytiker Vamlk Volkan kennen. Erst Yolanda in Israel, dann Vamlk in den USA, ich war nicht mehr alleine. Aber wen gab es für mich zu Hause?

Ich fing mal wieder eine Fortbildung an für Familientherapie bei der Psychoanalytikerin Marlene Steuber. Sie sprach mir gegenüber aus, daß der Holocaust auch Auswirkungen auf mein Leben hat. Auf alle in der zweiten Generation.

Mit Unterstützung des Journalisten Reinhold Rombach und des ehemaligen Landesdirektors des Landschaftsverbandes Rheinland, Dieter Fuchs, wurde unser Verein am 14. Juli 1995 gegründet. In diesem Verein sind überwiegend Nichtjuden, auf die ich zugehen mußte.

Der Prozeß ist wahrscheinlich nie abgeschlossen. Aber wir haben auf jeden Fall einen großen Schritt geschafft: Wir sind öffentlich geworden.

Bernd Klose

Als ich unseren Verein mit gründete, bewog mich ein Bündel von Motiven, u. a. auch das der persönlichen Bekanntschaft und Sympathie für die anderen.

Befangenheit in der Begegnung mit Juden hatte ich oft erlebt, vor allem in meiner Berufstätigkeit als Psychiater. Wenn irgend möglich, begegnete ich diesem Unbehagen durch Identifikation mit den Opfern, doch es blieben „emotionale Unstimmigkeiten", die ich in der Vereinsarbeit klären wollte.

Durch die Beschäftigung mit dem Thema zunehmend sensibilisiert, in der begleitenden Supervision durch Herrn Volkan berührt, vertiefte ich mich zwangsläufig in eigene biografische und Entwicklungsbezüge.

Obwohl Einzelkind, wuchs ich im Verbund einer großen Familie auf, unter, wie man so sagt, „einfachen Menschen", die meisten evangelisch, viele sehr lebensvoll. Nicht nur mit meinen Eltern, sondern auch mit einer Reihe von anderen spürte und spüre ich tiefe Verbundenheit, mit ihnen identifizierte ich mich, sie wurden ein bestimmender Teil meiner heutigen seelischen Struktur. In dieser weit verzweigten Familie waren im 3. Reich wenige aktiv, die meisten mißtrauisch-angepaßt im Versuch, „über die Runden zu kommen". In weiterer verwandtschaftlicher Entfernung gab es auch zwei SS-Männer, einer fiel im Krieg, den anderen lernte ich als Kind kennen, seine Vergangenheit war irgendwie „tabu". Die Familie väterlicherseits, aus Schlesien stammend, erlitt unter den Ereignissen der Kriegsendzeit Auflösung und Zerstörung, besonders die anklagenden und bitteren Erzählungen einer Tante sind mir sehr präsent. Ich erinnerte mich an Lehrer, an Mitglieder der Kirchengemeinde, in der ich später aktiv war, es wurden immer mehr ...

Als ich alle auf meiner inneren Bühne betrachtete, mit einigen, mit denen es noch möglich ist, auch sprach, bemerkte ich immer wieder Zweierlei:

– eine klare, aber mitunter subtil verpackte antisemitische Tendenz,
– Schweigen, Ausweichen, Beschämung – insgesamt Abwehr in der einen oder anderen Form, wenn der Holocaust thematisch auch nur gestreift worden war.

Beim Versuch, mich selbst tiefer zu erfassen und diesen persönlichen Nebel zu lichten, beschäftigte mich das Buch von Daniel Goldhagen, auch die nachfolgende heftige öffentliche Diskussion.

Abwehrende Identifikation mit den Opfern konnte ich nicht mehr aufrecht erhalten. Ich kam in Kontakt mit tiefen destruktiven Motiven, schwierigen narzißtischen Regulationsprozessen, Scham, mit einem Symptombereich, den ich auch in langer Lehranalyse nicht gänzlich hatte lösen können. Bisher verstand ich ihn vor allem als Auswirkung schwerer, schicksalhafter Belastungen in meiner Primärfamilie, die einsetzten, als ich Kleinkind war.

Allein der Versuch, mich im familiären Enkulturationskontext differenzierter zu verstehen, Worte für Erlebensfelder zu finden, wo bisher Attribuierungen wie *un*faßbar, *un*begreiflich, *un*erklärlich Platz hielten, verschaffte mir Rahmen, Struktur und mehr Bewegungsfreiheit in der Begegnung mit den anderen. Alle wichtigen und meine Struktur mit bildenden Beziehungspersonen erhielten neue Facetten – und sind mir nahe geblieben. Für mich wurde vielleicht benennbarer, welche Art von introjektivem Material der Täterseite mir übergeben wurde und in der Tiefe wirkt. In dieser Identifikation mit meinem Herkunftskontext weiß ich heute auch wirklich nicht, wie ich als junger Mann im 3. Reich wohl gehandelt hätte.

Mit deutscher Kultur, wie immer definiert, besonders mit meiner Muttersprache, bin ich tief identifiziert, ich trage sie nach meinen persönlichen Möglichkeiten mit, und, das möchte ich nicht vergessen, ich werde auch von ihr durch mein Leben getragen.

Sie ist gezeichnet durch die Täterschaft im Holocaust, kein Erklärungsmodell, kein Verweis auf andere Völker, die Genozide begingen, kein wie auch immer gearteter Abwehrversuch kann dieses Zeichen löschen, allenfalls für einige Zeit überdecken.

Verstehenskonzepte, wie sie hier auf dem Symposion vorgetragen werden sollen, haben mir geholfen, diese abgewehrten Anteile überhaupt zu sehen und im Ich etwas freier zu werden, vor allem aber, die wuchtigen Affekte binden zu können, die in diesem vertieften Erleben zwangsläufig entstehen.

Peter Pogany-Wnendt

Mein Hauptzugang zu der Holocaust-Thematik ist ein ganz persönlicher. Hierzu möchte ich eine kleine Geschichte erzählen: Meine siebenjährige Tochter fragte mich vor einiger Zeit, während wir gemeinsam frühstückten und ich in die Lektüre meiner Tageszeitung vertieft war, völlig überraschend: „Papa, warum guckst du so traurig?" Ich fühlte mich in dem Moment nicht traurig und fragte sie, wie sie darauf komme. „Du hast so ein trauriges Gesicht, und wenn ich dich sehe, dann werde ich auch so traurig."

Ich maß dieser Situation zunächst keine weitere Bedeutung bei. Als sie aber dieselbe Bemerkung mehrmals in Abständen von mehreren Wochen wiederholte und sich in mir gefühlsmäßig etwas zu rühren begann, wurde ich allmählich nachdenklicher. Dann erinnerte ich mich, daß auch ich als Kind meinen Vater immer schon als traurig erlebt und mich selbst deswegen häufig traurig gefühlt hatte. Ich habe mich als Kind nie getraut, ihn daraufhin anzusprechen. Ich behielt meine Trauer und ein unbestimmtes Gefühl von Mitleid für mich und hatte zugleich das Gefühl, in stiller Verbundenheit gemeinsam mit meinem Vater das Leid und den Schmerz aushalten zu müssen. Ich wußte aus Erzählungen, daß seine Trauer etwas mit seiner Geschichte zu tun hatte. Er wurde 1944/45 im Alter von 19 Jahren in ein Arbeitslager nach Bor deportiert. Als er zurückkam, waren seine Eltern tot, auf unbekannte Weise von den Nazis umgebracht worden. Er blieb in jungen Jahren mit seiner schon älteren Großmutter alleine auf der Welt. Diesen Verlust schien er nie überwunden zu haben. Ich wuchs mit dem unbestimmten Gefühl auf, als sei es meine „Pflicht", das erfahrene Leid meines Vaters mit tragen zu müssen. Noch mehr hatte ich das Gefühl (oder gar das Bedürfnis), als Ausgleich für meinen Vater etwas „Gutes" tun zu müssen. Ich wußte bloß nicht was. Am meisten litt ich unter der Sprachlosigkeit, die zwischen uns herrschte.

Meine Tochter konnte etwas aussprechen, was ich nie gewagt hatte, meinem Vater zu sagen. Die Bemerkung meiner Tochter hat mich einerseits schmerzlich berührt, sie hat mich andererseits irgendwie entlastet. Sie hat mit einer Stimme sowohl für meinen Vater als auch für mich und für sich selbst gesprochen.

Als ich Ende 1970 nach Deutschland kam, erfuhr ich sehr bald, daß das Thema Holocaust in den meisten Familien gemieden wurde. Ich war damals über diese Tatsache überrascht und sogar erschrocken, aber irgendwie konnte ich dieses Schweigen instinktiv nachvollziehen. Noch mehr hat es mich überrascht, als mir erst viele Jahre später bewußt wurde, daß auch in jüdischen Familien eine große Hemmschwelle besteht, über den Holocaust zu sprechen. Als ich 1984 zum ersten Male in Israel zu Besuch war, fragte man mich im Kibbuz, wo ich zu Gast war, wie wir ausgerechnet nach Deutschland gehen konnten. Ich konnte darauf keine Antwort geben. Ich spürte Scham und Schuld, fühlte mich fast wie ein Verräter. Ich hätte gerne gesagt, daß sich in der Zwischenzeit in Deutschland vieles verändert hat, traute mich aber nicht. Doch die Frage hat sich in mir eingeprägt und erzeugt weiterhin eine unbestimmte Unruhe. Ich habe bis heute keine Antwort gefunden, doch es gibt eine Erfahrung, die mich auf eine Spur bringen könnte.

Während des Studiums lernte ich einen Kommilitonen kennen, mit dem ich sehr gut befreundet bin. Meine jüdische Geschichte hat ihn immer sehr interessiert, und wir haben viele Gespräche über dieses Thema geführt. Jahre später eröffnete er mir, herausgefunden zu haben, daß sein Vater ein Nazi und für die Ermordung von 15.000 Menschen verantwortlich war. Die Tatsache, daß wir uns über unsere unterschiedlichen Schicksale austauschen konnten, hat uns beiden sehr geholfen und die Freundschaft über die Jahre gestärkt. Vielleicht ist es kein Zufall, daß das Schicksal mich ausgerechnet nach Deutschland geführt hat. Hier habe ich am ehesten die Möglichkeit, als Nachkomme einer verfolgten Familie in einen Dialog mit den Nachkommen der Täterseite zu treten. Dies mag auch eine Motivation gewesen sein, die mein Engagement für die Ziele dieses Vereins mitbestimmt hat.

Bernd Sonntag

Ich möchte meine Reflexionen mit einigen Erinnerungen beginnen: Meine Eltern sind 1926 und 1928 geboren, sie haben den Faschismus als Kinder und Heranwachsende erlebt, meine Fragen an sie waren deshalb Fragen an Jugendliche, so mußte ich versuchen mir einiges vorzustellen:

Ich stelle mir meinen Vater vor, der mit 17 Jahren eingezogen wird, und auf U-Booten Krieg zu führen lernt. Er war damals zwei Jahre älter als mein Sohn heute, der sich jetzt für das Surfen interessiert.

Ich stelle mir die Angst meines Vaters vor: Seine Sehnsucht nach fremden Ländern wird in der Hitlerjugend erst mißbraucht und dann enttäuscht. Er beschließt, sein Leben lang nicht mehr den Ideologen zu vertrauen, und bleibt mißtrauisch jeder Gruppierung und jeder Meinung gegenüber, bedauerlicherweise auch gegenüber meiner Meinungsäußerung.

Ich erinnere mich, wie mein Vater, als ich mit 18 Jahren den Wehrdienst verweigerte, mir eine engagierte Stellungnahme schreibt und mich sehr unterstützt. Ich begreife zum ersten Mal etwas von seiner Angst und seiner tiefen Abneigung gegen alles Militärische.

Ich stelle mir vor, wie meine Mutter ab dem 15. Lebensjahr fast täglich nachts ängstlich im Luftschutzkeller sitzt und die Bomben fürchtet.

Ich erinnere mich, als ich in Auschwitz war ... ich der überall fotografiert, ... kann die Kamera nicht in die Hand nehmen. Der Holo-

Reflexionen zum Thema des Buches

caust erscheint mir wie ein großer Monolith, an dem ich nicht rühren darf – aber auch nicht kann.

Ich behandele als junger Psychiater eine schwer depressive Patientin. Sie bringt sich trotzdem nach dem Ende der Behandlung um. Als Holcaust-Überlebende hatte sie erst einige Jahre zuvor zu sprechen begonnen und war dann, so schien es mir damals – unrettbar – in eine Depression geraten.

Auch wenn meine Eltern kritisch gegenüber den Nazis waren, haben sie doch unbewußt einige Elemente des Erziehungsstil aus dieser Zeit übernommen. Ich erkenne das Gleiche Verhalten selbst an mir während des Heranwachsens meines Sohnes, den ich doch wieder ähnlich erziehe.

Ich spüre, daß Migration und Vertreibung auch Bedeutung in meiner Familie haben; mein Vater, aus Sachsen stammend, verleugnet diese Herkunft, weil er berufliche Nachteile fürchtet.

Ich begreife langsam, daß ich trotz aller Ausbildung auch selbst eine Leere spüre, die auf die Ängste meiner Eltern im Zusammenhang mit Krieg und Migration zurückgeht.

In Berlin gehe ich durchs Scheunenviertel und freue mich an dem Gefühl einer beginnenden Vollständigkeit, so wie ich mir vorstelle, daß es dort in den 20er Jahren war. Es ersteht ein kleiner Teil jüdischen Lebens in Deutschland neu, der vor 1933 selbstverständlich war.

In den letzten zwei Jahren bin ich einmal wöchentlich zu den Treffen des Psychoterapeutischen Arbeitskreises von Köln nach Düsseldorf gefahren. Auf der Rückfahrt hatte ich immer wieder ein Gefühl von sinnvollem Tun und freundschaftlichen Gefühlen gegenüber den so heterogen zusammengesetzten Teilnehmern, die hier mit mir berichten.

Ich fühlte, daß in unserer Begegnung der Monolith des Holocaust, der so unantastbar für mich erschien, sich verwandelte. Der Holocaust und seine Folgen waren nicht mehr etwas Fremdes, das anderen geschehen war, mit denen man sich vordergründig solidarisch fühlte, sondern auch ein Schicksal, das mein Leben heute noch bestimmt und formt.

Mir schien es plötzlich erlaubt, Scherze über jüdische Eigenheiten und jüdisches Leben zu machen: Wir fragten, ob es erlaubt sei, am Sabbat zu telefonieren. Wir lachten über unsere Diskussion, wann denn am Abend nach dem Sabbat Musik zum Tanz gespielt werden dürfe. – Alles Verhaltensweisen, die ich mir vor wenigen Monaten noch nicht erlaubt hätte.

Ich fahre nach den Treffen unserer Gruppe nach Hause, fühle Befriedigung und ein wenig Stolz, mitarbeiten zu können und dabei meine eigene Lebensgeschichte als das zu sehen, was sie ist.

Die Anatomie der Vorbereitungen für das Symposium „Das Ende der Sprachlosigkeit?"

Vamık D. Volkan

Nachfolgend möchte ich beschreiben, wie ich zu den Treffen von fünf deutschen Psychotherapeuten, den Organisatoren des Symposiums „Das Ende der Sprachlosigkeit?", hinzugezogen wurde, während diese sich zu einer Kleingruppe und schließlich zu einer offiziellen Organisation entwickelten, die die psychologisch nachhaltigen Folgen des „Dritten Reiches" und des Holocaust für Deutschland zu erforschen sucht. Diese Gruppe begann als eine zwanglose Zusammenkunft von Psychotherapeuten, die bei der Erörterung ihrer Fälle festgestellt hatten, daß Patienten, die etwa in ihrem Alter (um 1950 geboren) waren, bezeichnenderweise ein gemeinsames Problem hatten. Wenn diese Patienten versuchten, über das Leben ihrer Eltern oder anderer Familienmitglieder im „Dritten Reich" zu sprechen, oder darüber, wie es war, im Schatten solcher Zeitläufte aufzuwachsen, dann wußte keiner von ihnen allzuviel über diese Zeit und erst recht keine präzisen und vollständigen Einzelheiten zu berichten. Als die Kinder dieser Generation heranwuchsen, war es meist nicht üblich, daß ihre Eltern über diesen Zeitabschnitt sprachen, und weder in der Schule noch in der Kirche oder anderswo wurde eingehend darüber gesprochen. Keiner erinnerte sich, als Kind genügend über die Nazis, das „Dritte Reich" oder den Holocaust gelernt zu haben. Als diese Therapeuten dann selbst darüber nachdachten und sich zu erinnern suchten, wurde ihnen bewußt, daß auch sie in ihrer Kindheit meistenteils auf Schweigen getroffen waren.

Es war typisch, daß diese Personen – sowohl die Therapeuten als auch ihre Patienten – erst wesentlich später etwas über ihre Familiengeschichte während dieser Zeit, und was in den vierziger Jahren in Deutschland geschah, erfuhren; und selbst dann wurden auf

Nachfrage nur dürftige Informationen herausgerückt. Wenn ein Kind auf dem Dachboden des Elternhauses zum Beispiel auf das Foto eines jungen Mannes in Uniform stieß und den Vater danach fragte, erhielt es im Zweifel die Antwort, das Foto sei von einem Bruder, der während des Krieges gefallen sei, oder es sei ein Foto „von mir" aus dem Krieg – weitere Einzelheiten wurden dem Kind jedoch nicht mitgeteilt. Die vielen ausgesprochenen oder unausgesprochenen Fragen des neugierigen Kindes trafen auf Sprachlosigkeit. Es war, als hätte es das „Dritte Reich", den Zweiten Weltkrieg und den Holocaust nie gegeben.

Dieses Dilemma hatte zunehmend die Neugier der Therapeuten geweckt, die dann intuitiv von der Theorie ausgingen, daß viele ihrer Patienten, auch wenn sie nicht direkt das Trauma von Hitlers Nazi-Regime, den Krieg oder Holocaust erlebt hatten, dennoch maßgebend davon betroffen und beeinflußt waren. Es gab natürlich viele geschichtlich orientierte Bücher über diese Themen, die man lesen konnte, wenn man sich mit diesen Dingen beschäftigte, sie gingen in der Regel jedoch nicht auf die eigene innere Welt, auf die persönlichen Erfahrungen und psychologischen Prozesse ein. Es gab nur wenige Stellen, an die Deutsche sich wenden konnten, um über solche persönlichen Fragen und die dadurch aufgeworfenen psychologischen Probleme zu sprechen. Die Gruppe von Therapeuten, die sowohl einen jüdischen als auch christlichen Hintergrund hatten, wollte sich dieses Bedürfnisses annehmen und wurde schließlich der Kern einer Organisation, des sogenannten *Psychotherapeutischen Arbeitskreises für Betroffene des Holocaust*, kurz PAKH genannt. Das Ergebnis ihres Interesses an diesem Thema war schließlich eine große internationale Konferenz, die im August 1998 unter dem Motto *Das Ende der Sprachlosigkeit?* in Düsseldorf stattfand.

Diese Konferenz war eine bedeutsame Leistung, da dieser Frage bezüglich deutscher Bürger und der deutschen Gesellschaft bis dahin wenig Beachtung geschenkt wurde. Ich spreche nicht von der politischen Anerkennung der Nazi-Verbrechen, dem Engagement der deutschen Regierung in bezug auf Entschädigungen, von Entschuldigungen gegenüber dem jüdischen Volk oder von intellektuellen Diskussionen. Ich meine die psychologischen Prozesse, die mit dieser Sprachlosigkeit und diesem Schweigen verbunden sind, insbesondere unbewußte Prozesse, von denen heute möglicherweise viele Deutsche betroffen sind – Personen, die während der Nazi-Zeit Erwachsene waren, wie Personen, die damals Kinder waren, wie auch Personen, die erst nach dem Krieg geboren wurden.

Die Manifestationen des „anhaltendenden Schattens des Holocaust" (Moses 1993, dt. 1992) bei jüdischen Überlebenden und ihren in Israel und anderswo lebenden Kindern wurden nach dem Ende des Zweiten Weltkrieges viele Jahre ebenso ignoriert wie übersehen. Aber in den letzten Jahrzehnten sind nun, angefangen mit der Arbeit von Psychoanalytikern wie Niederland (1961, 1968), der den Begriff des „Überlebenssyndroms" prägte, zahlreiche Studien über die psychologischen Folgen des Holocaust bei jüdischen Überlebenden, ihren Kindern und sogar der dritten Generation durchgeführt worden (siehe Kestenberg & Brenner 1996 – als Beispiel einer Untersuchung jüngeren Datums). Das Schweigen dieser Personen wurde damit in gewisser Weise beendet, und wir haben inzwischen ein besseres Verständnis von der generationsübergreifenden Weitergabe des Holocaust-Traumas bei Juden gewonnen. Was die Sprachlosigkeit der Deutschen angeht, hat es meines Wissens bisher jedoch keinen vergleichbaren Prozeß gegeben, so daß diese nach wie vor weitestgehend ungebrochen ist.

Ich möchte hier allerdings weder auf die psychoanalytische Literatur über den Holocaust eingehen noch über die Ergebnisse dieses Symposiums sprechen, noch die Theorien oder Fälle zusammenfassen, die von den Mitgliedern des PAKH oder den geladenen Rednern vorgestellt wurden. Diese Materialien werden an anderer Stelle in diesem Band erfaßt. Ich möchte mich vielmehr auf jene bedeutsamen Prozesse konzentrieren, durch die die Mitglieder des Kerns des PAKH sich hindurchgearbeitet haben, und auf jene Widerstände, die bei der Konzeptualisierung und anschließenden Organisation ihrer Konferenz zu überwinden waren.

Ich möchte beschreiben, was in meinen Sitzungen mit der PAKH-Kerngruppe geschah und wie diese Treffen für die Mitglieder der Kerngruppe zum „Laboratorium" wurden, als sie erkannten, daß sie selbst von jenen verborgenen Prozessen betroffen waren, die sie zu erforschen suchten. Ich möchte veranschaulichen, wie sie sich bei der Vorbereitung ihres Symposiums durch ihre vorher unbewußten Widerstände und ihre eigene „Sprachlosigkeit" hindurchgearbeitet und ihre persönlichen Erfahrungen mit dem anhaltenden Schatten des Holocaust aufgearbeitet haben. Ich werde nicht nur manche erhellenden Einzelheiten aus den speziellen Kämpfen der PAKH-Kerngruppe aufzeigen und auf die besondere Natur der nachklingenden Folgen des „Dritten Reiches" und des Holocaust in Deutschland und bei Personen eingehen, die Deutschland als ihre Heimat bezeichnen, sondern möchte die PAKH-Kerngruppe auch als ein allgemeines anschauliches Beispiel nutzen, um aufzuzeigen, wie notwendig es ist, daß solche Gruppen erst ihre eigenen inneren und Gruppenprozesse aufarbeiten müssen, ehe sie sich effektiv und realistisch mit den Problemen ihrer Großgruppen, Gesellschaften oder Nationen beschäftigen können.

Wenn Personen aus unterschiedlichen Gesellschaftsteilen oder aus zwei benachbarten, miteinander in Konflikt befindlichen ethnischen oder nationalen Gruppen sich in einer Gruppe zusammenfinden, um allgemein oder im Spezifischen über Wege und Möglichkeiten zur Verbesserung einer schwierigen Situation zu diskutieren, mögen sie nur die besten Absichten haben und bereitwillig sehr viel Zeit und Mühe in ihr Vorhaben investieren. Aber abgesehen von einigen Beispielen sind viele dieser Bemühungen doch zum Scheitern verurteilt. Selbst wenn solche Projekte gut geplant und notwendig sind, in bester Absicht in Angriff genommen und finanziell ausreichend unterstützt werden, können sie ob der Tatsache scheitern, daß sich diejenigen, die sie leiten oder moderieren möchten, des Umstandes nicht bewußt sind, daß sie in diesem oder jenem Maße selbst traumatisiert sind. Das Problem ist, daß diese Personen oft ihre eigene Rolle als Träger generationsübergreifend weitergegebener Traumata nicht wirklich verstehen und ihre eigenen unbewußten Widerstände gegenüber einem „Friedensschluß" mit den Repräsentanten der gegnerischen Gruppe nicht aufgearbeitet haben.

Ich wurde in den PAKH mit einbezogen, nachdem die Therapeuten festgestellt hatten, daß sie bei ihren Treffen, wenn sie über ihre gemeinsamen Interessen diskuktieren wollten, immer wieder auf Kommunikationsschwierigkeiten stießen. Nachdem sie das Problem erkannt hatten, wollten sie etwas daran tun, aber sobald es um konkrete Punkte ging, erwies sich jedes Weiterkommen als schwierig. Auch wenn sie gelegentlich über mögliche Projekte sprachen, wie etwa eine Klinik für Personen, die infolge des „Dritten Reiches" oder des Holocaust unter psychischen Problemen zu leiden hatten, oder eine Konferenz, blieben sie in der Regel bei technischen Fragen, in organisatorischen Einzelheiten oder anderen Dingen stecken, die vom eigentlichen Punkt ablenkten. Ich kannte eines der PAKH-Mitglieder, Liliane Opher, seit mehreren Jahren; sie trat zusammen mit einem ihrer Kollegen an mich mit der Bitte heran, ob ich nicht mit hinzukommen könnte, um ihnen als Analytiker und neutraler Außenstehender mit meinen Beobachtungen bei diesem Problem weiterzuhelfen.

Die Tatsache, daß ich nicht direkt vom Holocaust betroffen und weder Jude noch Deutscher war, wurde als ein Vorteil gesehen. Ich bin auf Zypern geboren, meine Eltern waren Türken; und ich bin vor etwa vierzig Jahren in die Vereinigten Staaten emigriert. Außerdem beschäftige ich mich neben meiner klinischen Arbeit als Psychoanalytiker seit über zwanzig Jahren mit der Psychologie von Großgruppen (d. h. von ethnischen, nationalen Gruppen), mit Großgruppentrauer, mit der generationsübergreifenden Weitergabe von Traumata sowie mit traumatisierten Gesellschaften und habe an vielen

Projekten mitgearbeitet, bei denen Vertreter „verfeindeter" ethnischer oder nationaler Gruppen zu ausgedehnten und langen inoffiziellen psychopolitischen Dialogreihen zusammengebracht wurden. Bei diesen Projekten ging es unter anderem um Dialoge zwischen Arabern und Israelis, Türken und Griechen, Esten und Russen.

Zudem habe ich auch einen gewissen Hintergrund, was das psychoanalytische Verständnis des Holocaust angeht. So habe ich unter anderem etwa 1988 an der Hebräischen Universität des Sigmund-Freud-Zentrums an einer Konferenz über den „anhaltenden Schatten des Holocaust" (Moses 1993, dt. 1992) teilgenommen. Die geladenen Redner, überwiegend Psychoanalytiker (einschließlich meiner Person), kamen aus Israel, Deutschland und den Vereinigten Staaten. Diese wichtige Konferenz führte vor dem Hintergrund der Vorträge, die in kleinen Gruppen gehalten wurden, und den sich daran anschließenden zwanglosen Gesprächen zu vielen nützlichen Diskussionen. Durch die Begegnungen in den Kleingruppen wurde eine Atmosphäre geschaffen, in der zwischen den jüdischen und deutschen Konferenzteilnehmern wertvolle persönliche Kontakte geschlossen werden konnten. Eines der entscheidenden Themen, die sich dabei herauskritallisierten, war die Frage der Trauer. Können die Juden Verluste betrauern, die durch ein Ereignis wie den Holocaust entstanden sind? Wenn ja, betreten sie dann eine gefährliche „Zone des Vergebens und Vergessens?" (Moses 1993, dt. 1992, S. 246). Darüber hinaus wurde auch die Frage der Trauer für die Deutschen in Zusammenhang mit dem „Dritten Reich" und seinem Erbe angesprochen, und ich hatte das Gefühl, daß ein solcher Prozeß problematisch und in Deutschland nie abgeschlossen worden war. Zudem zeigte diese Konferenz auch, daß selbst in einem intellektuellen Rahmen starke Emotionen zutage treten und daß die Organisatoren einer derartigen Veranstaltung darauf eingestellt und vorbereitet sein müssen, daß solche Emotionen auftreten, nicht zuletzt, um sie zu nutzen und daraus zu lernen.

Ein Jahr später war ich erneut in Israel, um an einer weiteren internationalen Konferenz teilzunehmen, die auf seiten der Teilnehmer ähnlich starke emotionale Reaktionen hervorrufen sollte – das Thema war „Kinder im Krieg" (siehe „Mind and Human Interaction ",volume 2, Nr. 2, 1990). Bei dieser Veranstaltung begegnete ich auch Liliane Opher, und ich unterhielt mich bei der Gelegenheit ausführlich mit ihr über ein Projekt, das ich in Deutschland in Angriff nehmen wollte. Die Berliner Mauer war gerade gefallen, und Ost- und Westdeutschland befanden sich im Prozeß der Wiedervereinigung. Auch wenn es sich dabei um eines der erhebendsten und bedeutsamsten Ereignisse der jüngeren Geschichte handelte, war ich zugleich doch auch der Überzeugung, daß es mit psychologischen Problemen verbunden war und daß der Abbruch der Mauer sowie das Ende des Eisernen Vorhangs bei weitem nicht nur erfreuliche Emotionen mit sich bringen würden. Im Rahmen dieses Projektes wollte ich möglichst viele psychologisch informierte Personen aus Deutschland interviewen, um so Erkenntnisse über die Folgen der Wiedervereinigung sowohl für den einzelnen als auch die Deutschen als Gruppe zu gewinnen. Nachdem ich gehört hatte, daß Liliane Opher aus Deutschland gekommen war, um an der Konferenz teilzunehmen, war es nur natürlich, daß ich mich für ihre Sicht der Dinge sowohl aus ihrer beruflichen, fachlichen Perspektive als auch aus ihren persönlichen Erfahrungen heraus interessierte.

Später schloß Dr. Gabriele Ast, eine deutsche Psychoanalytikerin, sich mir bei diesem Projekt an, und wir führten zusammen etwa zwanzig Interviews sowohl mit ost- als auch westdeutschen Personen durch (Ast 1991, Volkan 1990). Zumindest bei unseren Interviewpartnern stellten wir beide übereinstimmend fest, daß die mentale Repräsentanz des Holocaust durch die Wiedervereinigung von Ost- und Westdeutschland reaktiviert worden war. Da die finanziellen Mittel für dieses Projekt jedoch begrenzt waren, konnten wir dieses wichtige Thema leider nicht umfassender untersuchen. Ursprünglich hatten wir insgesamt 100 psychoanalytische Interviews führen wollen, um die geteilten und zuvor unbewußten Wahrnehmungen und Einstellungen zur Wiedervereinigung zu erfassen und aufzuzeigen, wie Ost- und Westdeutsche innerlich auf dieses historische Ereignis reagierten.

Nichtsdestotrotz war spürbar, daß die Westdeutschen inakzeptable Aspekte von sich sowie „unverdauliche" Gedanken in Verbindung mit der Rolle Deutschlands beim Holocaust externalisiert und auf die Ostdeutschen projiziert hatten. Und die Ostdeutschen hatten es umgekehrt mit den Westdeutschen genauso gehalten. Diese Externalisationen und Projektionen blieben solange stabil, wie zwischen beiden Seiten durch die Berliner Mauer und den Eisernen Vorhang sowohl eine physische als auch symbolische Grenze aufrechterhalten wurde. Mit dem Zusammenbruch dieser psychologisch wichtigen Grenze sollten diese Externalisationen und Projektionen sich dann jedoch als Boomerang erweisen – das „gute Wir"- und „böse Andere"-Konstrukt hatte keinen Bestand mehr. Die von uns interviewten Personen, zu denen auch Liliane Opher gehörte, schienen unterdessen dazu übergegangen zu sein, neue Abwehrmechanismen zu nutzen, um mit den internalisierten Bildern der Folgen des Holocaust umzugehen.

Angesichts dieses Hintergrundes glaubte Liliane Opher, ich könnte für die PAKH-Gruppe vielleicht hilfreich sein. Im Zeitraum von achtzehn Monaten traf ich mich insgesamt viermal mit der Kerngruppe: im Februar 1997, Dezember 1997, März 1998 und August 1998. Abgesehen vom letzten Treffen, das einen Tag vor dem Symposium „Das Ende der Sprachlosigkeit?" stattfand, dauerte jedes zwei Tage, an denen wir im Durchschnitt jeweils zehn Stunden zusammen waren. Während dieser Zeit setzte sich bei der PAKH-Kerngruppe langsam die Idee zur Veranstaltung eines Symposiums durch, für das dann die entsprechenden notwendigen organisatorischen Vorbereitungen getroffen wurden. Bei den Diskussionen, bei denen es sowohl um allgemeine Themen als auch konkrete Einzelheiten bezüglich des Symposiums ging, entwickelte sich die Interaktion der Gruppenmitglieder zu einer Art „Laboratorium", im Rahmen dessen der anhaltende Schatten des Holocaust, der exakt das Thema der anvisierten Veranstaltung war, genau beobachtet werden konnte.

Bei meinem ersten Treffen mit den Mitgliedern der PAKH-Kerngruppe war mir bekannt, daß zumindest einige von ihnen Zweifel hatten, ob es sinnvoll war, Hilfe bei einem Außenstehenden zu suchen, der weder Deutscher noch Jude war. Ich hatte auch selbst gewisse Zweifel. Zum einen wollte ich nicht, daß die Treffen sich in therapeutische Sitzungen für einzelne verwandelten. Und zum anderen waren mir die Ziele des PAKH nicht ganz klar, so daß ich mich fragte, ob ich überhaupt eine Hilfe sein könnte. Aber die Mitglieder waren sich bezüglich der Zielsetzung ihrer Organisation auch selbst nicht im Klaren und konnten sich nicht einigen, wie es weitergehen sollte. Neben einer ganzen Reihe von Ideen wurde auch über den Vorschlag gesprochen, daß man versuchen sollte, einen neuen gesellschaftlichen Dialog über den Holocaust und seine Konsequenzen anzustoßen, und aus diesem vagen Ansinnen heraus entwickelte sich schließlich langsam die Idee eines Symposiums.

Der Hauptgrund, daß ich gebeten wurde, an den PAKH-Treffen teilzunehmen, war, wie gesagt, daß man sich von mir erhoffte, bei der Überwindung ihrer Kommunikationsschwierigkeiten helfen zu können. Die Verständigung auf den Zweck der Organisation setzte sehr viele Überlegungen und Diskussionen über eine Vielzahl persönlicher und fachlicher Fragen voraus. Aber bei verschiedenen Fragen, die die jüdische und deutsche Interaktion betrafen, hüllten sich die Mitglieder in Schweigen, und sie hatten nicht einmal, zumindest nicht eingehend, über ihre persönlichen Motivationen für ihre Teilnahme an diesen Treffen gesprochen.

Ich beschloß, mich bei meinem Ansatz auf meine früheren Erfahrungen zu stützen, die ich bei der Durchführung von Kleingruppendialogen zwischen Vertretern gegnerischer Großgruppen wie Arabern und Israelis oder Esten und Russen gemacht hatte (Volkan 1988, 1991, 1997, 1999). Wenn Vertreter solcher Gruppen zusammenkommen und vor die „Aufgabe" (Bion 1961, dt. 1971) gestellt werden, über die konfliktgeladene Beziehung zwischen ihren jeweiligen Großgruppen zu diskutieren, erhalten die zur jeweiligen Großgruppenidentität gehörenden Fragen nach meiner Erfahrung eine herausragende Bedeutung, was dazu führt, daß es in den Diskussionen zunehmend um Fragen der Großgruppenidentität statt um individuelle Perspektiven geht. Jede Seite hat dabei das Gefühl, persönlich angegriffen zu werden, so daß die am Dialog Beteiligten sich sodann genötigt sehen, ihre Großgruppe zu verteidigen und als deren Sprecher aufzutreten. Die persönlichen Geschichten, die dann erzählt werden, reflektieren, was die „anderen" „uns" angetan haben, und weitergehende Aspekte der Großgruppenkonflikte und -identitätsprobleme. Es erfordert in der Regel Zeit und Mühe, bis die Beteiligten verstehen, wie der zwischen ihren Großgruppen bestehende Konflikt internalisiert wurde und ebenso tiefgreifend wie allumfassend ihre individuelle Identität sowie ihr Verhalten beeinflußt. Aber erst, wenn sie dies begriffen haben, können sie beginnen, wirklich miteinander zu kommunizieren und einander zu verstehen.

Natürlich bestand zwischen den fünf PAKH-Mitgliedern eine andere Beziehung als sie bei den übrigen, von mir mitmoderierten Dialogreihen üblich war, in die beispielsweise Parlamentarier, Botschafter, Wissenschaftler und andere einflußreiche Persönlichkeiten aus Rußland und Personen mit ähnlichem Hintergrund und beruflichen Status aus Estland einbezogen waren. Die Mitglieder der PAKH-Kerngruppe waren psychoanalytisch geschulte Kollegen, Personen mit gemeinsamen Interessen und keine Feinde. Ihre deutschen und jüdischen Eltern, Großeltern und Verwandte hatten jedoch unter völlig anderen Bedingungen gelebt. Sie waren Feinde, Opfer oder Täter – und die nachfolgenden Generationen haben dieses unselige Erbe sowohl bewußt als auch unbewußt zu tragen. Obwohl inzwischen ein halbes Jahrhundert vergangen war, trugen sie noch immer das unsägliche Trauma des Krieges und der Vernichtung in sich und hatten somit insgeheim mehr mit aktuellen Gegnern wie Russen und Esten gemein, als sie glauben wollten. Und sie unterlagen auch ähnlichen Kleingruppendynamiken, wie sie von Bion (1961, dt. 1971) beschrieben wurden.

Beim ersten Treffen mit der Kerngruppe des PAKH sagte ich den Mitgliedern somit, ich würde mich nur auf ihre persönlichen Geschichten konzentrieren, wenn diese Geschichten auch deutschjüdische Fragen reflektierten. Dabei würde ich dann versuchen, sie auf verborgene Aspekte dieser Fragen aufmerksam zu machen, wann immer ich welche feststellen sollte. Und ich sagte ihnen auch, daß sie nach meiner Überzeugung als Kleingruppe besser gerüstet sein würden, den Schatten des Holocaust in den gegenwärtigen deutschjüdischen Beziehungen zu untersuchen, wenn sie zuvor ihre eigenen Ängste, Vorstellungen, Wünsche und Abwehrmechanismen bezüglich all der Dinge, die ihre Vorfahren an sie weitergegeben hatten, verstehen lernten.

Ich möchte nicht auf alles eingehen, was sich bei meinen drei Treffen mit den Mitgliedern der Kerngruppe ereignete, sondern nur bestimmte Punkte auswählen, die veranschaulichen, was geschah. Die Namen der Beteiligten möchte ich nicht nennen, auch wenn ihre Identitäten als Organisatoren des Symposiums „Das Ende der Sprachlosigkeit?" bekannt sind und sie in diesem Band auch ihre persönlichen Geschichten erzählen. Eines sei zum persönlichen Hintergrund der Mitglieder der PAKH-Kerngruppe jedoch gesagt, nämlich, daß zwei Mitglieder jüdischer Abstammung waren und sich selbst als „jüdische Deutsche" bezeichneten. Die anderen drei waren nichtjüdisch, und ich möchte sie analog und der Einfachheit halber nachfolgend als „christliche Deutsche" bezeichnen.

Eines der jüdisch-deutschen Mitglieder wurde in Rumänien geboren und kam im Alter von zwölf Jahren kurz nach Kriegsende nach Deutschland. Ihre Eltern waren in Rumänien überzeugte Kommunisten und linientreue marxistisch-leninistische Gefolgsleute gewesen, während sich ihre Tochter dann im Erwachsenenalter vorrangig damit beschäftigen sollte, was es hieß, jüdisch zu sein. Das andere jüdische Mitglied der Kerngruppe war auch außerhalb

Deutschlands geboren. Als er von Ungarn nach Deutschland emigrierte, war ihm das Schweigen bewußt geworden, das dort bezüglich des Holocaust herrschte. Einer der christlichen Deutschen wußte, daß sein Vater, der ein hohes kirchliches Amt bekleidete, gegen den Nationalsozialismus gewesen war, aber dann nach der Machtergreifung der Nazis dennoch indirekt in nationalsozialistische Machenschaften verwickelt worden war. Nach dem Krieg hatte der Vater dann eigentlich Psychologe werden wollen, da er, wie er sagte, versuchen wollte, eine Antwort auf einige Fragen über die Natur des Menschen zu finden, die das „Dritte Reich" für ihn aufgeworfen hatte. Er sei dann jedoch dem Rat seines Freundes Carl G. Jung gefolgt und bei der Kirche geblieben. Sein Sohn war indes Psychologe geworden und hatte schließlich begriffen, daß er damit zum Teil auch half, das Schweigen seines Vaters zu beenden. Ein weiteres Mitglied der christlichen Deutschen wuchs in einer großen Familie auf, und obwohl nur wenige aus der Familie etwas mit dem „Dritten Reich" zu tun hatten, war insgeheim eine subtile antisemitische Haltung spürbar gewesen. Als Erwachsener hat dieser Mann sich oft gefragt, wie er sich wohl verhalten hätte, wenn er in der damaligen Zeit erwachsen gewesen wäre. Der Vater des dritten christlichen Deutschen war im Alter von siebzehn Jahren zur Wehrmacht eingezogen worden. Als Erwachsener versuchte dieses Mitglied, die Erfahrungen und Gefühle seines Vaters in jungen Jahren zu verstehen, und ihm war bewußt geworden, daß er innerlich den Wunsch hatte „zu reparieren", was die Nazis getan hatten.

Das erste Treffen – Februar 1997

Da die Teilnehmer die Aufgabe hatten, sich auf deutsch-jüdische Fragen zu konzentrieren, wurde jedem schnell bewußt, wie sehr sein persönliches Leben durch die Großgruppenidentität beeinflußt wurde. Durch das Gastspiel, das die deutsche Fußballnationalmannschaft gerade während unseres ersten Treffens in Israel gab, wurden die Teilnehmer angeregt, nach Manifestationen von Verflechtungen ihrer individuellen sowie Großgruppenidentität und der anhaltenden Vorstellung von „uns" und „ihnen" zu suchen. Ein jüdisches Mitglied hatte einen Zeitungsausschnitt mit einem Foto mitgebracht, auf dem die deutschen Fußballspieler bei einem Besuch in Yad Vashem zu sehen waren. Dieses Mitglied, das ein Anhänger der deutschen Mannschaft war, schien sich in einem Konflikt zu befinden: Sollte es zu dem deutschen oder dem israelischen Team halten? Auf einer bewußten Ebene wünschte es sich, daß die deutsche Mannschaft gewann. Aber als es sich dann das Foto von einem deutschen Spieler ansah, meinte es: „Weiß er wirklich darüber Bescheid?"

Mit „darüber" war der Holocaust gemeint. Bemerkenswert ist, und ich habe mich dessen nochmals vergewissert, da ich mir die Tonbandaufzeichnungen der Gespräche von jenem Tag noch einmal angehört habe, daß kein Mitglied der Kerngruppe während des ganzen Treffens das Wort „Holocaust" in den Mund nahm. Der Holocaust wurde als „es" oder „darüber" bezeichnet. Es gab ein Tabu des Schweigens, das nicht einmal die Mitglieder der PAKH-Gruppe brechen sollten. Das war der Ansatz für das Thema, unter das schließlich jenes von der Kerngruppe organisierte Symposium gestellt werden sollte.

Durch den Symbolismus des Fußballspiels war es den Mitgliedern jedoch möglich, über das Thema diskutieren. Der jüdische Teilnehmer, der sich gefragt hatte, ob der deutsche Fußballspieler wohl über den Holocaust informiert sei, berichtete von einer Spannung, die er in sich spürte. Er war sich nicht sicher, ob er wirklich das deutsche Team als Gewinner sehen wollte. Jeder Teilnehmer sah sich den Zeitungsausschnitt an. Ein christlicher Deutscher sprach ebenfalls von seinen zwiespältigen Gefühlen. Einerseits wünschte er sich ohne jeden Zweifel, daß die deutsche Mannschaft gewann. Aber andererseits wurde dadurch seltsamerweise auch ein gewisses Unbehagen bei ihm geweckt. Im Unterschied zu südamerikanischen

Spielern spielten die Deutschen aus seiner Sicht härter und mit größerem körperlichen Einsatz und nutzten dabei ihre Größe und Stärke zu ihrem Vorteil. Seine Angst rührte von der Sorge her, die deutschen Spieler könnten unnötig aggressiv gegenüber den israelischen Spielern auftreten. „Dann", sagte er, „würde ich mich schlecht und schuldig fühlen." Ein anderes nichtjüdisches Mitglied wünschte sich einen „normalen" Verlauf des Spiels und, wie es wiederholte, einen „normalen" Wettbewerb zwischen den Deutschen und Israelis.

In den Bemerkungen über das bevorstehende deutsch-israelische Fußballspiel spiegelten sich sehr schnell die Ängste wider, die in der Kleingruppe in bezug auf Kontakte zwischen Deutschen und Juden bestanden. Sollten die Israelis durch ein aggressives Spiel der Deutschen „geschlagen" werden, so würde dies unweigerlich bei den Deutschen Schuldgefühle wecken. Sollten sich die deutschen Spieler jedoch umgekehrt aufgrund ihrer eigenen Schuldgefühle wegen des Holocaust zu einer untypisch zaghaften Spielweise verleiten lassen, so würden sie wahrscheinlich ein Spiel gegen eine zweitklassige Mannschaft verlieren, was nicht minder problematisch war. Der Wunsch, ein „normales" Fußballspiel zu erleben, spiegelte, glaube ich, auch den Wunsch nach einem „normalen" Kontakt zwischen den christlichen und jüdischen Mitgliedern der Kerngruppe wider, was jedoch aufgrund des Erbes unmöglich war, das ihre Eltern und Großeltern ihnen hinterlassen hatten. Ich spürte, daß meine Anwesenheit, die mit dem Ziel verbunden war, einen tieferen emotionalen Kontakt unter den Teilnehmern herzustellen, eine gewisse Angst ausgelöst hatte.

Vor unserem ersten Treffen hatten sich die Mitglieder der Kerngruppe bereits seit über einem Jahr regelmäßig einmal im Monat getroffen und versucht, Protokolle für ihre aufkeimende Organisation zu schreiben. Sie hatten das Gefühl, daß dieses Treffen, bei dem ich dabei war, anders war, und bei unserem Gespräch ging es letzten Endes um mehr als die symbolische Diskussion über das

Fußballspiel. „Wir hatten Angst", meinte ein Teilnehmer, „zu hören, welche persönlichen Motive der jeweils andere hatte, zu diesen Treffen zu kommen." Ein anderer Teilnehmer sprach von seinem Wunsch, „ein Fenster" zur Vergangenheit „zu öffnen" und zu lernen, wie man damit umgehen konnte. Dann erzählte er uns etwas von seinem familiären Hintergrund. Dabei kam ebenso klar zum Tragen, wie stolz er auf die Leistungen seiner deutschen Vorfahren war, wie auch sein Gefühl, daß er wegen der nationalsozialistischen Verwicklungen seines Vaters noch viele unerledigte Aufgaben vor sich sah.

Ein christlicher Teilnehmer erzählte von einem deutschen Freund, der kürzlich in Israel gewesen war. Der Israelbesuch hatte bei seinem Freund so tiefe Eindrücke hinterlassen, daß er inzwischen sogar begonnen hatte, Hebräisch zu lernen und sich mit den Juden zu identifizieren. Dem Teilnehmer gefiel es nicht, daß sein Freund sich mit „den Opfern", den Juden, identifizierte. Diese Identifikation stellte in seinen Augen eine Abwehr dar. Er glaubte, daß sein Freund durch diese Identifikation vor seinen Schuldgefühlen zu fliehen versuchte, die auf seine Zugehörigkeit zur Gruppe der Täter zurückzuführen waren. Er selbst, beharrte er, würde nie einen derartigen Abwehrmechanismus zur Anpassung benutzen.

Aber dann erzählte er von einem unangenehmen, unbeschreiblichen „Etwas", das tief in seinem Innern war und manchmal durch Migräne zum Ausdruck kam. Er wollte dieses „Etwas" besser verstehen lernen, glaubte jedoch, daß es etwas mit einem inneren Kampf von Täter-Opfer-Bildern zu tun hatte (womit er eine Form der Identifikation mit dem „Opfer" eingestand, wenn auch nicht in der offenen Form, wie sein Freund es nach seinem Israelbesuch getan hatte). Der Teilnehmer betrachtete sich selbst als einen friedfertigen Menschen. Er hatte keine militärischen beruflichen Ambitionen, las jedoch gerne Bücher über den Krieg. Es war für ihn schmerzlich und bewegend, über diese intimen Aspekte seiner inneren Welt zu sprechen.

Nachdem der nichtjüdische Teilnehmer dargelegt hatte, wie die

Verwicklungen seiner Familie mit dem Nazi-Regime in ihm als ein unangenehmes „Etwas" steckengeblieben waren, meinte ein jüdisches Mitglied der Kerngruppe, er habe sich immer wie ein Opfer gefühlt. Dieses Gefühl, Opfer zu sein, sagte er, sei für ihn ein „persönliches Identitätsmerkmal". „Denn wenn ich ein Opfer bin", fuhr er fort, „tut niemand mir etwas Böses." Daraufhin erklärte ein christliches Mitglied der Kerngruppe, daß er bei den monatlichen Gruppentreffen so häufig fehle, sei möglicherweise darauf zurückzuführen, daß er nicht hören wolle, daß er ein Erbe der Täter sei. Gleichzeitig wollte er ihre monatlichen Treffen jedoch nicht wirklich versäumen. „Ich brauche Kontakte, die meine Identität als Mensch stabilisieren", sagte er.

Kurz: das erste Treffen mit den Mitgliedern der PAKH-Kerngruppe im Februar 1997 konzentrierte sich darauf, daß die Mitglieder über ihre eigene Identität im Rahmen der deutsch-jüdischen Interaktionen nachdachten. Nach dem Treffen beschloß die Gruppe, weiter darüber zu diskutieren, wie sie sich organisieren könnten. Das neue Gespür dafür, wie ihre persönlichen und ihre Großgruppenidentitäten miteinander verflochten waren, würde ihnen sicher helfen, ihre Überlegungen bezüglich des PAKH in neue Richtungen zu lenken. Zum Schluß sahen wir uns schweigend zusammen im Fernsehen die Übertragung des deutsch-israelischen Fußballspiels an. Es war ein „normales" Spiel, und Deutschland gewann.

Das zweite Treffen – Dezember 1997

Zehn Monate später hatte ich mein zweites zweitägiges Treffen mit den Mitgliedern der Kerngruppe. Zwischen meinem ersten und zweiten Besuch bei ihnen war ich durch Telefongespräche und Fax-Mitteilungen über ihre Aktivitäten auf dem Laufenden gehalten worden. Sie hatten inzwischen mit der Planung eines Symposiums begonnen. Aber es gab noch sehr viele organisatorische Konflikte, die sie vom eigentlichen Ziel abzulenken schienen.

Gleich zu Beginn des Treffens erklärte ein jüdischer Teilnehmer, daß es ihm aus seiner Sicht mit den faktischen Vorbereitungen für das geplante Symposium über den Schatten des Holocaust und die deutsch-jüdische Interaktion „zu schnell" ginge. „Ich habe Angst vor den Konsequenzen", meinte er. „Wenn wir nicht erfolgreich sind, wird der PAKH darunter zu leiden haben. Aber noch mehr Angst", fügte er hinzu, „habe ich davor, daß das Symposium tatsächlich ein Erfolg wird." Dies war natürlich eine ebenso sonderbare wie höchst emotionale Bemerkung, auf die ich jedoch nicht sofort einging. Ich ließ zunächst die anderen zu Wort kommen, damit sie ihre Besorgnisse über praktische organisatorische Fragen und sonstige konkrete Probleme im Zusammenhang mit dem Symposium vortragen konnten. Diese reichten von Überlegungen über mögliche politische Reaktionen auf das Symposium bis dahin, daß Neonazi-Gruppen oder fanatische Juden bei der Veranstaltung auftauchen könnten. Als alle ihre Bedenken vorgetragen hatten, erinnerte ich sie daran, daß ein Mitglied der Kerngruppe von seinen Erfolgsängsten gesprochen hatte. Sollte diese Bemerkung uns nicht neugierig machen?

Reihum versuchten die Mitglieder nun zu beschreiben, was eine *erfolgreiche* Veranstaltung für sie bedeutete, und warum ein Erfolg Angst hervorrufen könnte: Eine erfolgreiche Veranstaltung würde einen echten emotionalen Kontakt zwischen Deutschen und Juden und insbesondere zwischen den christlichen und jüdischen Mitgliedern der Kerngruppe bedeuten. Beide Seiten hatten durch die geistigen Vorstellungen, die ihre Vorfahren an sie weitergegeben hatten, bestimmte Empfindungen hinsichtlich des „Anderen" und gegenüber dem „Dritten Reich" und dem Holocaust entwickelt. Aber durch einen genuinen emotionalen Kontakt mit dem „Anderen" würde die Validität solcher Vorstellungen und Gefühle bedroht und in Frage gestellt und damit würden Spalten geöffnet, durch die Gefühle der Schuld, Scham, Trauer, Wut, Hilflosigkeit sowie das Gefühl, berechtigte Ansprüche zu haben, zum Vorschein kommen könnten. Hierdurch könnten die Grundlagen der individuellen und der Großgruppenidentität – die geistige Vorstellung von sowohl realen als auch phantasierten Vätern und Müttern sowie vom Vaterland und Mutterland – erschüttert werden.

Wie sich herausstellte, hatten die Mitglieder der Kerngruppe unmittelbar vor meinem zweiten Treffen mit ihnen bereits aufs neue inszeniert, was die vorherigen deutschen und jüdischen Generationen in ihnen über das Nazi-Regime und den Holocaust deponiert hatten. Ihnen selbst war nicht bewußt, daß diese Inszenierung stattgefunden hatte. Nachdem sie sich bei unserem Treffen nun in Erinnerung riefen, was unmittelbar vor meiner Ankunft geschehen war, trugen sie ihre generationsübergreifenden Konflikte mit in unseren Tagungsraum hinein, so daß ich ihre Inszenierung miterleben und deren Bedeutung für sie interpretieren konnte.

Eines der jüdischen Mitglieder der Kerngruppe hatte unlängst seine Mutter besucht und das andere jüdische Mitglied gefragt, ob es Lust hätte, mitzukommen. Sie erzählten der Mutter, daß sie vorhätten, sich durch die Teilnahme an einem Symposium öffentlich in Deutschland zu ihrem „Judentum" zu bekennen. Die ältere Frau hatte den beiden Jüngeren daraufhin erklärt, wie stolz sie auf sie sei. Das andere PAKH-Mitglied hatte jedoch das Gefühl, daß die ältere Frau ihm durch ihr nonverbales Verhalten auch sagen wollte: „Es ist besser, es zu verbergen." Für mich war es natürlich schwer zu sagen, ob diese Wahrnehmung der projizierten Ängste der älteren Frau richtig war, oder ob es sich dabei nur um die eigenen projizierten Ängste des PAKH-Mitglieds handelte. Gleichwohl bleibt, daß die Ängste der beiden Generationen miteinander verflochten waren. Der Sohn hatte auch Angst. Auf einer bewußten Ebene fürchtete er, wenn er sich bei der Vorbereitung des Symposiums engagierte, würde er nicht mehr genügend Zeit für seine Tochter haben, so daß das Kind darunter leiden würde. Er hatte ein starkes Bedürfnis, seine Tochter zu beschützen, und fürchtete, mit seinem Engagement in deutsch-jüdischen Fragen seine Familie zu gefährden. Aus diesen Befürchtungen war ein Echo jener Gefahr zu hören, mit der jüdische

Familien sich in Nazi-Deutschland und in Ländern, die von den Nazis besetzt waren, konfrontiert sahen.

Nach diesem Treffen fand eine organisatorische Sitzung der PAKH-Kerngruppe statt, in der der jüdischen Teilnehmerin von den christlichen Mitgliedern vorgeworfen wurde, sie versuche, durch ihre Ideen zur Organisation des Symposiums Ruhm und Reichtum davonzutragen. Sie empfand diese Beschuldigung als ein typisch deutsches Stereotyp, wonach Juden geldgierig waren. Nach diesem Vorfall rief sie sofort das andere jüdische Mitglied der Kerngruppe an, das bei diesem Treffen nicht dabei gewesen war, um ihm zu schildern, was aus ihrer Sicht vorgefallen war: Deutsche hetzten erneut gegen Juden. Das war eine Ungeheuerlichkeit, über die er sich dann natürlich sehr aufregte.

Wir können uns gut vorstellen, daß diese Jüdin mit Angst zu diesem Treffen ging und unbewußt erwartete, daß ihre jetzigen christlichen deutschen Kollegen sich wie die Nazis in der Vergangenheit verhalten würden. Einer der christlichen Teilnehmer erinnerte sich in der Tat, wie defensiv sie in der Sitzung aufgetreten war und dabei versuchte hatte, die Gruppe zu dominieren. Damit trat dann ein Paradoxon zutage, das auf die Verflechtung von Vergangenheit und Gegenwart zurückzuführen war. Die christlichen Deutschen wollten, daß sie sich anders verhielt, sahen sich jedoch mit einem Problem konfrontiert, dies zu äußern. Sie ärgerten sich über ihr Verhalten; wenn sie ihre Wut auf sie jedoch zum Ausdruck brachten, würden sie sich mit den Nazis identifizieren und damit zugleich auch ihre Erwartungen erfüllen. Die christlichen Mitglieder hatten das Gefühl, daß sie als Vertreterin der „Opfer"-Gruppe Anspruch auf eine gewisse Sympathie hatte, und zauderten, sich selbst zu behaupten und sich direkt und offen gegen ihre Pläne zu stellen. Eines der christlichen Mitglieder konnte seinen Frust jedoch nicht für sich behalten und reagierte, indem er sie stereotypisierte. Als ein anderer christlicher Deutscher sie danach zu beruhigen versuchte, benutzte er, ohne sich dabei etwas zu denken, den Ausdruck „Schall und Rauch" – was heißen sollte, daß sie zuviel Aufhebens um nichts machte. Die Jüdin brachte den Ausdruck assoziativ jedoch sofort mit Auschwitz in Verbindung und warf ihrem Kollegen vor, ein Nazi zu sein. An diesem Punkt wurde er dann sowohl von Wut als auch von Schuldgefühlen gepackt. Er war wütend, mit Hitler assoziiert zu werden, und hatte genau deshalb auch Schuldgefühle. Er hätte seine Kollegin am liebsten lauthals beschimpft, aber allein der Wunsch genügte, um seine Schuldgefühle noch mehr zu erhöhen. Folglich blieb er *sprachlos*.

Diese Vorkommnisse wurden bei unserem Treffen so geschildert, als hätten sie gerade stattgefunden – und sie wurden emotional nochmals durchlebt. Nachdem sich alle wieder beruhigt hatten, räumte eines der christlichen Mitglieder ein, tief in seinem Innern wohl immer noch Vorurteile gegenüber Juden zu haben, auch wenn er sich auf der bewußten Ebene wünschte, ganz anders zu sein. Sein Vorurteil war geweckt worden, als das jüdische Mitglied der Kerngruppe ihn mit den Nazis assoziiert hatte.

Ich erinnerte mich, wie bei unserem ersten Treffen vor zehn Monaten sich alle gewünscht hatten, ein „normales" Fußballspiel zwischen der deutschen und der israelischen Fußballmannschaft zu sehen, aber hier schien inzwischen angesichts der Vorbereitungen für das Symposium zwischen den jüdischen und nichtjüdischen Mitgliedern ein anderes, alles andere als „normales" Spiel zu laufen. Durch das Bemühen, zwischen den Mitgliedern der Kerngruppe einen aufrichtigen, erfolgreichen emotionalen Kontakt herzustellen, schien eine maligne, aber vorher verborgene deutsch-jüdische Interaktion reaktiviert worden zu sein. Hinter der Angst vor einem erfolgreichen Symposium steckte die Angst vor einer derartigen Reaktivierung.

Bei der Diskussion, die während dieses zweiten Treffens stattfand, lieferten die Mitglieder verschiedene Beispiele jener Reaktivierung von geerbten geistigen Vorstellungen vom „Anderen", die bei ihrer jüngsten Interaktion zum Tragen gekommen war. Vergangenheit und Gegenwart waren miteinander verflochten worden, und die Mitglieder der Gruppe waren, wenn sie sich in einem tief emotionalen Kontakt miteinander befanden, meist nicht in der Lage, zwischen bestimmten Bildern von Juden und Deutschen zu differenzieren.

Diese Schwierigkeit, zwischen 1998 und 1938 zu differenzieren, war ein chronisches Problem, wenn die Mitglieder der Kerngruppe auf einer tief emotionalen Ebene miteinander umgingen. So kam es, daß das jüdische Mitglied ihren christlichen deutschen Freund unter streßintensiven Bedingungen, als die Emotionen unkontrolliert an die Oberfläche kamen, mit einem deutschen Nazi gleichsetzte. Sofern ihr Freund darauf bestanden hätte, ein „guter" Deutscher zu sein, hätte sie bei ihm wohl eine solche Aggression und sogar Haß geschürt, daß er ein Nazi „geworden" wäre. Auf einer bewußten Ebene wußte sie, daß ihr Freund kein Nazi war, aber unter streßintensiven Bedingungen brauchte sie es unbewußt, ihre geerbte Identität als Jüdin und als Opfer aufrechtzuerhalten und zu stärken und ihren christlichen Kollegen entsprechend als Täter dastehen zu lassen. Ihr Verhalten wurde nicht nur durch ihre individuelle Identität, sondern auch durch ihre Großgruppenidentität beeinflußt.

Das Gefühl, zwischen ihrer gegenwärtigen Identität und ihrer Identität als Reservoir des realen oder phantasierten Verhaltens ihrer Eltern gegenüber Juden nicht unterscheiden zu können, erlebten auch christliche Mitglieder. Eines der Mitglieder erzählte von seinem Besuch in Dachau: „Ich konnte es nicht aushalten", sagte er. Er wollte weglaufen und sich von den Deutschen der letzten Generation unterscheiden. Aber er lief nicht weg. „Ich bin ein Deutscher", fuhr er fort. „Es (der Holocaust) geschah in meinem Namen. Es ist sinnlos wegzulaufen." Er schämte sich wegen des Impulses, eine Kontinuität zwischen den Generationen der Deutschen herzustellen.

Ein anderer Aspekt der Nichtdifferenzierung trat in der Geschichte eines anderen christlichen Mitglieds zutage. Dieses war zwischen meinem ersten und zweiten Besuch in den Vereinigten Staaten gewesen und hatte dort ein Holocaust-Museum besucht. Am meisten beeindruckt hatte ihn ein Bild von einem „verlorenen" kleinen jüdischen Mädchen, das nach seiner Mutter suchte. Da die Mutter dieses Mitglieds krank war und lange im Krankenhaus gelegen hatte und auch in seiner Kindheit jahrelang nicht bei ihm gewesen war, konnte es sich so gut mit dem Entsetzen des kleinen jüdischen Mädchens identifizieren, das von seiner Mutter getrennt worden war. Er sah sich in Zusammenhang mit Opfer-Täter-Fragen folglich mit widerstreitenden Emotionen konfrontiert.

Aber es gab auch noch andere psychologische Prozesse, die einen „erfolgreichen" und aufrichtigen emotionalen Kontakt zwischen Juden und Deutschen komplizierten. Beide Seiten hatten ebenso Angst, sich mit dem Angreifer wie mit dem Opfer in sich zu identifizieren. Die Jüdin in der Kerngruppe begriff schließlich ihre Unfähigkeit zur Differenzierung zwischen den damaligen und den jetzigen Deutschen, als sie berichtete, daß sie nach dem Vorfall, bei dem sie als geldgierige Jüdin stereotypisiert worden war, ihre Mutter hatte anrufen wollen, die seit zwanzig Jahren tot war, um ihr zu sagen: „Mami, Mami! Sie werfen mir vor, Jesus getötet zu haben."

Bei diesem zweiten Treffen wurde uns klar, daß für die Mitglieder der Kerngruppe ein erfolgreiches Symposium gleichbedeutend mit der Angst war, die durch einen aufrichtigen emotionalen Kontakt miteinander hervorgerufen wurde. Dieser Kontakt konnte einen „Zeitkollaps" (Volkan 1997, 1999) herbeiführen, bei dem geistige Bilder von der Vergangenheit und Empfindungen, Gefühle, Taten sowie entsprechende Abwehrmechanismen durch gegenwärtige Ereignisse und die dazugehörigen Empfindungen, Gefühle, Taten und Abwehrmechanismen verdichtet werden. Im Ergebnis würden sodann Scham- und Schuldgefühle, ein Gefühl, zum Opfer gemacht worden zu sein, sowie das Gefühl, Ansprüche zu haben, und andere Wünsche und schmerzliche Einsichten zutage treten.

Nach zwei Sitzungstagen fühlten wir uns erschöpft. Aber dennoch hatte die Kerngruppe jetzt das Gefühl, sich zu einer weitaus besseren Organisation entwickeln zu können, die die Ziele des PAKH definieren und umsetzen konnte. Als nächstes begann man nun, sorgfältig andere deutsche Psychiater und Psychologen für die Mitgliedschaft in der Organisation und ebenso weitere einflußreiche Personen auszuwählen, die einen Beitrag zu der gemeinsamen Sache leisten konnten.

Das dritte Treffen – Februar 1998

Drei Monate später, Ende Februar 1998, hatte ich mein drittes Marathon-Treffen mit den Mitgliedern der PAKH-Kerngruppe. Sie hatten inzwischen eine Menge organisatorische Arbeit für das Symposium geleistet und auch intensiv daran gearbeitet, die geistigen Vorstellungen von Personen und Ereignissen, die der Vergangenheit angehörten, und jenen, die in die Gegenwart gehörten, emotional zu trennen. Sie konnten eine „Erweiterung der Zeit" aufrechterhalten und dadurch, daß sie bei sich selbst die malignen Effekte der generationsübergreifenden Weitergabe erkennen konnten, zwischen dem heutigen Deutschland und Nazi-Deutschland unterscheiden, gleichwohl ersteres nach wie vor als Erbe seiner Vergangenheit gesehen wurde. Mir fiel auf, daß eines der christlichen Mitglieder offen das Fischsymbol und ein jüdisches Mitglied den Davidsstern trug. Weder dem einen noch dem anderen war bewußt, daß er diese Symbole so offen zur Schau stellte, noch welche Bedeutung dies hatte. Wir begriffen, daß Juden und Christen zusammenkommen, Dinge abwickeln oder hochemotionale Fragen diskutieren konnten, wenn sie dabei offen ihre Identitäten hochhielten. Die Mitglieder legten mir sodann eine Liste der Redner und auch das Thema des Symposiums vor: *Das Ende der Sprachlosigkeit?*

Das dritte Treffen war eine Fortsetzung unserer Untersuchung über genuine tiefe „emotionale Kontakte" zwischen jüdischen und nichtjüdischen Deutschen. Wir setzten die Untersuchung der Prämisse fort, daß wir, indem wir unsere Treffen als „Laboratorium" nutzten, erforschen könnten, was sich hinter der Sprachlosigkeit der Gesellschaft insgesamt verbarg – welche verborgenen, aber dennoch starken Kräfte in den deutsch-jüdischen Beziehungen zum Tragen kamen. Welche psychologischen Gründe gab es für das allgemeine Schweigen vieler Deutscher, wenn es um das Dritte Reich oder den Holocaust ging? Ich kann nicht beweisen, daß die Emotionen, Empfindungen und andere Reaktionsformen gegenüber dem „Anderen", die bei den Treffen der Kerngruppe festzustellen waren, voll und ganz von jedem Juden und jedem Deutschen geteilt werden. Aber angesichts der Tatsache, daß die Kerngruppe solche psychologischen Dynamiken bei sich selbst erkennen konnte, hatten die Mitglieder das Gefühl, daß ihre Auseinandersetzungen weit über ihre Kleingruppe und die Vorbereitungen für das Symposium hinaus relevant waren.

Beim dritten Treffen konnten die christlichen Mitglieder offener darüber sprechen, wie sie darunter gelitten hatten, mit dem „Dritten Reich" assoziiert zu werden. Das Holocaust-Trauma ist so groß, daß es sich egoistisch und banal angehört hätte, vom Leiden der nichtjüdischen Deutschen zu sprechen. Deshalb hatten die nichtjüdischen Mitglieder ihre persönlichen Geschichten nicht erzählen wollen. Aber dadurch war wiederum die Kommunikation zwischen den christlichen und jüdischen Mitgliedern unterbrochen worden. Wir waren uns inzwischen einig, daß es hilfreich war, wenn das „Opfer" dem „Täter" die Möglichkeit gab, auch über seine Belastungen zu sprechen. Dies würde nicht nur zu einer offenen Kommunikation zwischen beiden Gruppen führen, sondern war möglicherweise auch eine notwendige Voraussetzung dafür, daß der Täter aufrichtig sagen konnte: „Es tut mir leid."

Einer der christlichen Deutschen war dann tatsächlich zu diesem Treffen gekommen, um über seine persönliche Geschichte zu sprechen, die natürlich auch Ereignisse vor und während des Zweiten Weltkrieges mit einschloß. Es war eine bewegende Geschichte. Sein Vater und zwei seiner Freunde waren gegen die Nazis gewesen. Einer der Freunde hatte sich selbst umgebracht. Wie es schien, wollte er lieber tot als ein Nazi sein. Der Vater des Mitglieds war den Nazis jedoch dienlich gewesen, zwar nicht als Soldat, er hatte die Wehrmacht aber mit Lebensmitteln beliefert. Auch hier blieb wiederum der Eindruck, daß er gewußt haben dürfte, was geschah. Nach dem Krieg war dieser Mann ein schweigsamer Mensch geworden. Er wollte Psychologie studieren, um die menschliche Natur zu verstehen, tat es dann aber doch nicht. Sein Sohn erfüllte dann jedoch die Aufgabe seines Vaters und studierte Psychologie und versuchte nun, das Entsetzen zu verstehen, über das sein Vater nicht sprechen konnte.

Während das nichtjüdische Mitglied vom Schweigen seines Vaters sprach, verließ eines der jüdischen Mitglieder – in deren Haus wir uns getroffen hatten – den Raum und kam mit einer Postkarte zurück, die ihr Vater ihr kurz vor seinem Tod vor fünf Jahren geschickt hatte. Er hatte die Karte mit „Dein schweigsamer und *stummer* Vater" unterschrieben. Sowohl deutsche als auch jüdische Väter hatten nach dem Holocaust jahrelang ein sehr schweigsames Leben geführt. Wir verstanden alle, warum die Kerngruppe für diese Konferenz die Überschrift „*Das Ende der Sprachlosigkeit?*" gewählt hatte. Und sie hatte hinter diese Überschrift auch bewußt ein Fragezeichen gesetzt, da allen klar war, daß diesbezüglich noch sehr viel Arbeit zu leisten war.

Das vierte Treffen – August 1998

Mein viertes Treffen mit der PAKH-Kerngruppe fand am Tag vor dem internationalen Symposium statt. Sie zeigten mir das Programmheft, das auf gelbem Papier gedruckt war, und sprachen über die Implikationen dieser Farbe. Sie hatten sie nicht selbst bestimmt – der Drucker hatte sie ohne Rücksprache ausgewählt –, und die Gruppe war etwas in Sorge, sie könnte Erinnerungen an den gelben Stern wecken, den die Juden während der Nazi-Zeit auf ihrer Kleidung tragen mußten. Aber es war zu spät, daran etwas zu ändern. „Wir |Deutschen| können einfach nicht davon loskommen", sagte einer der christlichen Deutschen und meinte damit die deutsche Vergangenheit. Dann erinnerte jedoch jemand daran, daß Gelb für die Chinesen eine „gute" und hoffnungsvolle Farbe war, woraufhin die Gruppe sich schließlich darauf verständigte, sie in diesem Licht zu sehen, statt über anderweitige mögliche Implikationen zu sinnieren.

Nach unseren vorhergehenden Gesprächen hatten die Mitglieder beschlossen, daß wir sechs zu Beginn des Symposiums auf dem Podium sitzen sollten. Jedes Mitglied der Kerngruppe sollte den Zuhörern in einem etwa fünfminütigen Redebeitrag einige wichtige Einzelheiten aus seinem Leben erzählen und darlegen, was sie in erster Instanz zusammengeführt hatte und warum sie über einen so langen Zeitraum hinweg in der Gruppe zusammengearbeitet hatten, um diese Veranstaltung zu organisieren. Im Anschluß daran sollte ich über die „Anatomie" der Vorbereitungen für das Symposium sprechen. Zu diesem Zweck wurde das hier Geschriebene zusammengefaßt. Am Tag vor dem Symposium habe ich den Mitgliedern der Kerngruppe vorgelesen, was ich geschrieben hatte, und sie gefragt, ob es irgendwelche Einwände dagegen gäbe. Alle waren der Meinung, daß wir mit der auszugsweisen Darlegung ihrer persönlichen Geschichten und der Auseinandersetzungen, mit denen sie sich bei der Vorbereitung des Symposiums konfrontiert sahen, veranschaulichen könnten, wie Sprachlosigkeit überwunden werden kann, und daß wir damit auch einen Beitrag zu dem emotionalen Unterton leisten konnten, der zweifellos im Laufe der nächsten beiden Tage zum Vorschein kommen würde. Nach den Erkenntnissen, die wir im Rahmen unserer kleinen Treffen gewonnen hatten, waren wir der Überzeugung, daß die Veranstaltung am erfolgreichsten verlaufen würde, wenn wir die Teilnehmer ermutigten, sowohl auf emotionale als auch auf intellektuelle Fragen in Zusammenhang mit dem Dritten Reich und dem Holocaust einzugehen. Ich glaube, das hat sich als richtig erwiesen. Nach dem Erfolg des Symposiums arbeitet der PAKH inzwischen intensiv an weiteren Projekten, um weiter dazu beizutragen, die Sprachlosigkeit in Deutschland zu beenden.

(Übersetzt von Anni Pott)

Literatur

Ast, G. (1991): Interviews with Germans about reunification. In: Mind and Human Interaction 2, S. 100-104.
Bion, W. R. (1961): Experiences in Groups. London; dt. Erfahrungen in Gruppen und andere Schriften. Stuttgart 1971.
Kestenberg, J., Brenner, I. (1996): The Last Witness: The Child Survivor of the Holocaust. Washington, D. C. (Amer. Psychiatric Pr.).
Moses, R. (1993): Persistent Shadows of the Holocaust: The Meaning for Those not Directly Affected. Madison, C. T.; dt.: Die Bedeutung des Holocaust für nicht direkt Betroffene. Stuttgart (Fromman) 1992.
Niederland, W. C. (1961): The problem of the survivor. In: Journal of Hillside Hospital 10, S. 233-247.
– (1968): Clinical observations of the ‚survivor syndrome'. In: International Journal of Psycho-Analysis 49, S. 313-315.
Volkan, V. D. (1988): The Need to Have Enemies and Allies: From Clinical Practice to International Relationships. Northvale, N. J. (Master Wor Edition).
– (1991): Psychological processes in unofficial diplomacy meetings. In: The Psychodynamics of International Relationships. Bd. II: Unofficial Diplomacy at Work, hg. v. V. D.Volkan, J. V. Montville und D. A. Julius Lexington, M. A., S. 207-222.
– (1990): The question of Germany: A West German's response. In: Mind and Human Interaction 1, S. 1-4.
– (1997): Bloodlines: From Ethnic Pride to Ethnic Terrorism. New York (Westview); dt.: Blutsgrenzen: Die historischen Wurzeln und die psychologischen Mechanismen ethnischer Konflikte und ihre Bedeutung bei Friedensverhandlungen. München (Scherz) 1999.
– (1999): Das Versagen der Diplomatie: Zur Psychoanalyse nationaler, ethnischer und religiöser Konflikte. Gießen (Psychosozial-Verlag).

Vergangene und gegenwärtige Traumatisierung – jugendliche Skinheads in Deutschland

Annette Streeck-Fischer

Einleitung

Es sind jetzt über 8 Jahre her, als wir[1] in Tiefenbrunn das erste Mal einem 16jährigen jugendlichen Nazi-Skinhead begegnet sind, der uns mit einer Gewalttätigkeit konfrontiert hat, die wir in diesem Ausmaß bis dahin noch nicht gekannt hatten. Dieser Jugendliche verbreitete eine unglaubliche Unruhe und Bedrohung. Er zog andere in destruktive Handlungen hinein, und er machte sich und uns zu Opfern und Tätern der Gewalt. Er hat uns in verschiedener Hinsicht mit vergangenen und gegenwärtigen Schrecken konfrontiert. Er behauptete von sich, 3. Bundesvorsitzender einer rechtextremen deutschen Partei zu sein, und war mehrfach in massive Gewalthandlungen gegen Ausländer verstrickt. Er brachte die Welt einer überwunden geglaubten Nazivergangenheit mit Erfahrungen brutaler Gewalt und Zerstörung in unser Stationsleben. Er hielt sich für körperlich ruiniert; wir brachten diese Erwähnung mit homosexuellen Kontakten in Verbindung, die er zu einem führenden Rechtsextremen gehabt hatte, der später an Aids verstorben ist.

Die Jugendlichen auf der Station entwickelten unter seiner Führung eine Gangkultur mit zunehmender Persönlichkeitsentdifferenzierung (Streeck-Fischer 1993). Unterstützt durch Uniformieren, Tätowieren und gemeinsames Alkoholtrinken bildeten sie einen im Denken, Fühlen und Handeln vereinheitlichten Gruppenverband. Nachdem er entlassen werden mußte, weil er sich einer Brandstiftung schuldig gemacht hatte, stiftete er zurückgebliebene Jugendliche an, die Station mit Feuerlöschern zu verwüsten und die Fensterscheiben zu zerstören. Er machte nicht nur seine Therapie zunichte, sondern setzte seine soziale Tötung immer weiter fort – zuletzt mit einer Heroinabhängigkeit.

Annette Streeck-Fischer

Er reinszenierte Erfahrungen aus dem rechtextremen Gewaltmilieu, wurde öfter von Schreckensbildern überwältigt, hatte Alpträume, und geriet in unerträgliche Erregungszustände, die er mit unterschiedlichen Aktionen wie Haareschneiden, Tätowieren und Bedrohung anderer zu erledigen schien.

Von seiner Familie war er verstoßen worden – zunächst von seiner leiblichen Mutter, die ihn in Verbindung mit ihrer Alkoholkrankheit im Stich ließ, als er 3 Jahre alt war – später von seinem leiblichen Vater und seiner Stiefmutter. Sein Vater behandelte ihn wie jemanden, der bereits gestorben war bzw. besser daran täte zu sterben. Wir fragten damals nicht, was eine Mutter veranlassen konnte, ihr 3jähriges Kind aufzugeben, wieso der Vater seinen Sohn für lebensunwert erklären konnte, wir fragten nicht nach Verbindungen zu der Großeltern-Generation und der Bedeutung des Nationalsozialismus in dieser Familie. Wir erfuhren nur, daß der Urgroßvater des Jugendlichen ein berühmter und mit seiner Musik vom Nazi-Regime begünstigter Komponist war. Doch in seiner Familie, von der er fallengelassen wurde, gab es für ihn kein Erbe anzutreten – als Erbfolger Hitlers und Retter der deutschen Nation schien er jedoch erwünscht.

Fragen nach Zusammenhängen mit Kriegserfahrungen, dem Holocaust und dem Nationalsozialismus wurden von uns damals ausgeklammert. Die Hinwendung zur rechtsextremen Ideologie des Jugendlichen wurde im Gefolge seiner kumulativen Traumatisierungen gesehen, die Reinszenierungen von Gewalt und Destruktivität als Folge traumatischer Erfahrungen im Gewaltmilieu und zugleich als vieldeutiges und willkommenes Klischee, um eine bedrohte/bedrohliche Existenz zu legitimieren.

Solche Jugendlichen konfrontieren uns jedoch nicht nur mit der nationalsozialistischen Vergangenheit und deren Phantasmen, die immer noch und immer wieder in ihrer nachhaltigen Wirkung auf die Deutschen verleugnet werden, sondern vor allem damit, daß Auseinandersetzungen mit den Nachwirkungen des Holocaust bei

Überlebenden, Untersuchungen der Opferschicksale und auch der Persönlichkeitsdeformierungen durch Täterschaft und Krieg nach wie vor punktuell sind. Ergebnisse der Traumaforschung (vgl. van der Kolk 1996) verweisen darauf, daß sich schwere Traumata bei Opfern oder Tätern tief in Körper, Geist und Seele der Menschen eingraben, zu Persönlichkeitsveränderungen und Seelenblindheiten führen, die wie „erratische Blöcke" (Bion 1989) persistieren und über Generationen hinweg weitergegeben werden können. Vor diesem Hintergrund ist es gefährlich, rechtsextreme Einstellungen Jugendlicher allein als Problematik einer Lebensphase und von Kriminalisierung abzutun, vielmehr gilt es individuelle, familiäre und gesellschaftlich fortbestehende Seelenblindheiten aufzuspüren.

Jugendliche greifen zwar gerne auch aktuelle Themen der Zeit auf, insbesondere traumatische Ereignisse, ein Beispiel ist Ramstein[2], und benutzen diese als geliehene Bilder zum Erfassen eigener innerer Zustände; Bilder, die, wie Laub (1993) beschrieben hat, dann als Metaphern zur Symbolisierung innerer Zustände dienen. Solche Bilder können auch als Versatzstücke einer Bilderleere verwendet werden, die infolge früher Dissoziationen bei unverdauten schrecklichen Erfahrungen auftritt. Das Grauen und der Schrecken dieser Bilder werden hier zu leiblichen Situationsspuren früher Mißhandlungen oder auch im Schweigen transportierter unerledigter Konflikte aus der Eltern- und Großelterngeneration. So kann die Hinwendung zu Gewalt und entmenschlichten Bedingungen zu einer Wiederbegegnung mit frühen unverdauten und bewußtlosen Erfahrungen der Gewalt und Entmenschlichung werden, die sie in ihren Beziehungen zu ihren Eltern erfahren haben.

Fragen, wie entmenschlichende Bedingungen perpetuiert werden, mit welchen Erfahrungen sie verknüpft sind, stellen sich uns immer häufiger. Warum spricht die Mutter von diesem Kind davon, daß es andere in bestimmten Zuständen wie Menschenmaterial behandelt, warum wird in einer Analyse das Bild von Konzentrationslagerüberlebenden wach, warum hört eine Familie auf zu existieren, obwohl Schwangerschaften zustandekommen, die aber immer wieder in späten Aborten münden? Es bleibt oft unklar, warum sich dieser Großvater suizidiert hat, oder weshalb jener Vater wegen einer unerkannten Hauterkrankung jahrelang in der Nachkriegszeit das Bett hüten mußte. Wir sind erst dabei, nachdrücklicher Fragen nach der Vergangenheit zu stellen und im Schweigen bedeutsame Spuren der Zeit des Nationalsozialismus zu erkennen. Ebenso greifen Jugendliche, die sich dem rechtsextremen Gewaltmilieu anschließen, nicht nur auf nationalsozialistische Bilder deshalb zurück, um damit ihre eigene Problematik zu erfassen und dafür Ventile zu finden. Solche Erklärungen müssen solange verkürzt sein, wie die Verbindungen zur Nazivergangenheit der Großelterngeneration nicht überprüft sind. Bei adoptierten Jugendlichen ist es für uns eine geläufige Feststellung, daß sie in der Adoleszenz das Milieu der leiblichen Eltern (wieder) aufsuchen (Blos 1963).

Im Folgenden will ich zeigen, daß solche Entwicklungen zum Rechtsextremismus komplexer zu sehen sind. Individuelle Bedingungen sind eng mit gesellschaftlichen verwoben, wie wir es gegenwärtig besonders an den Bedingungen in der ehemaligen DDR feststellen können. Obwohl es dort den niedrigsten Prozentsatz an Ausländern gibt, ist die Gewaltbereitschaft gegenüber Ausländern hoch.

Jugendliche suchen nach Kontinuität und Identität. Finden sie in ihrer Familie und der Gesellschaft keine angemessenen Perspektiven, suchen sie danach in der Vergangenheit, der Vergangenheit ihrer Familie und der Gesellschaft. Jugendliche mit traumatischen Erfahrungen in ihrer Entwicklung haben besonders ungünstige Voraussetzungen, ihren Platz in der Gesellschaft zu finden. Sie sind nicht nur in ihrer Fähigkeit Beziehungen herzustellen beeinträchtigt, sondern auch in ihren kognitiven Fähigkeiten, ihrer Fähigkeit sich mitzuteilen und verständlich zu machen. Ihre Sprachlosigkeit mündet häufiger in „gehandelten" Botschaften, die ihre Entmenschlichung zum Ausdruck bringen.

Über die Sehnsucht nach Größe, Identität und Kontinuität der Enterbten und Betrogenen

1. *Die geliehene Größenphantasie*

Der 17jährige B. hatte folgenden Wunschtraum, den er zu Papier brachte:

> „Ich träumte, daß ich ein berühmter Gelehrter sei, der sich mit Waffentechnologie und Kernenergie beschäftigte. Durch Zufall wurde ich durch einen Zeitsprung in die Vergangenheit versetzt. Es war das Jahr 1939. Ich sah sofort die Chance, mit meinem Wissen und meinen Unterlagen der deutschen Kriegsführung dienlich zu sein. Ich ging sofort zum Reichskriegsministerium. Dort erklärt man mich zuerst für verrückt, führte mich aber trotzdem zu ihrer Exzellenz, Reichsmarschall Hermann Göring. Dieser erkannte sofort anhand meines Wissens und meiner Unterlagen, wie wichtig ich bin. Man stellte die Kriegsrüstung sofort um. Durch meine Hilfe konnten Düsenflugzeuge und Wasserstoffbomben in Deutschland hergestellt werden. Ich wurde der Vertreter von Hermann Göhring und wurde einer der höchsten Würdenträger des Deutschen Reiches. Durch meine Hilfe gewann das Deutsche Reich den Krieg. Es wurden Polen, Frankreich, England, Rußland und Amerika besiegt und vernichtet. Ein Land nach dem anderen kapitulierte, die Gefahr vom Deutschen Reich abgewendet, die Welt in einen 'deutschen Frieden' geführt. Ein deutsches Weltreich wurde errichtet, mit der Hauptstadt Germania (früher Berlin). Durch mich wurde das 1000jährige Reich gegründet und dem deutschen Volk der ewige Friede gebracht. Und was wurde aus mir? Ich hatte ein langes Leben vor mir und bekam nach dem Tod des Führers und Hermann Göhring, der nach Adolf Hitler der Führer wurde, dieses Amt. Durch mich wurde die Welt gerettet."

Durch Rückgriff auf die Vergangenheit entsteht das Bild eines heldenhaften Übermenschen, eines Deutschen, der das Scheitern eines vermeintlich idealen Führers verhindert. Die Nazi-Schreckensherrschaft und der Holocaust werden ausgeblendet, als seien sie nicht wahr. Er verwendet die Sprache und Formulierungen der Geschichtsbücher der damaligen Zeit und fühlt sich großartig in der Identifikation mit einer glorifizierten deutschen Nation. Seine grandiose Selbstaufblähung macht ihn unempfindlich für Gefühle von Scham.

Eigene Beschädigungen, eigenes Scheitern werden in der Zerstörung des bedrohten tausendjährigen Reich wiedergefunden. Als Retter, Erbe und Nachfolger Hitlers kann er diesen Zustand überwinden – endlich erkannt in seinen Begabungen, die im Gefolge seiner gescheiterten Schulkarriere bisher nicht gesehen wurden. Mit seiner narzißtisch-destruktiven bombastischen Größenphantasie versucht er, sein schwer beschädigtes und traumatisiertes Selbst zu reparieren.

Tagtraum-, Größen- und Rettungsphantasien spielen in der Adoleszenz eine herausragende Rolle. Zumeist ranken sie sich um bewunderte, hochstehende männlich-väterliche Objekte. Sie stellen quasi ein Entwicklungsprogramm zum Großwerden bereit, solange der Abstand zwischen Real-Selbst, Ideal-Selbst und Ideal-Objekten in diesen Phantasien durch Entwicklungsschritte überbrückt wird (Chasseguet-Smirgel 1975). Sie dienen der Herstellung von Kontinuität und Identität. Um einem drohenden Identitätsverlust entgegenzuwirken, greifen Jugendliche bei fehlendem oder abgewertetem bzw. mangelhaft präsentem Vater auf ein mächtigeres und scheinbar liebevolleres väterliches Objekt zurück. Diese Bedeutung kann auch die Gestalt Hitlers annehmen, der mit seiner Lebensgeschichte eines Gedemütigten und Beschädigten bei solchen Jugendlichen eine bewunderte Größe und Heldenhaftigkeit erreicht hat.

2. Die Sehnsucht nach der verlorenen Ordnung der Dinge
Die Bedeutung der Identifikation mit einem angesehenen, mächtigen, männlich/väterlichen Objekt wird besonders an einem anderen Jugendlichen deutlich, der über längere Zeit in Tiefenbrunn in stationärer Behandlung war. Anlaß zur Aufnahme war ein Suizidversuch, den er unternahm, nachdem er seine Schwester, die an einem anderen Ort lebte, geschlagen hatte. Im Heimatdorf galt er als Schlägertyp, alle hatten Angst vor ihm. In einer Gruppe dissozialer Jugendlicher nahm er an Saufaktionen, kleineren Diebstählen und Gewaltaktionen gegen Ausländer teil.

A. kam alleine zur stationären Aufnahme. Er hatte sich nach dem Suizidversuch an einen Nervenarzt gewandt. Er betonte, daß Vater und Großvater, mit denen er zusammenlebte, sich weigerten, zu einem Gespräch in die Klinik zu kommen. Die leibliche Mutter hatte die Familie in seiner frühen Kindheit im Stich gelassen und die jüngere Schwester von A. mitgenommen. Bis zum 12. Lebensjahr wurde A. von der Großmutter väterlicherseits mitversorgt. Nach deren Tod lebten Großvater, Vater und A. in einem dürftig versorgten Männerhaushalt zusammen.

Für A. hatte der Großvater eine herausragende Bedeutung. Dieser hatte im Ort eine angesehene Position und wurde mehrfach geehrt. Demgegenüber lebte der Vater offenbar ein Unleben, diskriminiert und sozial immobilisiert. Er wurde als eine Person beschrieben, die zu aggressiven Ausbrüchen und übermäßigem Alkoholkonsum neigte. Er war eng an seine Herkunftsfamilie gebunden, insbesondere nach dem Weggang seiner Frau. Der Vater wirkte in den therapeutischen Gesprächen, die mit ihm – entgegen A.'s ursprünglicher Ansicht – doch geführt werden konnten, wie abgestorben. Er schien nach wie vor an dem traumatischen Ereignis zu kleben, von seiner Frau verlassen und damit sowohl psychisch als auch im Heimatort sozial zerstört worden zu sein. Er konnte sich nichts mehr erlauben. Eine Beziehung zu einer Frau gestattete er sich nur heimlich. Als männliche Identifikationsfigur stand er A. nicht zur Verfügung. Statt dessen wurde der Großvater in dieser Hinsicht für ihn sehr wichtig.

A. selbst befand sich in einer desolaten und perspektivelosen Situation. Er hatte keinen Schulabschluß, die Hauptschule hatte er mit der 9. Klasse verlassen. Bei einem Leistungstest im Arbeitsamt war ihm eine geistige Behinderung attestiert worden – was sich nachträglich als unzutreffend herausstellte. Zwei begonnene Lehren hatte er abgebrochen, die erste nach einem Unfall, die zweite, weil er die Arbeitsatmosphäre dort nicht ertragen konnte. In seinem Heimatort war er Außenseiter und Prügelknabe. Den Kindern angesehener Eltern war verboten worden, mit ihm zu spielen.

Verlassen von der Mutter, später von der Großmutter durch deren Tod, gescheitert in der Schule, in seinem sozialen Umfeld als Störenfried wahrgenommen, erschienen für ihn die Erzählungen des

Annette Streeck-Fischer

Großvaters vom Krieg wie Berichte aus einer besseren Welt. Der Großvater, der die Familie als gestandene Person dominierte, war im Krieg bei Stalingrad gewesen. Er hatte zeitweilig die Aufgabe, Chauffeur führender Offiziere zu sein, eine Aufgabe, die ihm selbst nachträglich noch Größe verleihen konnte. Der Krieg und die Kriegserfahrungen wurden von ihm glorifiziert. Schweigen lag hingegen über den Kriegstraumata wie dem Tod von Kameraden, Hunger, Erfrierungen, Todesängsten, Demütigungen, ein Schweigen, das diese Generation kennzeichnet und die auch bei A. dazu führte, daß Schrecken und Greueltaten dieser Zeit von ihm nicht wahrgenommen wurden. Für A. war der Großvater eine mächtige, potente Person, vor der er Angst hatte und deren Zuneigung er suchte, während der Vater ihm schwach und als Vorbild ungeeignet erschien.

In A.'s Aktivitäten könnte man den Versuch sehen, eine Kontinuität zwischen den Generationen herzustellen, indem er unerledigte Konflikte von Großvater und Vater, die außerhalb sprachlicher Verständigung vermittelt wurden, aufgriff und aktivierte. Anders als der Vater, der sich seinem Schicksal unterwarf, erstarrt und entlebendigt ein Sparflammenleben führte, kämpfte A. in der rechtsextremen Szene einen Krieg gegen ungebetene Eindringlinge und grenzte sich selbst aus. In der Angleichung an rechte Führer, an scheinbar Mächtige, trat er für Lebensraum von diskriminierten, heimatlosen Deutschen ein, ein Schicksal, das ihn selbst ereilt hatte.

Betrachtet man sich die Bewältigungen der Männer in den drei Generationen (vgl. auch Rosenthal 1997) der Familie von A., dann erscheint der Großvater als jemand, dem es gelungen ist, die schrecklichen Kriegserlebnisse und nachfolgenden Demütigungen vordergründig zu bewältigen, indem er sich bemühte, alte Verhältnisse zu restituieren und auf nationaldeutsche Werte zurückzugreifen. Nachträglich gelang es ihm, sich innerhalb der Familie noch als ein heldenhafter Kriegsüberlebender darzustellen. Der Vater konnte sich dieser Familiarisierung von Deutschtum und Heldenhaftigkeit nur unterordnen, andererseits handelnd darstellen, daß die

Welt so nicht mehr in Ordnung ist und dabei erstarren. A. zeigt demgegenüber eine Bereitschaft, als Patriot wieder in den Krieg zu ziehen, in die Pararealität einer rechten Szene, in der durch Gewalt versucht wird, das bedrohte Deutsche zu retten. Gleichzeitig nahm er die entmenschlichenden und demütigenden Bedingungen, Bedingungen von Gewalt und Mißhandlung in Kauf, die er selbst auch immer erfahren hatte.

3. Die betrogenen und enterbten Jugendlichen der ehemaligen DDR
45 % der rechtsextremistisch motivierten Gewalttaten werden in den Neuen Bundesländern begangen, bei einem Bevölkerungsanteil von nur 17 %, bezogen auf Gesamtdeutschland[3]. Es handelt sich im wesentlichen um Jugendliche. Neben sozialen und ökonomischen Problemen wird hierfür verantwortlich gemacht, daß bisherige Sozialisationsinstanzen für ostdeutsche Kinder und Jugendliche weggebrochen sind – in einem Land, in dem Erziehung sehr weitgehend in staatlichen Händen gelegen hat. In diesem totalitären Regime ist eine Untertanen-Mentalität erwartet worden, die nach Hitler durch eine kommunistische Diktatur zuletzt durch Honnecker fortgeführt wurde und mit entsprechenden Persönlichkeitsdeformationen einherging. Das bedeutete:
– absoluten Gehorsam zeigen,
– einen Verlust von Individualität, individueller Unterschiede und Verantwortlichkeit,
– eine eingeschränkte Realitätsprüfung,
– die Notwendigkeit, zwischen öffentlichem und privatem Selbst zu unterscheiden, und
– die Unterdrückung von Kritikfähigkeit.
Dieser Verlust in der Komplexität von Wahrnehmungen, Meinungen und Ambivalenz hat gerade bei Jugendlichen mit unsicheren Lebensperspektiven die Hinwendung zur Nazi-Ideologie, die entsprechende Persönlichkeitsdeformationen stützt, erleichtert.

Von ihren politischen Vätern betrogen, hinsichtlich ihrer sozialen Position enterbt, greifen sie auf vergangene Ideologien zurück, die rasche Größe versprechen.

Zur Sprachlosigkeit und dem Handlungswissen

Ich selbst gehöre zu der Nachkriegsgeneration, die es versäumt hat, die Eltern zu fragen, bzw. auf Fragen Verwirrendes an Antworten bekommen hat. In Erinnerungen erscheinen Fragmente einer früheren Zeit (z. B. ein bestimmter Sprachduktus) die vor dem Hintergrund der Nazi-Vergangenheit verständlich werden, aber wegen der Verleugnung in ihrer Kontinuität unklar bleiben. Verwirrungen existieren hinsichtlich der Zeitdimensionen, der Bedeutung von Ereignissen, dessen, was tatsächlich geschehen ist usw. Diese Einstellung, vergangene Realitäten auszublenden, setzt sich im Umgang mit unseren Patienten vielfach auch heute noch fort. Vieles erfragen wir nicht, geben uns mit verwirrenden Antworten zufrieden bzw. haken nicht nach, wenn Antworten vermieden werden, oder wir werden auf andere scheinbar wichtigere Dinge abgelenkt. Solche Reaktionen erfahren wir immer wieder in den „Täter-Jugendlichen", die bagatellisieren, was sie getan haben, allenfalls Andeutungen machen oder entsprechende Fragen übergehen oder ausblenden. Statt dessen wird ihre Täterseite in Zeichen, in Handlungen, in Inszenierungen sichtbar.

Der 15jährige Jan, der sich mit seinem Kontakt zu rechtsextremen Kreisen, Waffenbesitz und Waffenhandel tief in kriminelle Aktivitäten verstrickt hatte, konnte diese Zeit als völlig bedeutungslos abtun, nur in kurzen Sequenzen jenseits gefühlsmäßiger Beteiligung andeuten und andere darüber hinsichtlich der Bedeutung, die sie für ihn hatte, völlig im Unklaren lassen. Ähnlich ging er mit anderen für ihn unangenehmen Themen um, auf die er gar nicht erst einstieg oder die er mit Müdigkeit und Apathie abwehrte. Zugleich machte er in seinem Verhalten, mit seiner Mimik, seinem Auftreten und seiner Kleidung extrem mißtrauisch. Phantasien, er könne sein Handeln weiter fortführen, Schlimmes im Schilde führen, wurden immer wieder geweckt. An Disziplinierung seitens des Vaters gewöhnt, suchte er Männerliebe, wurde damit mißbraucht und als Schulversager verführbar, außerhalb gesellschaftlicher Wert- und Ordnungssysteme nach narzißtischen Gratifikationen zu suchen.

Die Täterschaft der Jugendlichen bleibt oft im Verborgenen. Sie reden nicht darüber, und wenn dies möglich ist, dann nur in Ansätzen, mit Auslassungen und Vermeidungen. Massive Beschämungsgefühle spielen hierbei eine Rolle. Oft ist es erst spät – im Verlauf einer Therapie – möglich, sich auch als Opfer der Verhältnisse wahrzunehmen. Die Täterschaft der Eltern bleibt ebenso im Dunkeln. Jans Vater etwa, der von seiner Frau getrennt lebte, wollte ihn unbedingt von Tiefenbrunn wegholen, um die Schmach, einen „Verrückten" in der Familie zu haben, abzuwenden. Im Handeln und in den Auslassungen werden Botschaften vermittelt, die für sich stehen und unverständlich bleiben, da Vergangenheit nicht integriert wird, sondern abgespalten und dissoziiert bleibt. Gewalterfahrungen der Nazizeit wurden familiarisiert, die Demütigungen, die Gewalt, die Entmenschlichung werden in scheinbar notwendigen barbarischen Erziehungsmethoden[4] – ich bin hier der Zirkusdirektor, wer kuscht, hat es gut bei mir – fortgeführt. Jan etwa wurde bei Tisch auf den Kopf gehauen – für ihn unverständlich und völlig unberechenbar.

Welche Rolle spielen dabei die Mütter?

Zumeist hatten sie unsichere oder unzuverlässige, teils ablehnende Mütter, die sie vernachlässigt, mißhandelt oder im Stich gelassen haben, oder sie wurden in Pflegefamilien untergebracht oder zur Adoption freigegeben. Bei dem oben erwähnten A. etwa wissen wir nicht, was für eine Person seine Mutter gewesen ist. Sie ist nie in der Klinik erschienen, da sie seit langem nichts mehr mit A. zu tun hatte.

Sie hatte unmittelbar vor der Geburt von A. einen schweren Autounfall. Wir wissen auch nicht, ob dieses Geschehen traumatisch war und die frühe Beziehung zu ihrem Kind bestimmt hat. Wir wissen nicht, wie gut A. bemuttert oder inwieweit er vernachlässigt wurde. Von der Mutter heißt es, sie sei verwahrlost gewesen, fremdgegangen und habe Heiratsanzeigen in die Zeitung gesetzt, zu einer Zeit, als sie bereits ihre Familie hatte. Mit einem ihrer Verehrer sei sie dann verschwunden. Dieses Verhalten wird verständlich, wenn man annimmt, daß sie in abgespaltene dissoziative Zustände[5] geriet, in denen sie gleichsam neben sich stehen konnte und sich aus den gewohnten Bezügen löste.

Als A. 16 Jahre alt wurde, wollte er seine Mutter wiedersehen. Er fuhr in den Ort, in dem sie nach dem Verlassen der Familie lebte. Unmittelbar am Abend zuvor war sie wieder abgehauen. Im Anschluß an diese Erfahrung wandte sich A. rechtsextremen Jugendlichen zu. Bei ihnen fühlte er sich zugehörig und zu Hause. Hier wurde er mit Gewalttätigkeit, die sich gegen bestimmte Feinde richtete, konfrontiert. Hacker (1990) meint hierzu: „Gewalt ist Liebesersatz oder besser Liebesobjekt, da Gewalt nicht nur wegen eigener Bedürfnisbefriedigung und wegen anderen Vorteile vorgezogen, sondern auch um ihrer selbst willen geliebt wird". A. hatte mit diesem Versuch, Kontakt zur Mutter aufzunehmen, die traumatische Erfahrung seiner Kindheit, plötzlich von der Mutter verlassen zu werden, als Jugendlicher wiedererlebt. Statt in passiver Opferrolle zu verbleiben, suchte er mit seiner aktiven Hinwendung zur Gewaltszene Möglichkeiten zur Bewältigung dieser unerträglichen Wiederholung. Indem A. in eine kriegerische Pararealität hineinglitt, wurde er durch Gewaltszenarien neu- und retraumatisiert – als Opfer und Täter. Man könnte hier von einer Fixierung an den Moment des traumatischen Unfalls sprechen, wie Freud (1920) dies bei traumatischen Störungen beschrieben hat. Die verzweifelte Suche nach einem Liebesobjekt, das verlorengegangen ist, wird mit erneuten traumatischen Erfahrungen verknüpft, die Wiederholungsinszenierungen in Gang bringen, und die die Person immer mehr überwältigen, bis bisherige Bewältigungen gleichsam außer Kontrolle geraten. In der rechtsextremen Gruppe ist er Täter und Opfer zugleich.

Die Tendenz zur Wiederholung ist nicht, wie Freud meint, von einer konservativen Eigenschaft der Triebe, insbesondere nicht vom Todestrieb, bestimmt, sondern auf die konservative Natur mentaler Repräsentationen zurückzuführen. Das Ich wird insoweit vertrieblicht, als es sich um Wiederholungen handelt, die mit neurobiologischen Veränderungen einhergehen. Wir müssen zwischen einer primären Wiederholung und einer symbolisch vermittelten Wiederholung im Handeln unterscheiden. Die primäre Wiederholung ist sprachlos, archaisch und operiert unterhalb der symbolischen Ebene (Wilson & Malatesta 1989). Sie wird von präverbalen und präsymbolischen Erfahrungen gespeist und ist aus dem Bewußtsein abgesprengt. Sie entwickelt ein unterirdisches Eigenleben. Jugendliche Skinheads, die als Täter oder Opfer in Gewaltaktionen verwickelt sind, wiederholen oft selbst erfahrene traumatische Situationen, ohne dies zu wissen und zu erkennen. Doch wessen ursprüngliches Trauma wird hier wiederholt? Das der Mutter, des Großvaters, das von A.?

A. war nicht nur von dem Verlust der Mutter im 6. Lebensjahr überwältigt und der späteren Wiederholung, sondern er war offenbar, wie viele jugendliche Skinheads, ein von früh an vernachlässigtes und mißhandeltes Kind.

Was bewirken traumatische Bedingungen in der Entwicklung?

Frühe Traumata haben langfristige Folgen für die Entwicklung. Es ist mir wichtig hierauf einzugehen, weil damit deutlich wird, wie Sprachlosigkeit und Entmenschlichung perpetuiert werden. Sprache ist in solchen Entwicklungen nur begrenzt Medium der Mitteilung, statt dessen verdeckt sie eher Wichtiges. Indem Eltern sich auf die Bedingungen des Säuglings einstellen und mit abgestimmten Aktivitäten wie Füttern, Wickeln und Schaukeln antworten, geben sie ihm das Gefühl der Wirkmächtigkeit im Umgang mit sich und mit seiner Umwelt. Kinder, deren Eltern nicht bereit und in der Lage sind, sich auf die Bedingungen des Kindes einzustellen, sondern frustrierend, gewalttätig, eindringend oder vernachlässigend sind, werden früh durch „fremde Gesten" (Winnicott 1965) überwältigt. Diese schmerzhaften Erfahrungen führen zu primären Reaktionen, wie sie bspw. von Fraiberg (1982) beschrieben worden sind. An Säuglingen und Kleinkindern hat sie beobachtet, wie sie auf eine mißhandelnde Mutter reagieren, z. B. indem sie die Mutter, die offenbar als Schmerzquelle erlebt wurde, nicht mehr wahrnehmen, erstarren oder später unruhig und aggressiv reagieren. Die Überwältigung durch fremde Gesten meint, daß zwischen Mutter und Kind kein Dialog zustandekommt, vielmehr das Kind sich vor den Handlungen der Mutter schützt. Wird solchen Kindern in der frühen Beziehung einfühlende Sorge vorenthalten, wird die Versorgung evtl. nur auf notwendigste Befriedigung reduziert, erfahren sie diese gleichzeitig als Quelle der Befriedigung und Ort drohender Vernichtung. Die Mutter verweigert Container-Funktionen. Das Kind wird gleichsam mit einer negativen Container-/Contained-Beziehung konfrontiert. Unerträgliche Zustände werden nicht von der Mutter mitgetragen. Das Kind wird auf sich selbst zurückgeworfen. Diese noxische Erfahrung und Reaktion führt zu einem traumatischen Bruch im frühen Dialog zwischen Mutter und Kind und zu Brüchen, Dissoziationen und Abspaltungen im rudimentären Selbst. Dies hat weitreichende Folgen nicht nur im Hinblick auf die integrativen Fähigkeiten des Kindes, sondern auch im Hinblick auf seine Fähigkeit zur Selbst-, Affekt- und Spannungsregulation. Die Fähigkeit, sich über die Art des jeweiligen Reizes klar zu werden und eine optimale Antwort zu entwickeln, ist damit anhaltend gestört. Es resultieren daraus u. a. Unfähigkeiten, sich in Erregungszuständen zu steuern und Gefühle wie Zorn, Wut oder Trauer zu kontrollieren. Darüber hinaus kommt es zu kognitiven Beeinträchtigungen infolge von Abwehr gegen Sinngebung (Ogden 1985). Solche Kinder können nicht aus Erfahrung lernen, sie reinszenieren immer wieder ähnliche Interaktionen. Prozesse im Gedächnis und im Bewußtsein, die normalerweise integriert ablaufen, sind jetzt aufgebrochen und führen langfristig zu Identitätspaltungen, kognitiven Defiziten und sensorischen Störungen.

Dieser sensual shut-down von Erfahrungen (Erfahrungsstillstand) verursacht psychobiologische Störungen (Cicchetti & Toth 1995) und einen kognitiven Stillstand, der von Dopart (1983) mit der kognitiven Arrest-Theorie erklärt wurde. Diese Theorie zufolge werden Funktionen des Denkens, der Wahrnehmung und des Gedächtnisses durch psychobiologische Prozesse des Bewußtseins beeinträchtigt. Einigen dieser Kinder gelingt es, den Beziehungsbruch (walling off) und ungehaltene bedrohliche Gefühle zu überdecken. Sie reagieren mit einem Deckverhalten. Dies scheint mir eine wichtige Transformation im Umgang mit bedrohlichen Erfahrungen. Die daraus folgende Mimikry-Entwicklung[6] ist eine reflexhafte Angleichung an die frühe Pflegeperson im Dienste des psychischen Überlebens.

Die Unfähigkeit, Mitgefühl für andere aufzubringen, ist eine Folge der Gefühlsenteignung und Entmenschlichung dieser Kinder. Die für die gesunde Entwicklung notwendige Balancierung von Akkomodation und Assimilation (Piaget & Inhelder 1977) wird durch die traumatischen Erfahrungen zerstört, weil Akkomodation an äußere Verhältnisse überlebensnotwendig wird. Als Folge des blockierten Lernens aus Erfahrung (Bion 1962) und des kommunikativen Zusammenbruchs können wichtige Botschaften oft nur körperlich, per Aktion und in Wiederholungsinszenierungen ausgedrückt werden.

Statt wie in der normalen Entwicklung durch Spiegeln, Empathie, durch En- und Decodieren des Verhaltens und der Gefühlsäußerungen seitens der Mutter und durch ihre passenden Antworten Zustände kommunikativ zu erfassen und symbolisch auszudrücken, bleiben diese Kinder und Jugendlichen mit ihren Verhaltensweisen infolge ihres Entwicklungsstops auf gehandelte Botschaften und action memories fixiert. Sie greifen auf Notfallmaßnahmen zur Selbststabilisierung zurück, die vergleichbar sind den von Fraiberg an Säuglingen und Kleinkindern beobachteten Reaktionen, die auf einer ganzheitlichen psychobiologischen Ebene in körperlichen, affektiven und kognitiv-perzeptuellen Veränderungen zum Ausdruck kommen. Die Sprache ist nicht Medium des Ausdrucks ursprünglicher Zustände, sondern verdeckt diese eher.

Nicht zu erfassen, wie und was man fühlt, prädestiniert zum Ausleben, statt zum Benennen. Neurobiologische Studien machen deutlich, daß frühe traumatische Erfahrungen die normale Entwicklung der Hirnrinde und des limbischen Systems beeinflussen (van der Kolk u. a. 1998). Zentren, die für die Sprache und deren Verknüpfung mit Erfahrungen bedeutsam sind, werden in Reaktion auf traumatische Erfahrungen mangelhaft mit Sauerstoff versorgt, während gleichzeitig andere Hirnbereiche, die mit Gefühlszuständen und autonomer Erregung in Verbindung gebracht werden, vermehrt durchblutet werden. Die Funktionsfähigkeit der linken Hemisphäre, die in die Lage versetzt, Problemlösungsaufgaben in wohlgeordneten Sätzen zu organisieren und Informationen zu verarbeiten, wird mangelhaft entwickelt. Lernen und Kognition werden dadurch deutlich beeinträchtigt. Die Sprachlosigkeit dieser Jugendlichen und ihre Täterschaft ist somit auch ein Entwicklungsproblem.

A.'s anhaltende Lernprobleme in der Schule, sein unruhiges, z. T. hyperaktives Agieren und seine aggressiven Durchbrüche sind als Folge seiner frühen Vernachlässigung und der daraus folgenden äußerst ungünstigen Entwicklungsbedingungen zu sehen.

So erschien A. im Kontakt mit anderen teilweise wie ein Bauerntölpel, der nicht in der Lage war, sich sprachlich mitzuteilen, der kaum etwas über seine Vergangenheit wußte und sich überwiegend durch seine Handlungen, seine Beeinträchtigungen, seine

Behinderungen und seine Weltfremdheit verständlich machte. Im Kontakt mit Erwachsenen zeigte er sich brav, unauffällig und angepaßt. Daneben löste er immer eine gewisse Skepsis aus, ob und was er wohl verbergen würde. Abhängig von den Personen und äußeren Auslösern konnte er unterschiedliche Gesichter zeigen. Erst nach einer Weile der stationären Behandlung wurde deutlich, daß er sich rechtsextremen Jugendlichen angeschlossen hatte und an Gewalttaktionen teilnahm. Diese dissoziativen Zustände können häufig nur stateabhängig erkannt und benannt werden. Ich habe solche Entwicklungen als Mimikry-Entwicklung beschrieben (Streeck-Fischer 1996). Glasser (1992) verwendet den Begriff der kolonisierten Persönlichkeit. Bei ihr existiert gleichsam eine Untergrundbewegung, die abgespalten und von der Öffentlichkeit ferngehalten bzw. verheimlicht wird. Der Begriff der Kolonisierung ist insofern passend, als damit verdeutlicht wird, wie eine Person oder fremdes Territorium durch Mächtige in Beschlag genommen wird, die diese Person oder dieses Territorium ausschließlich nach ihrem eigenen Interesse beherrschen. Diese Mächtigen setzen ihre Vorstellungen notfalls mit Gewalt und Terror durch, ohne sich für die Eigenheiten der Bewohner zu interessieren. Mimikry stellt eine Anpassungsnotwendigkeit an eine existentiell bedrohliche Situation dar. Kinder, Jugendliche und Erwachsene mit solchen Entwicklungen simulieren und imitieren „Als-obhaft-" Entwicklungen, die bei Abwesenheit des tyrannischen Objektes, an das sie sich angleichen, aufgegeben werden. Das äußere und introjizierte bedrohliche Objekt wird in Kontrolle gebracht und zugleich beschwichtigt. Diese „falsche" Bindung ist lebensnotwendig, weil damit Vernichtungs- und Zerfallsängste abgewehrt werden können.

Annette Streeck-Fischer

Ausblick

Betrachten wir uns die Verhältnisse in der Nachkriegszeit in Deutschland, so waren vordergründige Reparation und Existenzsicherung angesagt, während Bearbeitung und Bewältigung der Traumata sowohl der Täter des Holocaust als auch der Opfer der traumatischen Kriegserlebnisse abgetrennt wurden und unbearbeitet verblieben. Es wurde geschwiegen, es wurden keine Geschichten zu den schrecklichen Erfahrungen erzählt. Hier setzten Kolonisierungen ein, die stabilisierenden Charakter hatten, sei es, um nicht als Nazi-Täter entdeckt zu werden, sei es, um die Schmach und die erlittenen Traumata in Verbindung mit der deutschen Kapitulation abzuwehren. Das Schweigen der Nachkriegsjahre wird vielfach erst in den letzten Jahren gebrochen, viele Deutsche sind erst durch den Rechtsextremismus aufgeschreckt worden, dem sie in Jugendlichen begegnen.

Für viele Ostdeutsche bedeutete die Wiedervereinigung eine zweite Kolonisierung, indem ihnen wiederum fremde Verhältnisse aufgedrückt wurden und sie ihre bisherigen politischen und gesellschaftlichen Strukturen sowie Weltanschauungen aufgeben mußten.

Indem die Bevölkerung dort zunehmend spürt, wie sehr die neuen Bedingungen an ihren Vorstellungen vorbeigehen, umso mehr ist zu erwarten, daß sie die Kolonisierungen aufgeben und sich dagegen verwahren, sich unterdrückenden und ihre Belange nicht beachtenden Bedingungen unterzuordnen. Indem Jugendliche auf rechtsextreme Ideologien zurückgreifen, greifen sie einerseits auf einen Geschichtsabschnitt zurück, auf den sich Angehörige der ehemaligen DDR und der BRD gemeinsam beziehen können und müssen, andererseits machen sie als Betrogene der Geschichte auf sich aufmerksam, einer Geschichte, die von dem Wiederholungsmuster gekennzeichnet ist, daß sie als Deutsche, die etwas von sich hielten, dennoch immer auf der Verliererseite waren. Der Mißstand vieler ungelöster Probleme nach der Zerstörung ihrer Gesellschaftstruktur führt zum Ruf nach Recht und Ordnung in gewohnten totalitären Strukturen, die rechte Ideologien anbieten.

Literatur

Bion, W. R. (1962): Lernen durch Erfahrung. Frankfurt/M. (Suhrkamp) 1990.
Bion, W. R. (1989): Second thoughts. Selected papers on psychoanalysis. New York (Aronson).
Blos, P. (1963): Die Funktion des Agierens im Adoleszenzprozeß. In: Psyche 18, S. 120-138 (1964/65).
Chasseguet-Smirgel, I. (1975): Das Ich-Ideal. Frankfurt/M. (Suhrkamp) 1981.
Cicchetti, D., Toth, S. (1995): Child maltreatment and attachement organization: Implications for invention. In: Goldberg, F. et al. (ed.): Attachement theory. New York (The Analytic Press) S. 279-308.
Dopart, T. (1983): The cognitive arrest hypothesis of denial. In: Int. J. Psychoanal. 64, S. 47-58.
Dopart, T. (1986): A new look at denial and defence. In: The Annual of Psychoanalysis. Vol. XV, S. 23-47.
Fraiberg, F. (1982): Psychological defence in infancy. In: Psychoanal. Quart. 51, S. 612-635.
Freud, S. (1916/17): Vorlesungen zur Einführung in die Psychoanalyse. GW XI. Frankfurt/M. (Fischer).
– (1920): Jenseits des Lustprinzip. GW XIII. Frankfurt/M. (Fischer).
Glasser, M. (1992): Problems in the Psychoanalysis of Certain Narcisstic Disorders. In: Int. J. Psychoanal. 73, S. 493-503
Hacker, F. (1990): Das Faschismus-Syndrom. Psychoanalyse eines aktuellen Phänomens. Düsseldorf (Econ) 1990.
Laub, A., Auerhahn, N. C. (1993): Knowing and not knowing massiv psychic trauma. Int. J. Psychoanal. 74, S. 287-302.
Niederland, W. (1978): Der Fall Schreber. Frankfurt/M. (Suhrkamp).
Ogden, T. H. (1985): On potential space. In: Int. J. Psychoanal. 66, S. 129-141.
Piaget, J., Inhelder, B. (1977): Die Psychologie des Kindes. Frankfurt/M. (Fischer).
Rosenthal, G. (Hg.) (1997): Der Holocaust im Leben von drei Generationen. Gießen (Psychosozial-Verlag).
Streeck-Fischer, A. (1993): ‚Ihr könnt uns nicht vernichten, denn wir sind ein Teil von Euch' – über den deadly dance eines jugendlichen Sinkheads. In: Streeck, U. (Hg.): Das Fremde in der Psychoanalyse. München (Pfeiffer).
– (1994): Adoleszenz, Narzißmus und Übergangsphänomene. In: Psyche 48, S. 905-928.
– (1996): Über die Mutantenmentalität. In: Psychosozial 64, S. 67-76.
van der Kolk, B. A., Mc Farlane, A. C., Weisaeth, L. (Hg.) (1996): Traumatic stress. New York (The Guilford Press).
– (1998): Zur Psychologie und Psychobiologie von Kindheitstrauma. In: Streeck-Fischer, A. (Hg.): Adoleszenz und Trauma. Göttingen (Vandenhoeck Ruprecht), S. 32-56.

Wilson, A., Malatesta, C. (1989): Affect and the compulsion to repeat. Freuds repetition compulsion. In: Psychoanal. Contemp. Thought 12, S. 265-312.
Winnicott, D. W. (1965): Reifungsprozesse und fördernde Umwelt. Frankfurt/M. (Fischer) 1984.

Anmerkungen

[1] Gemeint sind die Mitarbeiter der Abteilung Klinische Psychotherapie von Kindern und Jugendlichen in Tiefenbrunn - Krankenhaus für Psychiatrie, Psychotherapie und psychosomatische Medizin.

[2] Vor mehreren Jahren wurden anläßlich einer Flugschau auf dem Luftwaffenstützpunkt Ramstein viele Menschen durch ein herabstürzendes Flugzeug getötet oder schwer verletzt. Die Musikgruppe ‚Ramstein' inszeniert heute vergleichbare katastrophische Ereignisse auf der Bühne.

[3] Nach Angaben des Bundesamtes für Verfassungsschutz 1997.

[4] Vgl. Niederland (1978): Der Fall Schreber.

[5] Am ehesten könnte es sich um Fugue-Zustände gehandelt haben.

[6] Mimikry ist eine vordergründige Anpassung an die Umwelt, die der existentiellen Sicherheit dient.

Holocaust-Erfahrung und deutsche Identität – historische Überlegungen zum Generationswandel im Umgang mit der Vergangenheit

Jörn Rüsen

Die meisten Leser werden keine professionellen Historikerinnen und Historiker sein, und ich gehe davon aus, daß die Thematik dieses Buches stark geprägt ist vom intellektuellen Profil der Psychoanalyse. Insofern muß ich etwas ausholen, um deutlich zu machen, aus welchem Diskussionszusammenhang heraus ich eigentlich spreche.[1]

Ich möchte mit einer kleinen Vorbemerkung beginnen, die zumindest die Psychoanalytikerinnen und Psychoanalytiker interessieren dürfte und das Verhältnis von Geschichtswissenschaft und Psychoanalyse in Deutschland betrifft. Es handelt sich um ein Un-Verhältnis – im Unterschied zu den interessanten Debatten der Historiker über und mit der Psychohistory in den Vereinigten Staaten, im Unterschied zur Tradition der Begegnung von Psychoanalyse, Kritischer Theorie und Kulturtheorie und im Unterschied zu einem engen Verhältnis der Literaturwissenschaft zur Psychoanalyse. Mein Beitrag ist daher auch als ein Plädoyer dafür zu verstehen, dieses Unverhältnis in der deutschen Geschichtswissenschaft zu beenden und in einen produktiven Diskussions- und Streitzusammenhang einzutreten.

Man kann deutlich machen, daß bestimmte Fragen, die sich im Denken über Geschichtsbewußtsein und historische Identität stellen, ohne Hilfe der Psychoanalyse nicht beantwortet werden können (vgl. Rüsen 1998). Diese Fragen stellen die Historiker, und sie müssen prüfen, wie befriedigend die Antworten ausfallen, die sie von der Psychoanalyse bekommen. Umgekehrt bin ich nicht ganz sicher, ob die Psychoanalyse auf die Dauer im Umgang mit den

Jörn Rüsen

Traumata im intergenerationellen Verhältnis, die sich aus zeitgeschichtlichen Erfahrungen speisen, auf die Zeitgeschichte als historische Fachdisziplin und das von ihr produzierte historische Wissen verzichten kann, wie es de facto heute oft der Fall ist.

Ich werde weniger von Emotionen und Gefühlen sprechen – wie sollte ich auch, dafür bin ich ja schließlich nicht ausgebildet –, sondern eher darüber, wie auf der Ebene der gesamtgesellschaftlichen (und damit auch diffusen) Geschichtskultur und insbesondere des geschichtswissenschaftlichen Denkens in Deutschland (und dabei meine ich im wesentlichen Westdeutschland) die Holocaust-Erfahrung in Vorstellungen und Konzepte kollektiver deutscher Identität verarbeitet worden ist.

Meine Prämissen sind grundsätzlicher, elementarer Art und berühren sich mit psychoanalytischen Denkformen, sind aber dennoch in ihrer kognitiven Struktur anders. Ich gehe davon aus, daß das menschliche Geschichtsbewußtsein der Ort ist, wo sich Identität formiert und bildet und wo um Identität gestritten wird. Soweit meine bescheidene Lektüre psychoanalytischer Klassiker geht, ist das in der Psychoanalyse auch nicht viel anders, nur ist dort nicht von Geschichtsbewußtsein die Rede, sondern es wird eher mit Kategorien der Erinnerung und der narrativen Repräsentation, des Durcharbeitens oder des Verdrängens gearbeitet. Der Phänomenbestand, um den es geht, ist aber im Großen und Ganzen der gleiche. Wir in den Kulturwissenschaften, insbesondere in der Geschichtswissenschaft, verwenden keine Erfahrungen mit psychisch Kranken, sondern gehen mit Befunden des Alltags um, mit „normalen Menschen" also (daß die gesund sind, will ich damit nicht behauptet haben). Wir sind an Phänomenen interessiert, die zeigen, wie Geschichte explizit öffentlich wirksam, politisch relevant und auch professionell betrieben wird.

Ich frage nach sogenannten Diskurszusammenhängen, in denen für wichtige oder gar repräsentative Gruppen von Menschen die Frage zu beantworten versucht wird, wer man ist. Wer sind wir Deutschen? (Wie gesagt, ich rede nur über die Westdeutschen; natürlich gibt es analoge Phänomene in der DDR, sie sind aber nicht in jeder Hinsicht dieselben wie bei uns.) Es geht also darum, wie ‚verkürzt gesagt, „die Deutschen" die Erfahrung dessen, was im Dritten Reich der Fall war, im Verhältnis zu sich selber verarbeiten. Es geht um die gesellschaftlich und auch individuell immer wieder notwendigen Deutungsanstrengungen der Formierung von eigener Identität durch Erinnerung und historisches Gedächtnis.

Es ist in den Kulturwissenschaften üblich geworden, die Ergebnisse solcher Verarbeitungen, also dieses kulturelle Phänomen „Identität" – und ich meine jetzt kollektive, überpersonale Identität – eine „Konstruktion" oder – wenn man es ganz chic machen will – eine *invention* zu nennen (Nation z. B. ist eine *invention*, Männlichkeit eine *Konstruktion*). Das ist insofern richtig, als Identität nicht ein Ding ist wie ein Klotz im Raum oder ein Gegenstand auf dem Tisch, sondern das Ergebnis einer mentalen Arbeit, einer mentalen Prozedur des Deutens. Insofern wird sie bestimmt von subjektiven Elementen wie Hoffnungen, Absichten, Ängsten etc. Metaphern wie „Konstruktion" oder „Erfindung" erwecken aber den Eindruck, als liege es im Belieben von „Konstrukteuren" oder „Erfindern", was sie aus sich oder ihrer Gruppe machen, so daß man der Meinung sein kann, man hätte es doch eigentlich auch anders machen können. Im Blick auf die nationale Identität mischt sich da ein Unterton von der Art ein: Wie konnte man eigentlich nur auf so etwas kommen?

Das ist eine Art des Denkens, die sich mit der Wende der Sozialwissenschaften zum Kulturwissenschaftlichen Paradigma verbindet, wo im Fokus der Aufmerksamkeit die sinnbildende Subjektivität steht. Dann ist man natürlich, wenn man sich mit Literatur, mit Kunst und meinetwegen auch mit neurotischen Patienten beschäftigt, recht am Ort, denn hier wird in der Tat dauernd konstruiert und erfunden. Als Historiker kann man sich allerdings eines Gefühls des Unbehagens nicht erwehren, weil die Historiker tatsächlich glauben, daß es Fakten in der Vergangenheit gibt, Tatsachen, die eine gewisse Widerstandskraft und Sperrigkeit gegen inventiöse Konstruktionen haben.

Ich nehme an, daß dieses Unbehagen uns Historiker in die Nähe der Psychoanalyse führt; denn wenn solche Erfindungen als solche erfolgreich wären, hätten Psychoanalytiker keine Patienten. Sie haben also den Widerstand wirklichen Geschehens als Berufsermöglichung in Rechnung zu stellen. Bei den Geisteswissenschaftlern ist das nicht so.

Diese These von Konstruktion oder von Sinnbildung als subjektivem Input der gegenwärtig lebenden Menschen in das Bild der Vergangenheit, das wir *Geschichte* nennen, und das die Zeitgenossen entwickeln, um sich selber im Spiegel dieses Bildes der Geschichte die Frage beantworten zu können, wer sie sind, – diese These trifft nur die eine Hälfte der Sache. Man sollte nicht vergessen (das geschieht leider im Diskurs der Kulturwissenschaften zu oft, und epistemologisch ist das geradezu eine ausgemachte Sache), daß wir immer schon, bevor wir mit unserer historischen Sinnbildung anfangen, ein objektives Ergebnis der Vergangenheit sind, über die wir unseren Sinn bilden müssen, um wissen zu können, wer wir sind. Wir sind vor dem Input subjektiver Sinnbildung immer schon der Output dessen, worüber wir Sinn bilden. Im komplexen Verhältnis zwischen beidem geht das Spiel der Identitätsbildung und des historischen Umgangs mit der Vergangenheit vor sich.

Nun ist nicht alles, was in der Vergangenheit geschehen ist, ein wesentlicher Faktor in diesem Spiel. Vieles, ja das meiste, wird zu Recht vergessen. Es gibt aber Tatsachen oder besser: Ereignisse und Vorkommnisse in der Vergangenheit, die eine objektive Funktion in der Konstitution der Identität der Späteren haben, etwa der Bastille-Sturm für die Franzosen oder die Unabhängigkeitserklärung für die Amerikaner. Diese Ereignisse sind für die von ihnen bestimmten Völker *objektiv* relevant. Sie gehören zur vorgängigen Gewordenheit dessen, was man ist und womit man sich aus historischen Gründen von Anderen unterscheidet.

Identität ist immer eine Unterscheidungsleistung, eine Angabe von Spezifik und Besonderheit. Es gibt keine Identität, die nur mit universalistischen Normen gebildet werden kann; denn dann wäre man mit der Menschheit identisch; man wäre so wie alle anderen Menschen auch und hätte keine eigene Identität. Deshalb braucht man Geschichte, weil Geschichte aus genau den Vorgängen besteht, in denen etwas Besonderes geschieht, das dann zu den Spezifika von Zugehörigkeit und Abgrenzung führt.

Es ist trivial, daß die Epoche des Nationalsozialismus für die deutsche historische Selbstvergewisserung nach 1945 eine solche Vorgabe darstellt, die man weder wegkonstruieren noch irgendwie durch Erfindungen in ihrer Wirkung moderieren oder schachmatt setzen kann. Wir sind in gewisser Weise schon die Vergangenheit, bevor wir uns dazu eigens verhalten. Und das ist für uns Deutsche ein besonderes Problem. Denn historische Identitätsbildungen pflegen in der Regel so zu laufen, daß genau diejenigen Ereignisse der Vergangenheit identitätsbildend erinnert werden, die die jeweilige Zugehörigkeit zu einer Gruppe mit einem positiven Wert aufladen. Insofern ist z. B. traditionell die historische Identität der Franzosen und der Amerikaner mit universalistischen Menschheitsnormen aufgeladen, weil genau in den konstitutiven Ereignissen, in denen sich diese modernen Nationen gebildet haben, Menschen- und Bürgerrechte zum ersten Mal in geschriebenen Verfassungen auftauchten. So etwas gibt natürlich ein positives Selbstverhältnis in der historischen Identität ab. Das haben wir Deutschen auch versucht, aber spätestens seit 1945 haben wir einen konstitutiven Ereigniszusammenhang in den Grundlagen unserer historischen Identität, der diese naturwüchsige positive Wertaufladung der historischen Erinnerung grundsätzlich versagt.

Hier liegt ein Problem vor, das nicht nur die Deutschen angeht. Es handelt sich um die grundsätzliche Frage, wie man mit negativen historischen Erfahrungen in der eigenen Identitätsbildung umgeht. In dieser (abstrakten) Hinsicht befinden wir uns objektiv mit den

Juden in einer ähnlichen mentalen Zwangslage. Wir müssen in den Deutungsleistungen unseres Geschichtsbewußtseins schlechthinnige Negativität in die Werthaftigkeit der zu erinnernden Ereignisse verarbeiten. Was das mental bedeutet, wissen Psychoanalytiker besser als viele Historiker. Wie sind die Deutschen mit diesem Problem umgegangen?

Ich lege dazu eine Ideenskizze vor, in der ich drei Idealtypen entwickle. Sie betreffen den Umgang der (West-)Deutschen mit dem Dritten Reich (in der Zuspitzung auf den Holocaust) in den kulturellen Prozessen der Bildung historischer Identität. Unter *„Idealtypen"* verstehe ich im Sinne Max Webers eine Gedankenkonstruktion, die man verwenden kann, um Phänomene sichtbar und deutbar zu machen und im Ansatz auch erklären zu können. Diese drei Typen, so lautet meine These, sind generationsspezifisch: Der erste betrifft die Generation der Täter, der zweite die Generation der Nachkriegsdeutschen und der dritte die Generation derjenigen, die jetzt damit anfangen, die Definitionsmacht über Identität von der zweiten (der meinigen) zu übernehmen.

Wenn ich von Typen spreche, dann meine ich keine definitive Zuordnung von Individuen aufgrund ihres Alters zu einer bestimmten Gruppe. Es handelt sich vielmehr um Komplexe von Eigenschaften, die dazu dienen können, Unterschiede grundsätzlicher Art zu machen, die in unterschiedlicher Weise auf einzelne Personen oder Gruppen zutreffen können. Es ist daher beispielsweise möglich, Zeugnisse für den dritten Typ von Kollegen zu holen, die – wie z. B. Christian Meier und Reinhart Koselleck – generationell eher zu der Tätergeneration gehören. Aber die Zitate, die ich bringe, haben sie erst vor ein paar Jahren geschrieben oder gesagt – und nicht schon vor dreißig Jahren.

Der *erste Typ* betrifft die *Tätergeneration*. Für diese Generation war das Jahr 1945 eine Katastrophe: Es war für sie kein Jahr der Befreiung, sondern ein Jahr der Katastrophe, weil es eine bereits fest etablierte kollektive Zugehörigkeit zur deutschen Nation in den

Grundfesten erschüttert hat. Es ist trivial, aber man muß es trotzdem sagen, daß es eine kollektive *Identitätskrise* gab. Es war im Unterschied zum Ende des Ersten Weltkrieges nicht mehr möglich, ungebrochen an die Zeit vor 1945 anzuknüpfen und die Tradition des Nationalismus einfach fortzusetzen oder neu zu mobilisieren, um sich damit noch der eigenen deutschen Identität versichern zu können. Die kulturelle Ressource Nationalismus war durch den Nationalsozialismus aufgebraucht worden. Anderseits bedarf es in einer solchen Situation, wo eine schon etablierte Identität zerbricht, aus Gründen des mentalen Überlebens fundierender und plausibler Kontinuitätsvorstellungen der geschichtlichen Entwicklung. Denn historische Identität bedeutet für die Betroffenen, daß sie sich selbst und ihre Lebensumstände in einen zeitlichen Zusammenhang mit Früherem bringen können, aus dem sich eine Zukunftsperspektive ergibt. Die Betroffenen ordnen sich selbst in einen zeitlichen Zusammenhang mit Toten und Ungeborenen ein und überschreiten damit die Grenzen ihrer eigenen Lebenszeit. Ein solches zeitlich sich erstreckendes Gesamtkollektiv kann eine Nation sein, ein religiöses Gebilde wie das *corpus christianorum*, oder es kann andere Gestalten haben. Es geht um ein Vergangenheit, Gegenwart und Zukunft umgreifendes historisches Gebilde, das über den Wechsel der Generationen hinweg Elemente der Kontinuität aufweist, so daß in diesem Wechsel eine gleichbleibende Zugehörigkeit garantiert ist.

Die Aufgabe der ersten Generation bestand darin, diesen Kontinuitätsbruch, der extrem identitätsgefährdend war, aushaltbar zu machen. Wie wurde das gemacht? Ich würde von einer kulturellen Strategie der *Identitätsbildung durch Exterritorialisierung* sprechen. Der Nationalsozialismus wurde als Anderes aus dem Eigenen ausgeschlossen. Hitler, Himmler, Goebbels und die ganze Führungscrew der Nationalsozialisten wurden mit der Kategorie der Verbrecher und Gangster charakterisiert, und das deutsche Volk erschien kollektiv als verführte Unschuld, ja geradezu als Opfer. Der Nationalsozialismus wurde mental exterritorialisiert. Zugleich wurden kulturelle und historische Kontinuitäten namhaft gemacht, an die man anknüpfen konnte, z. B. der Moralismus der Widerstandskämpfer des 20. Juli 1944. In meiner Schulzeit erschienen die Männer des 20. Juni als geistige Gründerväter der Bundesrepublik (was sie mit ihren politischen Vorstellungen sicher nicht waren). Entscheidend für ihre Rolle der Kontinuitätswahrung durch die Zeit des Nationalsozialismus hindurch war ihre Widerstandshaltung, ihre moralische Kraft des Widerstands: Mit ihr ließ sich der Widerstand historisch in einen identitätsbildenden Zusammenhang mit der frühen Bundesrepublik bringen.

Die einflußreichsten Historiker der Nachkriegszeit (Gerhard Ritter, Theodor Schieder u. a.) haben solche kontinuitätsfähigen Elemente und Faktoren der deutschen Geschichte stark betont. Das Spezifische und Belastende am Nationalsozialismus wurde mental und intellektuell exterritorialisiert. Dafür gab es ein intellektuelles Hilfsmittel, das uns von exzellenten Wissenschaftlern wie Hanna Ahrendt und Karl J. Friedrich zur Verfügung gestellt wurde, um eine solche Exterritorialisierung plausibel zu machen: die *Totalitarismustheorie*. Sie hob darauf ab, daß es strukturelle Gemeinsamkeiten zwischen Kommunismus und Nationalsozialismus gibt. Mit dieser Gemeinsamkeit wurde der Nationalsozialismus identitätsbildend zu den Anderen, also geistig in den Osten abgeschoben. Das war ein Denkmuster, mit dem eine Exterritorialisierung des Nationalsozialismus aus der deutschen Geschichte geleistet werden konnte. Historisch bedeutete das, daß der Nationalsozialismus kein Teil der deutschen Geschichte war.

Die *zweite Generation* unterscheidet sich von der ersten in einem entscheidenden Punkt: Die Epoche des Nationalsozialismus wird zum integralen Bestandteil der deutschen Geschichte. Er wurde sozusagen heim ins Reich des deutschen Geschichtsbewußtseins geholt. Damit handelte man sich aber ein schwieriges Problem ein, denn diese Geschichte ist natürlich nicht mehr die Geschichte einer identitätsbildenden Kontinuität. Eine negative Abgrenzung vom

Holocaust-Erfahrung und deutsche Identität – historische Überlegungen zum ...

Nationalsozialismus hat sich über alle drei Generationen erhalten. Mit der Reintegration des Nationalsozialismus in die deutsche Geschichte stellte sich die Frage nach der Zukunftsfähigkeit dieser Geschichte neu. Es ließ sich nicht mehr zukunftsfähig in der Formierung der eigenen Zugehörigkeit an sie anknüpfen. Damit bewegte sich die kollektive Identität dieser zweiten Generation aus den spezifischen historischen Bedingungen deutscher Geschichte heraus. Man kann auch sagen, daß zum Identitätskonzept der zweiten Generation konstitutiv eine kritische Distanzierung von einer ganzen Epoche der deutschen Geschichte (einschließlich ihrer Vorgeschichte) gehört.

Dieser Zuwachs an Kritik führte aber seinerseits wieder zu einem Problem. Denn es reicht nicht, wenn man sagen will, wer man ist, zu sagen, wozu man nicht gehören will. Man braucht für die historische Identitätsbildung positive Elemente, die wertträchtig sind. Solche positiven Elemente gab es auch, aber es handelte sich um universalistische Werte von metahistorischer Dimension. Der klassische Fall dafür ist die Philosophie von Jürgen Habermas. In seiner Laudatio auf Goldhagen (Habermas 1997) ist diese Divergenz zwischen Geschichte und Norm noch einmal sehr deutlich geworden. Das ist generationsspezifisch und zu einem integralen Bestandteil der politischen und der Geschichtskultur der Bundesrepublik Deutschland geworden.

Wie sieht eine Identität aus, die solche konstitutiven Elemente hat? Die besondere Geschichte im Bedingungszusammenhang der eigenen Existenz gibt die Ereigniszusammenhänge nicht her, die in das Identitätskonzept positiv werthaft eingearbeitet werden können. Die eigene Identität muß sich dann auf metahistorische Wertsysteme gründen und hat damit den historischen Boden unter den Füßen verloren. Eine solche Identität ist fragil und in sich brüchig. Das ist in kurzen Worten der zweite Typ deutscher Identitätsbildung im Umgang mit der Holocaust-Erfahrung. Diese Brüchigkeit trägt sich gegenwärtig aus, weil dieser zweite Typ nun im neuen Generationswechsel überholt wird.

Jörn Rüsen

Es beginnen sich die ersten Züge eines *dritten Typs* abzuzeichnen, und das wäre dann der Typ der dritten Generation. Was muß jetzt geleistet werden? Was haben wir der nächsten Generation für Hausaufgaben gestellt? Es geht darum, die identitätsträchtige spezifisch historische Bedingtheit der Deutschen durch den Nationalsozialismus und den Holocaust in ihre historische Identität zurückzuholen. Genau das geschieht, wenn seit geraumer Zeit in der öffentlichen Debatte über den Holocaust die „Wir"-Vokabel auftritt, etwas so: „Wir haben die Juden ermordet." Jetzt werden Untersuchungen zum intergenerationellen Verhältnis der Deutschen veröffentlicht – ich denke an die Untersuchung von Christian Schneider und anderen über ehemalige Napola-Schüler und ihre Kinder (Schneider 1966). Und jetzt wird in der Fachhistorie der Bogen über den Zeitbruch von 1945 in die Entstehungs- und Entwicklungsgeschichte der Bundesrepublik geschlagen (z. B. Herbert 1996). Es geht um den Entwicklungszusammenhang, in dem sich die kollektiven Strukturen deutscher Mentalität in der Nachkriegszeit ausbilden.

Wir haben es also mit der objektiven Lage zu tun, in der die problematische negative Abgrenzung von der deutschen Geschichte zur Formierung der eigenen Identität überwunden wird, so daß der objektiv vorgegebene innere Lebenszusammenhang der Kinder und Enkel mit den Tätern aufgenommen werden kann in das Konzept deutschen Selbstverständnisses. Es ist kein Zufall, daß in dieser Zeit darüber debattiert wird, ob es den Deutschen nicht gut anstünde, in ihrer neuen Hauptstadt ein Denkmal des Holocaust zu errichten.

Abschließend möchte ich noch einen Aspekt des Themas erwähnen, der die Frage des Verdrängens und der Rationalisierung betrifft.

Hinsichtlich der ersten Generation ist es schlicht nicht wahr, daß die Deutschen nach 1945 das Dritte Reich kollektiv verdrängt oder sich nicht weiter damit beschäftigt hätten. Davon kann keine Rede sein. Es gab freilich auf der mentalen Ebene in der Frühgeschichte der Bundesrepublik eine auch von der ersten Adenauer-Regierung bewußt unterstützte Strategie, die Hermann Lübbe schon vor längerer Zeit als die Strategie des kollektiven Beschweigens beschrieben hat (Lübbe 1983). Die These besagt folgendes: Man kann einen neuen Staat wie die Bundesrepublik Deutschland nicht ohne Funktionseliten aufbauen. Die Funktionseliten, auf die man einzig zurückgreifen konnte, hatten schon das Herrschaftssystem des Nationalsozialismus getragen. Ihnen wurde angeboten, in der Bundesrepublik ihre Funktionen fortzusetzen, wenn sie bereit waren, sich auf die neuen Verhältnisse einzustellen. Mental hieß das: Es ist bekannt, daß sie dem Nationalsozialismus gedient haben, und sie wissen, daß die anderen, die den neuen Staat mit neuem Geist aufbauen wollen, es wissen. Und in diesem Wissen wurde dann geschwiegen. Hermann Lübbe hat recht, daß dieses allgemeine *Beschweigen* der eigenen Vergangenheit eine Bedingung für den Erfolg der Bundesrepublik Deutschland als Demokratie westlichen Zuschnitts gewesen ist. Er hat leider nur vergessen hinzuzufügen, daß zugleich damit eine gewaltige mentale Erblast entstand, mit der sich die zweite Generation herumschlagen mußte.

Wie hat die zweite Generation diese Erblast des Beschweigens der Vergangenheit mental verarbeitet? Meine Antwort lautet: durch *Rationalisierung* in der Form der Identifikation mit den Opfern. Die Identifikation der Deutschen der zweiten Generation mit den Opfern (die übrigens sehr tief ging) ist insofern eine Rationalisierung, als in ihr die objektiven intergenerationellen Zusammenhänge mit der Tätergeneration ausgeblendet wurden und untergingen.

Diese Identifikation führte am objektiven intergenerationellen Lebenszusammenhang der Nachkriegsgenerationen vorbei. Dies gilt es jetzt zu überwinden. Die dritte Generation hat die Aufgabe, sich in diesen Zusammenhang mit den Konzepten der eigenen Identität hineinzustellen. Und das verlangt die schwierige Leistung, sich mit den Tätern zu identifizieren.

Ich glaube, daß die Historiker von den Psychoanalytikern lernen können und müssen, daß die jüngere Generation immer schon die ältere Generation bereits in sich hat – in gewisser Weise diese Generation *ist* –, bevor sie sich kritisch mit ihr auseinandersetzen kann. Psychoanalytisch gesehen, sind wir sozusagen unsere Eltern und haben dann den Rest des Lebens damit zu tun, damit fertig zu werden. Etwas ähnliches gibt es auch für die Formierung von Geschichtsbewußtsein und damit verbundener Identitätskonzepte im kulturellen Diskurs einer Gesellschaft. Die Väter sind in uns und bei der dritten Generation auch die Großväter (vermittelt über die Väter).

Wie kann man diesem Zusammenhang, dieser Identitätsvorgabe der Väter und Großväter im mentalen Prozeß der Identitätsbildung, genüge tun? Zerstört nicht eine Identifikation mit den Tätern, wenn man politisch handlungsfähiges Subjekt bleiben oder werden will, die lebensnotwendige Kohärenz von Zugehörigkeit und Selbstsein? Wie kann eine Identifikation gelingen, in der die Täterschaft wahrgenommen wird, also ein konstitutives Ereignis abgibt? Die einzige Möglichkeit dafür, die ich sehe, ist eine Leistung des Trauerns, die sich nicht darauf beschränken kann, über die Opfer zu trauern, sondern die auch die Täter betrauen muß.

Es gibt noch keine Trauerkultur, die der Spezifik des Holocaust gerecht wird; denn Trauern bedeutet stets Integration eines Verlustes in Sinnkonzepte. Der Holocaust läßt sich in kein Sinnkonzept integrieren (auch nicht in die Legitimität von Herrschaft). Dennoch, ja erst recht muß getrauert werden, und das auch in der spezifisch deutschen Leistung der Identifikation mit den Tätern. In dieser Hinsicht muß darüber getrauert werden, daß die Täter nicht nur in den Opfern die fundamentale Wertbasis menschlicher Selbstbezüglichkeit zerstört haben, sondern auch in sich selbst. Ich bezeichne diese Wertbasis mit dem Kunstwort *Menschheitlichkeit* (um den abgedroschenen Ausdruck Humanität zu vermeiden). Wir müssen lernen, darüber zu trauern, daß die Täter diese Menschheitlichkeit auch in sich selber zerstört haben und diese Zerstörung intergenerationell zum Teil unserer mentalen Erblast geworden ist, mit der wir uns auseinandersetzen müssen. Das ist die Situation, in der wir uns befinden. Eine Lösung vermag die Wissenschaft nicht anzubieten, sondern sie kann lediglich diagnostisch die Problemlage skizzieren. Unfähig zu trauern sind wir heute nicht (mehr). Aber vielleicht unwillig? Die jüngste Entwicklung in der Debatte um das Holocaust-Museum[2] zeigt Indizien dafür.

Literatur

Habermas, J. (1997): Über den öffentlichen Gebrauch der Historie. Warum ein „Demokratiepreis" für Daniel Goldhagen? In: Blätter für deutsche und internationale Politik, April 1997, S. 408-416.

Herbert, U. (1996): Best. Biographische Studien über Radikalismus, Weltanschauung und Vernunft 1903-1989. Bonn (Dietz).

Lübbe, H. (1983): Der Nationalsozialismus im deutschen Nachkriegsbewußtsein. In: Historische Zeitschrift 236, S. 579-599.

Rüsen, J., Straub, J. (Hg.) (1998): Die dunkle Spur der Vergangenheit. Psychoanalytische Zugänge zum Geschichtsbewußtsein. (Erinnerung, Geschichte, Identität, Bd. 2). Frankfurt /M. (Suhrkamp).

Schneider, Ch., Stillke, C., Leineweber, B. (1966): Das Erbe der Napola. Versuch einer Generationengeschichte des Nationalsozialismus. Hamburg.

Anmerkungen

[1] Leicht überarbeiteter und ergänzter Text des frei gehaltenen Vortrags für das Symposion „Das Ende der Sprachlosigkeit", Düsseldorf 1998.

[2] Siehe auch die Äußerungen von Martin Walser in seiner Rede auf der Buchmesse in Frankfurt.

Verstrickung, Vermeidung, Desorganisation: Psychische Inkohärenzen als Folge von Trennung und Verlust

Klaus E. Grossmann

1. Der Aufbau der Bindung beim Kleinkind: Sichere Bindungsqualität und Exploration

In der langen Geschichte der Psychoanalyse lag das Gewicht weniger auf empirischen Untersuchungen und eher auf Interpretationen psychotherapeutischer Erfahrungen. Der Streit, ob reale Erfahrungen oder Phantasien zu Fehlanpassungen führen, hat im Denken Freuds selbst vehementen Ausdruck gefunden. Noch heute spielt diese Vorentscheidung gegen reale Erfahrungen und für Phantasien eine hervorragende Rolle in den theoretischen Auseinandersetzungen in der Geschichte der Psychoanalyse.

John Bowlby, britischer Psychiater und Psychoanalytiker an der Tavistock Klinik in London in den 40er Jahren, sah in der Vernachlässigung realer Erfahrung einen wesentlichen Grund dafür, daß die Überprüfung psychoanalytischer Hypothesen mit Hilfe empirischer Untersuchungen unterentwickelt geblieben war. Nach einer Lehranalyse bei Joan Revière, supervidiert von Melanie Klein, untersuchte er retrospektiv einschneidende Entwicklungsbedingungen im Lebenslauf von 44 jugendlichen Dieben (Bowlby 1946, 1995). Er stellte fest, daß die meisten von ihnen ihre Mutter während der Kindheit verloren hatten. John Bowlby begann über die besonderen anthropologischen Bedingungen nachzudenken und zu forschen, die den Aufbau sozialer Beziehungen vom Säugling über das Kleinkind zum Jugendlichen bestimmen. Unter dem Einfluß der sich allmählich etablierenden Ethologie von Konrad Lorenz, Niko

Tinbergen, Peter Marler, Robert Hinde u. v. a. sah Bowlby in der jungen darwinistisch orientierten Verhaltensbiologie den Schlüssel für eine empirische Grundlegung psychoanalytischen Denkens.

Besonders auffällig bei der Beobachtung des Verhaltens von Säuglingen war deren Ausstattung mit Signalen, die auf Herstellung und Erhalt von Nähe zu anderen ausgerichtet war. John Bowlby nannte diese Tendenz, in deren Diensten die Signale standen, „set-goal". Er verstand darunter ein gesetztes Ziel, das sich evolutionsbiologisch entwickelt hat und das darauf ausgerichtet war, mit Hilfe von Ausdrucksbewegungen das Verhalten Erwachsener im Interesse von Schutz, Zuwendung, Pflege usw. zu beeinflussen und zu steuern. Das Bindungsverhalten beginnt also mit der Geburt und besteht aus bestimmten vorprogrammierten Erwartungen und Signalen, die vom Kleinkind geäußert und vom Erwachsenen wahrgenommen, interpretiert, und beantwortet werden müssen. Das Verhalten des Säuglings wird wahrgenommen als Suchen, Rufen, Anblicken, Weinen, Anklammern, Nachfolgen bis hin zum Protest bei Trennung.

Auf der Grundlage der Qualität, der Art und Weise, wie bestimmte Erwachsene auf die kindlichen Signale reagieren, bildet sich nach den Vorstellungen der von John Bowlby konzipierten Bindungstheorie eine verinnerlichte Erwartung, ein „internal working model" beim Kinde aus. Die verinnerlichte Erwartung enthält also eine Bewertung der Beantwortung der kindlichen Signale durch das fürsorgende erwachsene Individuum, die Bindungsperson und wird folglich auf diese konzentriert. Nach Überzeugung Bowlbys behält die Bindungsqualität, die sich so allmählich entwickelt, ihren Einfluß oft bis ins Erwachsenenalter. Dies geschieht aber nicht, weil die frühen Erfahrungen irreversibel prägend und damit deterministisch wären, sondern weil sich häufig eine bestimmte Qualität von Bindungsbeziehungen über lange Zeiträume, zunächst vorsprachlich, später auch sprachlich, unverändert erhält.

Mit etwa 6 Monaten differenziert der Säugling für jedermann

deutlich erkennbar zwischen vertrauten und nicht vertrauten Personen. Das als Fremdeln bekannte reservierte Verhalten des Säuglings gegenüber Fremden fördert die Konzentration auf die Beziehung zu den vertrauten Bindungspersonen. Dies ist erforderlich, weil der Aufbau von Bindungen kein instinktiver Prozeß des Umsetzens von evolutionsbiologischen Anlage ist, sondern eine individuelle Ausgestaltung solcher Anlagen. Die Streubreite der Unterschiede menschlichen Verhaltens auch im Bindungsbereich ist so groß, daß individuelles Kennenlernen besonderer Bindungspersonen gelernt werden muß. Für den Aufbau eines individuellen Selbst im psychologischen Sinne ist die Konzentration auf Individuen – und nicht etwa nur auf Artgenossen – unerläßlich.

Bindung und exploratives Erkunden gehören bindungstheoretisch zusammen. Wenn ein Kind ängstlich, unsicher, mißtrauisch, krank, müde, hungrig, einsam oder verlassen ist, wenn es Schmerz empfindet, sich in einer fremden Umgebung befindet usw., dann ist das Bindungssystem aktiviert, und das Ausdrucksverhalten des Kindes steht im Dienste von Nähe (Grossmann, K. 1994). Wenn sich das Kind dagegen wohl fühlt, sicher, Unternehmungslust erkennen läßt, sozial neugierig ist, spiellustig, wenn es aktiv Gegenstände erkundet – oft indem es sie in den Mund steckt –, dann ist das Explorationssystem aktiviert und das Bindungssystem befindet sich im Ruhezustand. Eine Bindungsperson spielt dabei die Rolle einer Sicherheitsbasis. Das Kind kehrt immer dann zu ihr zurück, wenn es in seinen Erkundungen verunsichert wird, weil ja jeder neue Reiz und jedes neue Ereignis nicht selten auch eine gewisse Ambivalenz enthält. Unbekanntes kann ja gefährlich sein. Durch Nähe zur Bindungsperson ohne Zurückweisung oder Ängstlichkeit entsteht Bindungssicherheit; das Bindungssystem beruhigt sich wieder, und das Explorationssystem beherrscht das Verhalten des Kindes für die nächste spielerische Entdeckung.

Die längerfristigen Konsequenzen solch früher Erfahrung in Sicherheit hat Bowlby im Rahmen seiner Bindungstheorie in sechs

Aspekten zusammengefaßt. Er sieht Auswirkungen 1. im gegenwärtigen „Funktionieren", z. B. im großen Bereich von Anpassungsstörungen, besonders auf zwischenmenschlichem Gebiet. 2. sieht er Konsequenzen für die Persönlichkeitsstruktur, vor allem hinsichtlich Frustrationstoleranz, Verletzlichkeit, Offenheit gegenüber anderen usw. 3. sieht Bowlby Unterschiede je nach den gemachten Bindungserfahrungen für die Entwicklung des Lebensgefühls, das entweder reich oder leer sein kann. 4. ist die Balance zwischen Sicherheit und Erkunden dafür verantwortlich, daß neben einem psychologischen Gefühl von Sicherheit auch ein Gefühl von Kompetenz, Zuständigkeit und Erfahrung im Entwickeln von Handlungsmöglichkeiten entsteht. Eine gut funktionierende Balance von Sicherheit und Exploration ist die Grundlage dafür, ob sich jemand später im Leben mit einem Gefühl psychischer Sicherheit anderen zuwenden und deren Vorstellungen beim eigenen Planen und Handeln berücksichtigen kann. 5. zeigen sich als Folge von unterschiedlichen Bindungserfahrungen Unterschiede auch im Verhalten bei Versagungen, vor allem durch vorhandene oder fehlende Toleranz in belastenden Situationen. Streß als äußere Bedingung muß dabei sorgfältig unterschieden werden von Streß als physiologischem Prozeß. Solange kompetente Handlungsmöglichkeiten auch in belastenden Situationen vorhanden sind, besteht für physiologische Streßreaktionen kaum eine Notwendigkeit. Dagegen sind im Falle psychischer Unsicherheit oder Handlungsinkompetenz physiologische Streßreaktionen wahrscheinlicher.

Bowlby (1988) erkannte aus seiner verhaltensbiologisch-psychologischen Sicht heraus für prospektive Untersuchungen eine wissenschaftliche Struktur, die auf zwei Fundamenten ruht: Das eine besteht aus der Individualentwicklung über den gesamten Lebenslauf und das andere aus den psychopathologischen Bedingungen, die eine normale Entwicklung verändern oder behindern. Das Verbindungsstück, das die Psychologie normativer Entwicklung mit der Psychologie abweichender Entwicklungen verbindet, ist die Bindungstheorie. Sie verlangt vom Bindungsforscher für seine empirischen Untersuchungen ein prospektives Vorgehen, weil nachträgliche und rückblickende Interpretationen von Entwicklungsverläufen weniger beweiskräftig sind als prospektiv vorhersagende. Dies wiederum erfordert entwicklungspsychologische Längsschnittuntersuchungen, in denen eine Stichprobe einer Population oder, wie in epidemiologischen Untersuchungen, eine gesamte Population (Werner & Smith 1992) untersucht werden. Die Entwicklungspsychologie untersucht also, wenn immer möglich, prospektiv den Bereich möglicher potentiell gesunder Entwicklungsverläufe. Die Entwicklungspsychopathologie dagegen untersucht die Bedingungen für Entwicklungsverläufe, die vom Bereich möglicher potentiell gesunder Entwicklungsverläufe abweichen, z. B. bei ängstlich vermeidender Bindung und Depression oder auch bei Feindseligkeit und antisozialem Verhalten. Der Hauptzweck der klinischen Bindungsforschung jedoch ist es, zu untersuchen, ob und wie durch neue emotional unterstützende Beziehungen oder durch eine emotionale Sicherheit gewährende Bezugsperson oder Psychotherapie solche abweichenden Entwicklungsverläufe positiv verändert werden können (Bowlby 1988). So kann z. B. im Säuglings- und Kleinkindalter durch geringe Feinfühligkeit gegenüber den Signalen, die Bedürfnisse und Gefühle des Kindes anzeigen, eine unsichere Bindung aufgebaut werden. Diese kann später z. B. zu Schuldzuweisungen führen. Kommt nun der Verlust oder gar Tod einer Bindungsperson hinzu, so werden unsichere Bindungsbeziehungen zusätzlich belastet und übertragen sich nicht selten auch auf andere soziale Beziehungen (Grossmann, K. E. 1997; Sroufe u. a. 1996).

Die ersten empirischen Untersuchungen im größeren Stil wurden von der amerikanischen Psychologin Mary D. Salter Ainsworth durchgeführt. Sie war nach ihrer Promotion in Toronto, Kanada, für eine Zeit Forschungsassistentin bei John Bowlby an der Tavistock-Klinik in London in den 50er Jahren gewesen. Sie war zu dieser Zeit allerdings noch keineswegs überzeugt vom Forschungs- und Erklärungspotential der Bindungstheorie. Sie ging anschließend für 2 Jahre nach Uganda und machte dort Feldbeobachtungen. Es war zuvor noch nie versucht worden, in der Tradition der Verhaltensbiologie ein relativ umfassendes und erschöpfendes Arsenal von Beobachtungen zu systematisieren. Sie brauchte für diese anspruchsvolle Aufgabe auch 11 Jahre und veröffentlichte ihre ersten sehr umfassenden empirischen Grundlegungen zur Bindungsforschung in dem Buch „Infancy in Uganda; Infant Care and the Growth of Love" (Ainsworth 1967). Ihre Beobachtungen führten schließlich zur ersten systematischen prospektiven Bindungsuntersuchung überhaupt, und zwar in Baltimore. Dabei wurden 26 Familien mit Säuglingen von den ersten Lebenstagen an regelmäßig alle 3 Wochen besucht und in mehrstündigen Beobachtungen umfangreiche Beobachtungsprotokolle angefertigt. Für jedes Kind standen schließlich etwa 5 x 16 = 80 Stunden Beobachtungsmaterial zur Verfügung, das anschließend diktiert, transkribiert wurde und somit als Verlaufsprotokolle dem Bindungsteam von Mary Ainsworth zur Verfügung stand. Die Verlaufsprotokolle hatten einen durchschnittlichen Umfang von etwa 30 Seiten pro Besuch, also etwa 480 Seiten narrativer Beobachtungsprosa pro Kind. Aus diesen Beobachtungen destillierte Mary Ainsworth mehrere Skalen zur Auswertung, von denen zwei bekannt und eine prominent geworden ist: Die bekannten sind: Annahme gegenüber Zurückweisung (acceptance – rejection), und Zusammenspiel gegenüber Beeinträchtigungen (cooperation – interference). Die prominente Skala ist „Feinfühligkeit vs. Unempfindlichkeit gegenüber den Signalen des Babys (sensitivity vs. insensitivity to the baby's communications) (Ainsworth u. a. 1974; Ainsworth u. a. 1978; Grossmann 1977, S. 96-107).

Feinfühligkeit ist die Fähigkeit des Erwachsenen, die Signale und Kommunikationen, die das Kind äußert, richtig wahrzunehmen und zu interpretieren und schließlich auf sie angemessen und prompt zu reagieren. Um die Signale wahrzunehmen, muß die Bindungsperson häufig verfügbar, also da sein und muß eine niedrige Schwelle für kindliche Äußerungen haben. Bei der Interpretation darf es keine Verzerrungen geben, Signale nach Sozialkontakt also dürfen nicht mit Nahrung beantwortet werden; die Bindungsperson muß sich in die Situation des Kindes einfühlen können und dabei die eigenen Wünsche und Gefühle gut kennen und gegen die Bedürfnisse des Kindes abgrenzen können. Eine angemessene Reaktion besteht darin, dem Baby zu geben, was es braucht, es weder zu überreizen noch zu isolieren, die Wünsche des Babys anzuerkennen, auch wenn man sie nicht erfüllen kann, z. B. wenn sie für das Kind abträglich oder gar gefährlich wären. Prompt reagieren heißt, eine geringe Latenzzeit der Reaktion zu haben, besonders auf das Weinen des Säuglings hin, nicht zuletzt weil die Gedächtnisspanne des Säuglings relativ kurz ist und eine Verbindung zwischen dem Signal und der Reaktion der Bindungsperson nicht hergestellt werden kann, wenn die Gedächtnisspanne überschritten wird. Nahezu alle feinfühligen Antworten liegen im Bereich von unter 3 Sekunden, meist sogar nur 2 Sekunden und kürzer.

2. Sichere und unsichere Bindungs- und Spielqualitäten: Vermeidung und Verstrickung beim Kleinkind

Die beobachteten Unterschiede in der mütterlichen Feinfühligkeit hatten für das Verhalten des Kindes im Alter von 12 Monaten bemerkenswerte Konsequenzen. Im Verlaufe einer als „Fremde Situation" in der Entwicklungspsychologie bekannt gewordenen Prüfsituation außerhalb der häuslichen Umgebung wird das Kind zweimal von seiner Mutter für höchstens 3 Minuten getrennt. Nach der Trennung, während der Wiedervereinigung, zeigen sich im Verhalten der Kinder bemerkenswerte Unterschiede. Kinder mit einer sicheren Bindung zeichnen sich durch eine ausgewogene Balance zwischen Bindungsverhalten und Explorationsverhalten aus. Ein Kind, das z. B. etwas unsanft von einem Mondauto auf den Hintern fällt, „überlegt", ob es weinen soll oder nicht. Die Mutter wartet kurz ab, wie das Kind sich entscheidet, tröstet es unmittelbar nach dem ersten Weinlaut, akzeptiert aber auch die sofortige Wiederaufnahme der Beschäftigung des Kindes mit dem Mondauto. Kurz darauf, bei einem etwas gravierenderen Unfall, wobei das Kind in der Heftigkeit der Vorwärtsbewegung über das Mondauto hinweg mit dem Kopf an die Wand fällt, ist der Schmerz und das Trostbedürfnis ungleich viel größer. Trotzdem zeigt sich bald auch dabei wieder, nach ausgiebigem Trost durch die Mutter, erneutes intensives Explorieren des Mondautos, wenn auch mit der Mutter als Sicherheit im Rücken. Man nennt Kinder, die sich so verhalten, „sicher gebunden". Seit den 60er Jahren, in denen Ainsworth und Wittig (1969) erstmals Ergebnisse der Fremden Situation vorgelegt haben, nennt man solche Kinder in der Literatur auch „B", weil sie zur zweiten Kategorie gehörten, die Ainsworth und ihre Mitarbeiterinnen beschrieben.

Die erste Kategorie, „A" genannt, betraf Kinder, die sich durch die Trennung von der Mutter weniger intensiv beeindrucken ließen als die Kinder mit einer sicheren Beziehung und die sich vor allem wesentlich gleichgültiger verhielten, wenn die Mutter nach der jeweiligen Trennung zurückkam. Für lange Zeit blieb die Frage offen, ob bei solchen Kindern die Trennung nicht ausreiche, um die gewünschte Aktivierung des Bindungssystems hervorzubringen, oder ob diese Kinder das Balancespiel zwischen der Mutter als Sicherheitsbasis und dem Erkunden nicht beherrschen, weil ihr Bindungsverhalten durch die Bindungsperson zurückgewiesen wurde.

In eigenen Untersuchungen haben wir deshalb herauszufinden versucht, ob die bei Trennung von der Bindungsperson besonders ruhig erscheinenden Kinder mit einer „A"-Beziehung weniger physiologischen Streß erfahren als die in ihrem Verhalten sehr viel gestreßter erscheinenden „B"-Kinder. Es zeigte sich sehr deutlich, daß die „A"-Kinder einen erhöhten Cortisolspiegel (ein gängiger Indikator von physiologischem Streß) 15 bis 30 Minuten nach Beendigung der Fremden Situation in ihrem Speichel aufwiesen, während dies bei den „B"-Kindern nicht der Fall war (Spangler & Grossmann 1993).

Eine dritte Gruppe von Kindern verhielt sich mißtrauisch und ängstlich und wird in der Literatur „C" oder unsicher-ängstlich bzw. unsicher-ambivalent genannt. Solche Kinder kommen so gut wie überhaupt nicht zu Exploration und Spiel, sondern sie hängen an der Mutter, ohne sich aber von ihr beruhigen zu lassen. Sie weinen oft, weisen häufig Ablenkungsmanöver mit Spielsachen – mitunter auch aggressiv – ab, aber ihr aktiviertes Bindungssystem beruhigt sich nicht zugunsten des Explorationssystems. Solche Kinder beobachten ihre Mütter oft ängstlich, intensiv und ausdauernd. Bindungstheoretiker interpretieren das Verhalten von „C"-Kindern als vigilant, also als erhöht aufmerksam gegenüber der Mutter. Zu Hause waren die Mütter in ihrer Bereitschaft auf das Kind feinfühlig zu reagieren unbeständig gewesen. Dies führte beim Kind zu verstärktem Heischen nach Aufmerksamkeit, um keine Gelegenheit mütterlicher Zuwendung zu verpassen (Ainsworth u. a. 1978; Grossmann & Grossmann 1995). Auch diese Kinder zeigten erhöhten physiologischen Stress.

Vielfach sind Bindungsforscher nach der Rolle des Vaters gefragt worden. Dazu ist die Datenlage spärlich. In unseren eigenen Untersuchungen haben wir nahezu sämtliche Beobachtungen, die wir in den vergangenen 16 Jahren mit Mutter und Kind durchgeführt haben, auch mit Vater und Kind durchgeführt. Die Fremde Situation mit dem Vater läßt sich genauso klassifizieren wie die mit der Mutter. Trotzdem waren die statistischen Zusammenhänge zur Fremden Situation mit dem Vater im Vergleich zur Mutter entweder weit geringer oder sie fehlten völlig. Für die Väter war hingegen eine andere Situation mit ihren zweijährigen Kindern von gleicher Vorhersagekraft wie die Fremde Situation für die Mütter. Es handelte sich um eine Spielsituation, in der die Väter die Kinder mit Knetmasse vertraut machen, was die Kinder noch nicht kannten. Die Art und Weise, wie der Vater auf feinfühlige Weise die Kinder dazu animierte, das Material zu handhaben und zu gestalten, und der Stolz, der sich für die Kinder aus einer gelungenen, wenn auch einfachen Gestaltung ergab, zeigte außerordentlich langfristige Zusammenhänge (Grossmann, K. 1997; Grossmann, K. & Kindler, H. 1998). So hing z. B. das väterliche Verhalten in der Spielsituation mit 2 Jahren zusammen mit der väterlichen Bindungsrepräsentation 4 Jahre später, als die Kinder 6 Jahre alt waren. Die Fähigkeit der Kinder, auf psychisch sichere Art und Weise mit negativen Gefühlen umgehen zu können, war im Alter von 10 Jahren hochsignifikant mit dem feinfühlig herausfordernden Spielverhalten des Vaters 8 Jahre zuvor statistisch verbunden. Die sichere Bindungsrepräsentation der Kinder selbst mit 16 Jahren, also 14 Jahre später und mit der Klarheit und Wertschätzung ihrer Partnerbeziehungen mit 22 Jahren, also 20 Jahre später, standen ebenfalls in einem statistisch hochsignifikanten Zusammenhang mit dem feinfühlig herausfordernden Spielverhalten des Vaters, während eine abwertende Haltung gegenüber Bindungsinhalten mit 16 Jahren ebenfalls statistisch hochsignifikant mit fehlender väterlicher Feinfühligkeit in den spielerischen Herausforderungen mit 2 Jahren zusammenhing. Wir ziehen daraus den folgenden, in weiteren Untersuchungen zu überprüfenden Schluß: Die feinfühligen Reaktionen der Mutter auf die Bindungssignale des Kindes haben statistisch nachweisbare Konsequenzen für die Qualität der Bindungsorganisation in der zukünftigen Entwicklung des Kindes. Das Feinfühligkeitsverhalten der Väter im Bindungsbereich ist weit weniger häufig zu beobachten. Obwohl die Fremde Situation mit Vätern genauso gut durchgeführt werden kann wie mit Müttern, scheint sie dennoch nicht dieselbe Bedeutung zu haben, die sie für die Mutter-Kind-Beziehung hat, da die statistischen Vorhersagen entweder weit schwächer sind oder sogar fehlen. Und obwohl beide Eltern mit dem Kind auf durchaus vergleichbare

Weise spielen, hat das Spiel mit dem Vater, wenn es auf feinfühlig herausfordernde Weise geschieht, weit intensivere Konsequenzen als die Spiele mit der Mutter. Die Prognosen für die weitere Entwicklung im Bereich spielerischer Herausforderungen waren für die Väter sehr viel stärker nachweisbar als für die Mütter. Wir erkennen also die Bindungs-Explorationsbalance im Hinblick auf eine Rollenteilung zwischen den Eltern, wobei die Feinfühlgkeit der Mütter gegenüber dem kindlichen Bedürfnis nach Bindungssicherheit prognostische Signifikanz besitzt und die Feinfühligkeit der Väter gegenüber dem kindlichen Bedürfnis nach Explorationssicherheit, obwohl beide Eltern beides mit dem Kind tun (Grossmann, Grossmann & Zimmermann 1999; Grossmann, Grossmann, Winter & Zimmermann, in Vorb.).

3. Desorganisation und Desorientiertheit

Die drei für die Fremde Situation kurz beschriebenen Muster „A", „B" und „C" stellen Verhaltensstrategien oder Organisationsformen des Bindungsverhaltens dar. Sie sind als Folge der Erfahrung, die die Kinder mit ihren Bindungspersonen während des ersten Lebensjahres gemacht haben, zu sehen. Bei allen drei Mustern gibt es Störungen, die sich in Unterbrechungen einer ablaufenden Verhaltensstrategie oder Organisation zeigen (Main & Solomon 1986, 1990). Solche desorganisierten oder „D"-Verhaltensweisen umfassen z. B. widersprüchliche Verhaltensweisen wie Schwanken zwischen Erkunden und Nähe suchen, Annäherung und Vermeidung usw., die entweder nacheinander oder gleichzeitig gezeigt werden. Solche Kinder können z. B. während der Trennung sehr ruhig sein und dann außerordentlich gestreßt und ärgerlich, wenn die Bindungsperson zurückkommt. Andere „D"-Merkmale sind ungerichtete, mißgerichtete, unvollendete und unterbrochene Ausdrucksbewegungen, die ihr Ziel zu verlieren scheinen. Sie zeigen sich u. a. in Stereotypien, asymmetrischen, zeitlich unkoordinierten

Bewegungen und anomalen Gesten und Haltungen oder auch durch eingefrorene und verlangsamte Bewegungen. Solche Kinder können sich z. B. von den Eltern wegbewegen anstatt zu ihnen hin, wenn sie Angst zeigen. Manche weinen, wenn die Fremde den Raum verläßt. Manche Kinder zeigen unmittelbar Anspannung in der Gegenwart der Eltern oder äußern direkte Anzeichen von Desorganisation und Desorientierung; z. B. zeigen manche Kinder ein ängstliches Gesicht oder sie verstecken den Ausdruck von Angst während der Wiedervereinigung mit der Bindungsperson in der Fremden Situation. Manche Kinder zeigen ein äußerst vigilantes Verhalten in der Nähe der Eltern, andere grüßen die Fremde, aber nicht die Eltern, manche fallen während der Annäherung hin oder laufen zunächst weg, um sich erst dann im Kreise wieder der Bindungsperson zu nähern.

Die bisherigen Untersuchungen zeigen verschiedene Wurzeln des desorganisierten bzw. desorientierten Verhaltens. In unseren eigenen Untersuchungen konnte z. B. ein statistischer Zusammenhang hergestellt werden zwischen dem Mangel an Verhaltensorganisation von Neugeborenen, die durch besondere Belastung während der Schwangerschaft bedingt sein könnten (Spangler u. a. 1996). Main & Hesse (1990) sehen in der unverarbeiteten Trauer der Mutter über den Verlust einer Bindungsperson während ihrer Kindheit einen wesentlichen Einfluß auf die Entwicklung des desorganisierten Verhaltens ihres Kindes. Dazu gehören z. B. auch der unverarbeitete Tod eines Geschwisters oder enger Vertrauter, Drogenabhängigkeit eines Elternteils, wenn die Mutter als Kind selbst mißhandelt wurde, eine knapp überstandene tödliche Krankheit, gehäufte Verluste, z. B. Abtreibung, Kindstod, Unfalltod in der Verwandtschaft usw. Von zahlreichen klinisch orientierten Forschern wird angenommen, daß die Mutter für das Kind beängstigend ist oder die Mutter vor dem Kind Angst zu haben scheint. Dadurch fehlt dem Kind die Sicherheitsbasis und der Orientierungspunkt im Sinne von Bowlbys „set goal" oder gesetztem Ziel in der Organisation der Bindungs-Explorations-Balance.

Auch gesellschaftliche Bedingungen können für „D"-Verhalten verantwortlich sein. In israelischen Kibbutzim, in denen die Kinder über Nacht in einem Kinderhaus schliefen und dabei nur unzureichend überwacht und bindungspsychologisch allein gelassen wurden, zeigte sich ein hoher Prozentsatz von desorganisiertem Verhalten (Sagi u. a. 1997). David Oppenheim (1998) berichtet im Infant Mental Health Journal, daß nicht selten die Eltern in der Zeit, als es solche Kibbutzim noch gab, das Prinzip der nächtlichen Trennung unterlaufen haben. Sie legten z. B. etwas unter das Kopfkissen oder versprachen, ihr Kind während der Nacht zu besuchen. Manche Eltern behielten ihre Kinder gegen die Regeln zu Hause oder schützten Krankheit vor, brachten die Kinder erst frühmorgens ins Kinderhaus heimlich zurück u. v. m. Die israelischen Forscher erklären die Häufigkeit des bei vielen Kindern gefundenen desorientierten und desorganisierten Verhaltens mit der durch die Übernachtungen im Kinderhaus bedingten Abweichung gegenüber einer Umwelt, in der sich evolutionsbiologische Anpassung entwickelt hat. Bindung hat sich aus Nähe zu beschützenden Erwachsenen entwickelt und gelingt nicht ohne sie, vor allem auch während der bedrohlichen Nacht. Die Konzeption der Bindungstheorie Bowlbys legt eine solche Interpretation nahe.

4. Trauma, Holocaust und inkohärente sprachliche Repräsentationen

Eine bindungstheoretisch noch nicht völlig verstandene Entwicklung ist der Übergang bzw. die Integration vor- und außersprachlicher Erfahrungen, so wie sie im Vorangegangenen für die Kleinkindzeit dargestellt wurden, in einen sprachlichen Bedeutungszusammenhang. Main, Kaplan & Cassidy (1985) haben erstmalig einen solchen Zusammenhang nachgewiesen. Dabei stimmten das Verhalten der Kinder in der Fremden Situation und die sprachlich erfaßte Bindungsrepräsentation der Eltern statistisch hochsignifikant überein. Zudem zeigte sich bei den Kindern im Alter von 6 Jahren ein enger Zusammenhang zwischen der freien und unauffällig ungestört harmonischen Kommunikation mit ihren Bindungspersonen und der Bindungsklassifikation in der Fremden Situation als Einjährige. Wie die emotional repräsentierten Bindungserfahrungen in eine sprachliche kohärente Darstellung von Bindungsrepräsentationen integriert werden, ist theoretisch noch nicht völlig geklärt. Bowlby spricht von internalen Arbeitsmodellen, wobei er dem sprachlichen Diskurs zwischen Kindern und Eltern eine tragende Bedeutung beimißt. Was die Eltern erzählen oder nicht erzählen oder was sie in Übereinstimmung oder Nichtübereinstimmung mit den tatsächlichen außersprachlichen Erfahrungen der Kinder erzählen, führt schließlich zu mehr oder weniger kohärenten Repräsentationen auf der narrativ-sprachlichen Ebene. Potentiell traumatisierende Erfahrungen können also prinzipiell auf zwei Ebenen an die nachfolgende Generation weitergegeben werden: einmal durch Verhaltensweisen, die den phylogenetisch gegebenen Erwartungen einer evolutionär adaptiven Umwelt an sichere Bindungspersonen widersprechen, und zum anderen durch sprachliche Darstellungen, die unstimmig sind, weil sie nicht mit den gemachten und emotional repräsentierten außersprachlichen Erfahrungen im Einklang stehen.

Dieses Thema ist besonders im Zusammenhang mit Holocaust-Erfahrungen von Überlebenden brisant. Abraham Sagi in Haifa hat mit Unterstützung der German Israeli Foundation in Jerusalem eine solche Untersuchung in die Wege geleitet. Dabei wurden in mühevoller Arbeit 50 Frauen gefunden, die nach dem 2. Weltkrieg als Überlebende des Holocaust nach Israel gebracht wurden, dort ein neues Leben begannen, Töchter hatten, die nunmehr selbst kleine Kinder haben. In der Untersuchung von Abraham Sagi werden die Bindungsrepräsentationen und die Prozesse der Neuanpassung an die israelischen Lebensbedingungen nach den unsäglichen traumatischen Erfahrungen und dem Verlust aller Bindungspersonen in Deutschland in Form intensiv erfragter Berichte untersucht. Dabei wird die Bindungsrepräsentation der Großmütter und der Mütter mit Hilfe des von Main & Goldwyn (im Druck) entwickelten Adult Attachment Interviews erfaßt. Die israelischen Auswertungen werden z. Zt. erarbeitet. Zwei Beispiele werden am Schluß vorgestellt.

Um die theoretisch zu erwartenden Ergebnisse empirisch abzusichern, haben wir in unseren eigenen Untersuchungen sämtliche Adult Attachment Interviews zur Erfassung der elterlichen Bindungsrepräsentation daraufhin analysiert, ob sich darin traumatische Erfahrungen finden, die psychologisch annähernd vergleichbar mit den Holocaust-Erfahrungen sein könnten (was natürlich so nicht der Fall ist) (Schild 1998). In den 212 Interviews fanden sich immerhin 19 Fälle, wo ein Geschwister gestorben war, 44 Fälle von Eltern, die chronisch krank oder lange im Krankenhaus waren, 22 Fälle von großen ehelichen Streitigkeiten, 30, in denen der Elternteil als Kind sehr krank war, 9, in denen das Kind ein Flüchtlingsschicksal erlitten hatte, und 3, wo ein nahestehender Verwandter nicht aus dem Krieg zurückgekehrt war. Es gab weiterhin 90 Fälle von körperlicher Bestrafung und 37 Fälle, in denen dem Kind angedroht worden war, aus der Familie ausgestoßen und in einem Heim untergebracht zu werden. Wir untersuchten, ob die kleinen Kinder dieser Eltern mit potentiell traumatischen Bindungserinnerungen überzufällig häufig desorganisiertes Verhalten in der Fremden Situation zeigen würden.

Wenn die Mutter vom Tod einer Bindungsperson vor dem 7. Lebensjahr berichtete, war die Wahrscheinlichkeit, daß ihr Kind in der Fremden Situation Anzeichen von Desorganisation und Desorientierung erkennen ließ, statistisch bedeutsam erhöht. Von den Müttern, deren Kinder keinerlei Anzeichen von Desorganistion in der Fremden Situation erkennen ließen, hatten nur 2,7 % eine Bindungsperson vor dem 7. Lebensjahr verloren, während bei den

Müttern, deren Kinder deutliche Anzeichen von „D" zeigten, 26,1 % einen solchen Verlust erlitten hatten. Ebenso groß war der Unterschied beim Tod einer Großmutter, eines Großvaters oder einer nicht verwandten Bindungsperson: Nur 3,5 % der Mütter von Kindern, die keinerlei „D"-Merkmale zeigten, berichteten von einem solchen Verlust, während es bei den Müttern von Kindern mit „D"-Merkmalen 25 % waren. Die Häufigkeit potentiell traumatischer Ereignisse in der Kindheit wie Verlust, Trennung, Bedrohung usw., so wie sie die Mütter in ihren Adult Attachment Interviews berichteten, stand in einem deutlichen Zusammenhang mit „D"-Merkmalen ihrer Kinder in der Fremden Situation. Dies war tendenziell auch der Fall für den Tod des Großvaters, für eine ernsthafte Verletzung oder Verwundung als Kind und sogar für die Teilnahme an der in Deutschland damals üblichen Kinder-Landverschickung. Signifikant waren die Zusammenhänge für einen längeren Krankenhausaufenthalt als Kind, für seltene Besuche, wenn sie im Krankenhaus gewesen waren und für die körperliche Züchtigung, wenn Gegenstände wie Ausklopfer, Gürtel, Kleiderbügel u. ä. verwendet wurden. Hochsignifikant war der Zusammenhang dann, wenn die Mütter berichteten, als Kind unter dem Krankenhausaufenthalt stark gelitten zu haben. Diese Ergebnisse zeigen klare generationenübergreifende Auswirkungen auf die Qualität der Organisation des Verhaltens der Kinder sowie auf die sprachliche Qualität der Darstellung der eigenen Bindungsrepräsentation im Erwachsenenalter, so wie auch sie in der israelischen Holocaust-Studie untersucht werden.

Die Kriterien für die Erfassung der Bindungsrepräsentation sind in 16 Skalen niedergelegt. In Adult Attachment-Seminaren wird ein Klassifikationsschema gelehrt nach Kriterien, die von der Verhaltensorganisation einjähriger Kinder in der Fremden Situation auf die sprachliche Ebene transponiert wurden. Dabei spielen vor allem die Qualität von Erinnerungen, die sprachliche Kohärenz und die Wertschätzung bzw. Abwertung von Bindungsinhalten eine tragende Rolle. Die Weitergabe traumatischer Erfahrungen über Generationen hinweg auf der sprachlichen Ebene ist vor allem durch Sprachlosigkeit und sprachliche Inkohärenzen gekennzeichnet. Dies ist der Gegenstand der 3 Generationen umfassenden Untersuchung über die Weitergabe von traumatischen Holocaust-Erfahrungen von Sagi & Grossmann (German Israeli Foundation, Grant No. 1-0279-033.04/93).

Die Grundlage des Erwachsenen-Bindungsinterviews sind nach einem bestimmten Themenkatalog erfragte autobiografische Narrativa. Die Auswertungen beruhen darauf, daß die intensivsten Gefühle in erster Linie aus Bindungserfahrungen stammen. Im Verlaufe der Entwicklung werden solche Erfahrungen mittels sprachlicher Diskurse mit den Bindungspersonen, die im Mittelpunkt der Gefühle stehen, mehr oder weniger gut (und manchmal auch gar nicht) in einen sprachlich verfügbaren Bedeutungszusammenhang gebracht. Verschiedene Erinnerungen aus der Kleinkindzeit (Ereignisse, Gefühle, mimetische Spiele usw.) sind sprachlich nicht unmittelbar erinnerbar und werden deshalb kindliche Amnesie genannt. Sie finden aber ihre Fortsetzung und Bedeutung in Geschichten, die darüber von Erwachsenen und besonders den Bindungspersonen erzählt werden. Sprachforscher wie Katherine Nelson (1996) sprechen in diesem Zusammenhang von der Konstruktion eines narrativen autobiographischen Selbst.

Nach Bowlby führt Sprache, durch die erst die Qualität von Beziehung und Erfahrung bewußt gemacht wird, zu sicheren internalen Arbeitsmodellen bei Erwachsenen. Die mit Bindungserfahrungen zusammenhängenden Gefühle werden dem Individuum erst durch die sprachliche Benennung und durch die Einordnung in einen Bedeutungszusammenhang verfügbar. Die Gefühle repräsentieren dadurch bestimmte Situationen, die dann mit Hilfe kognitiver Überlegungen und mit Hilfe anderer, mit denen man darüber sprechen und von denen man dabei Hilfe erhalten kann, bewältigt werden können. Ohne Sprache bleiben die Gefühle diffus, ohne Einbettung in einen sprachlich repräsentierten Bedeutungszusammenhang. Die

Möglichkeit der Interpretation von Gefühlen und der Rückführung der Interpretation auf tatsächliche und nachprüfbare Gegebenheiten sind Lernprozesse, die auf der sprachlichen Ebene als Fortsetzung der frühen Bindungserfahrungen auf einer höheren Ebene gesehen werden. Eine sichere Bindung setzt sich sprachlich fort als mentale Verfügbarkeit von Gefühlen der Unsicherheit und der mentalen Planung von Strategien der Wiedererlangung von adaptiver Sicherheit durch potentielle oder wirkliche Unterstützung vertrauter anderer. Die Person hat gelernt, sagt Bowlby, daß sie es wert ist, von anderen Hilfe zu erhalten, und sie weiß, wie sie das „ziel-korrigiert" erlangen kann.

Elizabeth Meins (1997) hat bei ihren Untersuchungen über die Sicherheit der Bindung und die soziale Entwicklung von Kognition diesen Ansatz gewählt und damit hervorragende Ergebnisse erzielt. In ihrer Untersuchung waren die feinfühligen Mütter häufig auch diejenigen, die sich sprachlich in die Lage des Kindes versetzen konnten und die das in den weiteren Untersuchungen auch sprachlich darstellten und erläuterten. Nachdem Meins den sprachlichen Aspekt im Rahmen des traditionellen Konzepts der mütterlichen Feinfühligkeit von Ainsworth hervorgehoben hatte, konnte sie ihre Vorhersage über die Güte auch der kognitiven Entwicklung der Kinder stark verbessern. Dies schreibt der Rolle der Sprache eine hervorragende Bedeutung zu. Evolutionsbiologisch scheint es so zu sein, daß die vor allem im limbischen System repräsentierten Ereignis- und mimetischen Erinnerungen dort ihre ureigene Form der Repräsentation haben. Man kann sie immer wieder ausführen wie die Kinder in der Fremden Situation, die ihr Verhalten ausgewogen zwischen Nähe zur Bindungsperson und Exploration organisieren („B") oder Nähe vermeidend („A") oder Umwelt vermeidend („C"). Die Tatsache, daß die Verhaltensmuster im limbischen System im wesentlichen emotional repräsentiert sind und daß die stärksten Gefühle mit dem Aufbau von Bindungsbeziehungen zusammenhängen, ist eine besondere Domäne der Bindungsforschung. Nach

Donald (1991) müssen diese Erfahrungen, um später planend-adaptiv und erkenntnisträchtig zur Verfügung zu stehen, verbal zugänglich gemacht werden. Dazu müssen sie einmal benannt werden (Harris 1994). Zum anderen müssen sie in einen bedeutungshaltigen sprachlichen Kontext überführt werden (Nelson 1996). Erst dann sind Gefühle „verfügbar". Und erst dann ist es möglich, unterschiedliche Sichtweisen einer emotional bedeutsamen Situation zu entwickeln. Die Möglichkeit unterschiedlicher Sichtweisen kommt aber erst dann zustande, wenn im sprachlichen Diskurs über unterschiedliche Interpretationen bestimmter Situationen mit emotionalen Auswirkungen gesprochen wird. Deshalb spricht Meins (1997) von „mind-mindedness" und bestätigt Ainsworth, indem sie den angemesseneren sprachlichen Umgang mit bindungsrelevanten Inhalten solchen Kindern zuschreibt, deren Mütter sich in die Lage der Kinder versetzen können und die mit ihnen darüber reden. Wir sprechen also von sprachlicher Kohärenz auf zwei Ebenen:
1. auf der Ebene der Übereinstimmung von außersprachlichen Erfahrungen und ihrer Überführung in einen sprachlichen Zusammenhang und
2. der Ebene einer inhärenten Stimmigkeit des sprachlichen Kontexts, so wie sie von Linguisten traditionellerweise verstanden wird.
Daraus ergibt sich eine dritte Ebene, die bei der Erfassung von Bindungsrepräsentationen eine hervorragende Rolle spielt, nämlich die Reflexivität. Erst wenn dem Individuum mehrere Deutungsmöglichkeiten emotional relevanter Situationen zur Verfügung stehen, kann es darüber reflektieren. Dann kann sie ein Verständnis für die Sichtweise anderer im Diskurs mit Bindungspersonen entwickeln. Nur so erschließt sich dem Individuum die Möglichkeit der reflektierenden Veränderung von unsicherer, vor allem desorganisierender Erfahrung durch die sprachliche Verfügbarkeit kohärenter Deutungen von Gefühlen und den Bedingungen, die damit im Zusammenhang stehen. Daraus erklärt sich auch die besondere

Bedeutung, die der Reflexivität im klinischen Kontext z. B. von Fonagy u. a. (1991) eingeräumt wird.

5. Der Holocaust und seine weitreichenden Schatten

Auf die Ergebnisse der Untersuchung von Sagi und seinen Mitarbeitern „A three generation study on the transmission of holocaust traumatic experiences" müssen wir noch warten. Die Bindungstheorie jedoch und die bisherigen Ergebnisse außerhalb des engeren Holocaust-Bereiches geben uns bereits eine gute Grundlage, Zusammenhänge damit zu verstehen. Dies betrifft in erster Linie die Verarbeitung potentiell traumatischer Erfahrungen und der sich daraus ergebenden Desorientierungen. Darüber hinaus geht es um die Weitergabe solcher Erfahrungen auf der vor- und außersprachlichen sowie auf der sprachlichen Ebene. Die sprachliche Ebene umfaßt dabei auch die Widersprüche zwischen schwer zu deutenden Verhaltensmustern und dem Fehlen sprachlicher Interpretationen, die im wesentlichen durch das Schweigen über traumatische Erfahrungen zustande kommen. Wie weit solche Inkohärenzen in der Erinnerung und in den sprachlichen Deutungen von emotional repräsentierten traumatischen Erfahrungen dann auch wiederum den Umgang der Kinder von Holocaust-Überlebenden mit ihren eigenen Kindern, den Kindern der 3. Generation also, bestimmen, bleibt abzuwarten. Eine zentrale Frage bezüglich der therapeutischen Ziele, die John Bowlby bei der Formulierung der Bindungstheorie verfolgte, wäre aus Sicht der Bindungsforschung mit Blick auf Holocaust-Überlebende die folgende: Wie kann die sprachliche Verfügbarkeit „unaussprechlicher" und isolierter Erfahrungen und der damit verbundenen „unaussprechlichen" Gefühle in einer neuen Wirklichkeit hergestellt werden und wie wären Diskurse zu gestalten, die eine Weitergabe der damit verbundenen desorganisierenden und desorientierenden Folgen behebt oder verhindert?

Abschließend sei nicht vergessen zu erwähnen, daß es eine gewisse Diskrepanz zwischen prospektiven und klinischen Untersuchungen im Hinblick auf Holocaust-Auswirkungen gibt. Die Literatur ist geteilt über das Ausmaß und die Tiefe der langfristigen Auswirkungen in Verbindung mit dem Holocaust. Die Reintegration von Holocaust-Überlebenden scheint in vielen Fällen zu gelingen, und viele der Überlebenden scheinen keine ernsthaft behindernden psychologischen Probleme zu haben. Auf der anderen Seite wird von einem hohen Prozentsatz von Holocaust-Überlebenden mit posttraumatischen Streßsymptomen gesprochen (Bar-On u. a. 1998). Die Situation ist vergleichbar mit den Untersuchungen von Stanley Milgram über Gehorsam (1987). Personen, die unter Anweisung eines vermeintlichen Wissenschaftlers anderen Versuchspersonen im Rahmen von Lernversuchen Elektroschocks bis zur Letalgrenze verabreichten, sind vielfach untersucht und erörtert worden. Über die Minderheit, die sich den pseudowissenschaftlichen Anweisungen widersetzt hatte, ist dagegen weit weniger bekannt. Es besteht also in der israelischen, drei Generationen umfassenden Untersuchung von jungen Frauen, die den Holocaust überlebt haben, die seltene Chance, die psychologischen und kulturellen Bedingungen kennenzulernen, unter denen selbst gravierendste traumatische Erfahrungen unter bestimmten Umständen doch bewältigt werden können, so daß den Überlebenden selbst und den nachfolgenden Generationen viele Belastungen erspart bleiben. Welche Erfahrungen, welche Bedingungen haben die Fähigkeit zu transgenerationaler Kommunikation ermöglicht? Und wo liegen die Grenzen? Das Ende der Sprachlosigkeit wäre nicht nur eine zeitgeschichtliche Feststellung. Die Überwindung von emotional bedingter Sprachlosigkeit wäre vor allem eine Frage nach den Bedingungen, die weniger zu den erwarteten transgenerationalen Beeinträchtigungen durch den Holocaust führen, sondern die uns Aufschluß geben über die Möglichkeiten, solche immensen psychologischen Kosten zu verhindern. Die vortraumatischen frühkindlichen und sprachlichen Bindungserfahrungen, die eingangs dargestellt wurden, tragen sicher wesentlich dazu bei. Sie können die mögliche sprachliche Integration und Verfügbarkeit mit verhindern oder ermöglichen. Ebenso einflußreich scheinen die weiteren Möglichkeiten der sprachlichen Bewältigung zu sein, die mit nahestehenden Menschen darüber geführt werden können. Solche Gespräche enthalten, wie uns u. a. die Psychologen Bruno Bettelheim und Viktor Frankl gelehrt haben, sogar im Angesicht des Grauens ein Potential für eine gewisse Sicherheit und für die aktive Gestaltung eines neuen Lebens. In zahlreichen Fällen aber waren solch günstige Voraussetzungen nicht gegeben. Die beiden folgenden Kurzcharakteristiken, die mir dankenswerterweise von Tirtsa Joels und Abraham Sagi, Universität Haifa, zur Verfügung gestellt wurden, sind Beipiele dafür.

Beispiel 1:
Frau Gold berichtet mit 60 Jahren im Erwachsenen-Bindungsinterview, daß sie 1937 in Rumänien geboren sei und mit 6 Jahren beide Eltern verloren habe. An andere Familienmitglieder kann sie sich nicht erinnern, außer vage an einen Bruder, der nicht überlebt hat. Sie kann sich schwach daran erinnern, daß sie (beide?) Scharlach hatten und daß sie mit 5 und 6 Jahren viel umgezogen war. Sie erinnert sich daran, daß das Kindermädchen Ihrer Familie einige Zeit bei ihr war und sagt dann, daß sie 1944 (als sie 7-8 Jahre alt war, nach Palästina einwanderte. Auf Fragen nach ihren Eltern, ihrer Familie, der häuslichen Atmosphäre usw. fällt ihr nichts ein. Auch wiederholtes Nachfragen und Hinweise helfen nichts, und sie erhält den höchst möglichen Punktwert (9) für Mangel an Erinnerungen. Sie kann auch keinerlei Informationen über ihre neuen Versorger und ihre „Adoptivfamilie" im Kibbutz geben, wo sie noch immer lebt, seit sie vor etwa 50 Jahren dorthin gekommen war. Sie zeigt keinerlei Gefühle und wertet Themen, die etwas mit Bindung in ihren frühen und späteren Beziehungen zu tun haben, stark ab.

Verstrickung, Vermeidung, Desorganisation: Psychische Inkohärenzen als Folge ...

Beispiel 2:
Frau Perl wurde mit 69 Jahren interviewt. Sie wurde 1928 in der Ukraine geboren. Ihr Vater war Offizier in der polnischen Armee und war Kriegsgefangener im Ersten Weltkrieg. Seine Kriegserfahrungen begannen ihn zu beherrschen. Er malte Bilder vom Krieg und seinen verschiedenen Themen. Er sagte, daß er ein Experte über Kriege geworden und deshalb in der Lage sei, den nächsten Krieg vorherzusehen. Dann würde er seine Familie rechtzeitig schützen. Dies bekam Frau Perl bis zum allerletzten Tag zu hören, an dem sie mit 10-14 Jahren (das genaue Alter bleibt unklar) im 2. Weltkrieg ihre gesamte Familie verlor (Eltern, Bruder, Schwester und eine ihr sehr nahestehende Großmutter). In dieser Zeit wurde sie auch von der Schule verwiesen. Ihre Mutter wollte sehr gerne Sängerin werden, aber sie wurde daran gehindert, weil sie von der Musikakademie wegen ihres jüdischen Hintergrundes nicht angenommen wurde. Sie wurde Lehrerin. Ihr Erwachsenen-Bindungsinterview ist völlig inkohärent und sehr passiv; dem Ablauf der Ereignisse im Interview ist nur sehr schwer zu folgen, besonders zwischen 10 und 14 Jahre während des Krieges. Das Interview umfaßt etwa 60 Seiten, ohne daß dabei ein klares Bild entstünde. Es finden sich Anzeichen von unverarbeiteter Trauer; z. B. auf die Bitte, fünf Adjektive zu nennen, die ihren Vater charakterisieren, sagt sie:

> „Ich bin ärgerlich über meinen Vater, der starb, ich war ärgerlich, weil er uns allein gelassen hat, ohne etwas zu sagen. Es was ein Schock. Es war ein so großer Schock, daß er uns nicht vorbereitet hat, die Kinder ignoriert hat? Und nichts gesagt hat? ...... Ein Gefühl von Wut, daß er uns nicht vorbereitet hat, ich war tief verletzt, ich war 2 Jahre lang in mich zurückgezogen und jetzt, vor kurzem, hatte ich eine Unterhaltung mit ihm, und er erzählte mir, daß er es auch nicht gewußt habe, daß er uns nicht vorbereiten konnte, aber ich sage Ihnen, daß kürzlich, Sie verstehen das nicht, ich ihm vergab, ich schätze ihn".

Den Einfluß elterlichen Sprechens über Holocaust-Erfahrungen auf zentrale Beziehungsthemen der Kinder von Überlebenden des Holocaust haben Wiseman, Barber & Yam (1999) nachgewiesen. Ihre klinische Arbeit wirft einiges Licht auf Gespräche in den Familien, die geeignet waren, Desintegration, Desorientierung und vielleicht sogar den Zusammenbruch der geistigen Gesundheit in der zweiten Generation zu verhindern. Diejenigen Söhne und Töchter, die etwas „ahnten", weil sie die Konflikte ihrer Eltern im Zusammenhang mit ihren Holocaust-Erfahrungen „spürten", wo die Eltern aber nicht offen darüber gesprochen hatten, zeigten eine schwache Selbstkontrolle, klagten über starke Bevormundung durch die Eltern und hatten wenig Selbstvertrauen. Kinder von Holocaust-Überlebenden Eltern, die offen darüber sprachen, und die deshalb auch sprachlich bewußt über die Holocaust-Erfahrungen über ihre Eltern sprechen konnten, befanden sich in einem weniger belasteten mentalen Zustand. Sie hatten weniger emotionale Konflikte, weniger Angst, weniger schmerzliche Erfahrungen und verfügten über eine aktivere Kontrolle über ihr Dasein. Sprechen über die Realität traumatischer Bedrohungen ist nach Bowlby grundlegend für die Entwicklung neuer internaler Arbeitsmodelle. Schweigen oder falsche sprachliche Information über traumatische Ereignisse im Zusammenhang mit Trennung, Verlust, und besonders über die entmenschlichten Bedingungen der mörderischen Konzentrationslager verhindert die allmähliche Entwicklung neuer adaptiver Arbeitsmodelle. Als Folge leidet auch die nächste Generation darunter, bei der Gestaltung neuer Lebensperspektiven behindert zu sein (Grossmann 1999).

Literatur

Ainsworth, M. D. S. (1967): Infancy in Uganda: Infant care and the growth of love. Baltimore (Johns Hopkins University Press).
-, Wittig, B. A. (1969): Attachment and the exploratory behavior of one-year-olds in a strange situation. In: Foss, B. M. (Hg.): Determinants of infant behavior. Vol. 4. London (Methuen), S. 113-136.
-, Bell, S. M., Stayton, D. J. (1974): Infant-mother attachment and social development: „Socialization" as a product of reciprocal responsiveness to signals. In: Richards, P. M. (Hg.): The integration of a child into a social world. Cambridge (Cambridge University Press), S. 99-135.
-, Blehar, M. C., Waters, E., Wall, S. (1978): Patterns of attachment. A psychological study of the strange situation. Hillsdale, NJ (Lawrence Erlbaum Associates).

Bar-On, D., Eland, G., Kleber, R. J., Krell, R., Moore, Y., Sagi, A., Soriano, E., Suedfeld, P., van der Velden, P. G., van Ijzendoorn, M. H. (1998): Multigenerational Perspectives on Coping with the Holocaust Experience: An Attachment Perspective for Understanding the Developmental Sequelae of Trauma across Generations. In: International Journal of Behavioral Development 22 (2), S. 315-338.

Bowlby, J. (1946): Fourty-four juvenile thieves: Their characters and home life. In: International Journal of Psycho-Analysis 25, S. 19-52 und S. 107-127.

- (1988): A secure base. Clinical applications of attachment theory. London (Travistock/Routledge).

- (1995): Bindung: Historische Wurzeln, theoretische Konzepte und klinische Relevanz. In: Spangler, G., Zimmermann, P. (Hg.): Die Bindungstheorie: Grundlagen, Forschung und Anwendung. Stuttgart (Klett-Cotta), S. 17-26.

Donald, M. (1991): Origins of the modern mind: three stages in the evolution of culture and cognition. Cambridge, MA (Harvard University Press).

Fonagy, P., Steele, M., Steele, H., Moran, G. S., Higgitt, A. C. (1991): The Capacity for Understanding Mental States: The Reflective Self in Parent and Child and its Significance for Security of Attachment. In: Infant Mental Health Journal 12(3), S. 201-218.

Grossmann, K. (1997): Infant-father attachment relationship: Sensitive challenges during play with toddler is the pivotal feature. Poster presented at the 1997 SRCD Biennial Meeting, April 3-6, 1997, Washington, DC.

-, Kindler, H. (1998): Father's Attachment Representation: Its Reflections in his Interactions with his Toddler and Aspects of his Child's Future Development. Paper presented at the XVth Biennal Meeting of the International Society for Behavioral Development, Bern, Switzerland. Juli, 1-4, 1998.

Grossmann, K. E. (1977): Skalen zur Erfassung mütterlichen Verhaltens von Mary D. Ainsworth. In: Grossmann, K. E. (Hg.): Entwicklung der Lernfähigkeit in der sozialen Umwelt. München (Kindler), S. 96-107.

- (1999): Discussion. Paper Symposium on the Developmental Sequelae of Catastrophic Holocaust Childhood Experiences across Generations. Abraham Sagi, Chair. Society for Research in Child Development, Biennial Meeting, April 15-18, Albuquerque, New Mexico.

Grossmann, K. (1994): Bindungstheoretische Grundlagen psychologisch sicherer und unsicherer Entwicklung. In: GwG-Zeitschrift 96, S. 26-41.

Grossmann, K. (1995): Frühkindliche Bindung und Entwicklung individueller Psychodynamik über den Lebenslauf. In: Familiendynamik 20, S. 171-192.

-, Becker-Stoll, F., Grossmann, K., Kindler, H., Schieche, M., Spangler, G., Wensauer, M., Zimmermann, P. (1997): Die Bindungstheorie: Modell, entwicklungspsychologische Forschung und Ergebnisse. In: Keller, H. (Hg.): Handbuch der Kleinkindforschung. Göttingen (Hogrefe), S. 51-95.

-, Grossmann, K., Zimmermann, P. (1999): A Wider View of Attachment and Exploration: Stability and Change During the Years of Immaturity. In: Cassidy, J., Shaver, P. R. (Hg.): Handbook of Attachment: Theory, Research, and Clinical Applications. New York (Guilford Press), S. 760-786.

-, Grossmann, K., Winter, M., Zimmermann, P. (in Vorb.): Attachment Relationships and Appraisal of Partnership: From Early Experience of Sensitive Support to Later Relationship Representation. In: Pulkkinen, L., Caspi, A. (Hg.): Personality in the Life Cour-

se: Paths to Successful Development (Arbeitstitel). Cambridge (Cambridge University Press).
Harris, P. (1994): The child's understanding of emotion: Developmental change and the family environment. Journal of Child Psychology and Psychiatry and Allied Disciplines 35(1), S. 3-28.
Main, M., Solomon, J. (1986): Discovery of an insecure disorganized/disoriented attachment pattern: Procedures, findings and implications for the classification of behavior. In:. Brazelton, T. B., Yogman, M. (Hg.): Affective development in infancy. Norwood, NJ (Ablex), S. 95-124.
- Solomon, J. (1990): Procedures for identifying infants as disorganized/disoriented during Ainsworth Strange Situation. In: Greenberg, M. T., Cicchetti, D., Cummings, E. M. (Hg.): Attachment in the preschool years. Chicago (University of Chicago Press), S. 121-160.
- Hesse, E. (1990): Parents' unresolved traumatic experiences are related to infant disorganized attachment status: Is frightened and/or frightening parental behavior the linking mechanism? In: Greenberg, M. T., Cicchetti, D., Cummings, E. M. (Hg.): Attachment in the preschool years. Chicago (University of Chicago Press), S. 161-182.
-, Kaplan, N., Cassidy, J. (1985): Security in infancy, childhood, and adulthood: A move to the level of representation. In: Bretherton, I., Waters, E. (Hg.): Growing points in attachment theory and research. Monographs of the Society for Research in Child Development 50, S. 66-106.
-, Goldwyn, R. (im Druck): Adult Attachment Scoring and Classification Systems. In: Main, M. (Hg.): Assessing attachment through discourse, drawings and reunion situations (Working title). New York (Cambridge University Press).
Meins, E. (1997): Security of attachment and social development of cognition. Hove (Psychology Press).
Milgram, S. (1987): Obedience. In: Gregory, R. L. (Hg.): The Oxford Companion to the Mind. Oxford (Oxford University Press), S. 566-568.
Nelson, K. (1996): Language in cognitive development. Cambridge (Cambridge University Press).
Oppenheim, D. (1998): Perspectives on infant mental health from Israel: The case of changes in collective sleeping on the kibbutz. In: Infant Mental Health Journal 19(1), S. 76-86.
Sagi, A., van IJzendoorn, M. H., Scharf, M., Joels, T., Koren-Karie, N., Mayseless, O., Aviezer, O. (1997): Ecological Constraints for Intergenerational Transmission of Attachment. In: International Journal of Behavioral Development, 20(2), S. 287-299.
Schild, B. (1998): Erklären berichtete traumatische Erfahrungen von Müttern desorganisiertes Verhalten bei einjährigen Kindern? Unveröffentlichte Diplomarbeit, Universität Regensburg.
Spangler, G., Grossmann, K. E. (1993): Biobehavioral organization in securely and insecurely attached infants. In: Child Development 64, S. 1439-1450.
Spangler, G., Fremmer-Bombik, E., Grossmann, K. (1996): Social and individual determinants of attachment security and desorganization. In: Infant Mental Health Journal 17, S. 127-139.
Sroufe, L. A., Cooper, R. G., DeHart, G. B., Marshall, M. E. (1996): Child Development. Its Nature and course. Third edition. New York (Mc Graw-Hill).
Werner, E. E., Smith, R. S. (1992): Overcoming the odds: High risk children from birth to

adulthood. Ithaca, NY (Cornell University Press).
Wiseman, H., Barber, J. P., Raz, A., Yam, I. (1999): Parental Communication of Holocaust Experiences and Central Relationship Themes among Offspring of Holocaust Survivors. Paper Symposium on the Developmental Sequelae of Catastrophic Holocaust Childhood Experiences across Generations. Abraham Sagi, Chair. Society for Research in Child Development, Biennial Meeting, April 15-18, Albuquerque, New Mexico.

Stacheldraht in der Seele:
Ein Blick auf die generationsübergreifende Weitergabe des Holocaust-Traumas

Ira Brenner

Einleitende Worte[*]

Es ist eine Ehre, heute hier zu sein! Ich danke der PAKH-Gruppe, dem Psychotherapeutischen Arbeitskreis für Betroffene des Holocaust, daß er mich eingeladen hat, und Dr. Volkan, mich der Gruppe empfohlen zu haben. Wir kennen uns schon sehr lange, und er wußte, daß ich hierher gehöre, sowohl aus beruflichen als auch aus persönlichen Gründen. Wenn Judith Kestenberg meine „psychoanalytische Mutter" ist, dann würde ich sagen, daß Vamik Volkan mein „psychoanalytischer Vater" ist. Ich möchte der PAKH-Gruppe auch meine Anerkennung für ihren Mut und ihre Ehrlichkeit aussprechen, die sie gezeigt hat. Ihr Beispiel lehrt uns, wie der für eine Heilung notwendige Dialog begonnen werden kann. Ich bin auch der Meinung, daß der Gruppenprozeß, der bei ihnen zum Tragen kam, durchaus einen Mikrokosmos Ihrer Gesellschaft darstellt, und ich möchte viele der gestern behandelten Themen aufgreifen. Damit wurde eine gute Grundlage geschaffen, und jetzt ist es an der Zeit, näher zu betrachten, was wie weitergegeben wird. Dabei geht es um Dinge, die jenseits von Trauer, jenseits von kognitiven Defiziten und jenseits des Fassungsvermögens vieler liegen. Aber zu behaupten, sie lägen auch jenseits der menschlichen Erkenntnis, hieße, ihnen eine mystische Qualität zu verleihen, während eine reine Quantifizierung ihnen das menschliche Element nimmt, und wir vergessen vielleicht, daß wir über eine von Menschen gemachte Katastrophe und nicht über eine Naturkatastrophe sprechen. Als ich vor dieser Konferenz durch Deutschland reiste, wurde mir recht deutlich vor Augen geführt, wie die Kriegsjahre vertuscht werden, während die reichhaltige frühere Geschichte hochgehalten wird. Aber ehe ich fortfahre, möchte ich noch einige persönliche Anmerkungen in Deutsch machen:

Meine Damen und Herren! Ich möchte zunächst ein paar Worte auf Deutsch an Sie richten! Ich fühle mich sehr geehrt, zu dieser historischen Konferenz eingeladen zu sein und daran teilnehmen zu können! Dies ist meine dritte Reise nach Deutschland! Als ich einundzwanzig Jahre alt war, reiste ich durch den Süden Deutschlands und fühlte mich wie ein Magnet von Dachau angezogen. Ich mußte mit meinen eigenen Augen sehen, wie es in einem Konzentrationslager aussieht. Nach dieser Erfahrung konnte ich Deutschland nicht schnell genug verlassen.

Als ich fünfunddreißig Jahre alt war, kehrte ich zurück. Dieses Mal besuchte ich Hamburg und hielt eine Rede mit dem Thema „Überlebende Kinder des Holocaust", worüber ich später noch mehr erzählen werde. Letzten November plante ich, Sachsenhausen zu besuchen, um dort an einer besonderen Gedenkfeier teilzunehmen, die den noch lebenden Opfern dieses Lagers gewidmet war. Aber mein Vater, der in Berlin geboren wurde und anstelle die Universität zu besuchen, diese Jahre als Sklavenarbeiter in den Konzentrationslagern Sachsenhausen und Auschwitz verbrachte, war zu krank, um diese Reise zu machen. Deshalb konnten wir nicht daran teilnehmen. Er fürchtete, in Deutschland zu sterben und nicht mehr lebend in die USA zurückzukehren. Dies war ihm sehr wichtig, denn er hatte die Greueltaten der Nazis überlebt und konnte das Land vor über fünfzig Jahren verlassen. Und er hatte recht, denn er starb kurz darauf. Deshalb widme ich diesen Vortrag seinem Gedenken und allem, was er mich gelehrt hat. Es hätte ihn glücklich gemacht zu wissen, daß ich heute hier bin und diese Worte auf Deutsch an Sie richte, denn er liebte die deutsche Kultur, vor der Shoah.

Einleitung

Ein unlängst in der New York Times (24. 5. 1998) erschienener Artikel befaßte sich mit den Plänen der deutschen Regierung, die Hauptstadt nach vier Jahrzehnten wieder nach Berlin zu verlegen. Mit der erneuten Verlegung der Hauptstadt erhält der im Zentrum Europas lebende Riese damit fünfzig Jahre nach der Luftbrücke nach Westberlin und nach der Wiedervereinigung von Ost- und Westberlin sowie von Ost- und Westdeutschland wieder seinen Kopf zurück. Die bevorstehenden Wahlen werden schicksalhaft sein. Wie wird der neue Bundestag aussehen, wenn er dann wieder zusammentritt? Wie wird er sich verhalten? Woran wird er sich erinnern? „Nichts belastet die Zukunftsüberlegungen der Berliner so schmerzlich", schrieb die Times, „wie die von Ängsten behaftete Debatte über den Entwurf eines neuen Holocaust-Denkmals, das im Herzen der neuen Hauptstadt errichtet werden soll, buchstäblich über den zerfallenen Fundamenten von Hitlers Drittem Reich ..., und das zentrale Dilemma des modernen Deutschland symbolisiert: ob die dem Holocaust vorausgehende Geschichte als Bezugspunkt dienen oder ob die deutsche Geschichte durch zwölf Jahre Genozid definiert werden soll." Diese gesellschaftlichen Fragen scheinen auf einer breiteren Ebene ein Spiegel des Dilemmas des einzelnen zu sein, da die Erinnerungen an die Vernichtung und den Verlust bei jedem Betroffenen unmittelbar unter der Oberfläche begraben sind. Was die Frage angeht, wie man damit umgehen soll, gibt es jedoch Meinungsverschiedenheiten und Konflikte. Auf sich beruhen lassen, begraben und nicht darüber reden? Hochhalten und die Erinnerung in einem Denkmal verewigen, so daß sie jedem ins Auge sticht? Kollektive Scham und entsprechend starke Abwehrmechanismen dagegen wecken? Oder gibt es irgendeine Form des Kompromisses, ohne mit der Wahrheit einen Kompromiß zu schließen?

Solche Entscheidungen sind nicht einfach, da hier unbewußte Kräfte im Spiel sind und ihren Einfluß geltend machen, insbesondere, wenn es um schwerwiegende psychologische Traumata geht. Und einer der am wenigsten beachteten Aspekte eines solchen Traumas ist, wie es an die nächste Generation weitergegeben wird.

Das tägliche Absorbieren der traumatischen Vergangenheit der Eltern, die von der sich entwickelnden Psyche des Kindes als Funktion des routinemäßigen Umgangs mit der Mutter und/oder dem Vater und der routinemäßigen mütterlichen und/oder väterlichen Fürsorge aufgenommen wird, kann leicht übersehen werden (Kestenberg 1972, 1980, 1982, Bergmann & Jucovy 1982; Jucovy 1986). Obgleich es als Belastungstrauma (Kris 1956) oder kumulatives Trauma (Kahn 1963) betrachtet werden kann, gibt es verschiedene Gründe, warum es vielleicht nicht einmal erkannt wird. Es wird leicht übersehen, wenn es von einem offenen, groben Mißbrauch, einer offenen, groben Mißhandlung, einer offenen, starken Deprivation oder einem Schocktrauma (Furst 1967) überschattet wird, oder wenn die traumatische Geschichte der Eltern nicht deutlich ist. Darüber hinaus können Gegenübertragungsfragen den Analytiker dazu verleiten, unbewußt mit dem Schweigen des Patienten zu paktieren, um schmerzliche Affekte wie Schmerz, Trauer, Angst, Scham und Schuldgefühle zu vermeiden, die mit der Vergangenheit der Eltern verbunden sein können (Klein 1973, Moses 1978, Danieli 1981).

Gleichwohl konnten solche Weitergaben an Fällen untersucht werden, bei denen die Geschichte des elterlichen Traumas nicht zweifelhaft, diese auf einen Zeitraum vor der Geburt des Kindes beschränkt und das Kind selbst nicht direkt betroffen war. Die meisten dieser Daten stammen von Kindern von Überlebenden des Holocaust.

Überlebende und ihre Kinder

Bei einer genozidalen Verfolgung hat der Schock, zwangsweise aus dem eigenen Heim gerissen, aus der eigenen Gemeinschaft eliminiert und aus dem Heimatland vertrieben zu werden, bleibende Folgen sowohl für den Körper als auch für die Seele. Er ist ein massives Trauma, das einen bösartigen Angriff auf die Identität des Betroffenen und all die Grundannahmen darstellt, die er hinsichtlich seines Platzes in der Welt hat (Krystal, H. 1967, Kestenberg & Brenner 1996, Elsass 1997). Die Ermordung geliebter Menschen, die Konfiszierung von Eigentum, die gewaltsamen Greueltaten, das Hungern sowie Krankheit, Schläge, Folter und Sklavenarbeit tragen zusammen mit der Hoffnungslosigkeit bezüglich einer Rettung, da man sich von aller Welt so ganz und gar vergessen fühlt, zusätzlich zur Dezimierung psychischer Qualitäten bei. Schätzungen zufolge sind heute weniger als dreihunderttausend Überlebende des Holocaust noch am Leben. Ihre Zahl schwindet rapide, aber sie haben eine zweite, eine dritte und sogar eine (sehr) junge vierte Generation hervorgebracht. Die Erkenntnisse, die über Politik, Religion und die menschliche Natur gewonnen werden können, sind unendlich. Auch unser Verständnis langfristiger Folgen des massiven psychischen Traumas (Krystal 1967, Grubrich-Simitis 1981, Ornstein 1986) bei Erwachsenen wie auch bei dem sich noch entwickelnden Kind (Kestenberg & Brenner 1986) hat sich enorm erweitert; und dank der inzwischen verstrichenen Zeit ist es uns möglich, den Mechanismus der generationsübergreifenden Weitergabe zu untersuchen:

Fall 1
Simon, ein Mann von Ende Zwanzig, hatte eine Aversion gegen alles Deutsche. Er weigerte sich, in Deutschland hergestellte Autos zu kaufen oder auch nur damit zu fahren, und wenn er die Sprache hörte, verspürte er einen Brechreiz. Er hatte oft Träume, in denen er gejagt oder inhaftiert wurde und vergeblich zu fliehen und seine Familie zu retten versuchte. Er erschauderte bei dem Gedanken an Züge, Duschen und insbesondere an Stacheldraht. Er begegnete auch Polizisten mit Verachtung und mißtraute jeder Autorität, die eine Uniform trug. Seine Eltern waren die einzigen Überlebenden

ihrer beiden Familien und hatten das Leben im Ghetto, Sklavenarbeit und Konzentrationslager überstanden. Als das älteste von drei Kindern wurde Simon nach seinem Großvater mütterlicherseits genannt, der in Auschwitz vergast und verbrannt worden war. Simons Mutter war chronisch schwermütig, passiv und stumm, was ihre Vergangenheit betraf, während sein Vater nicht aufhören konnte, darüber zu reden, obwohl er in Wirklichkeit sehr wenig preisgab. Alle Freunde, gesellschaftlichen Aktivitäten, intellektuellen Interessen und Freizeitbeschäftigungen seines Vaters hatten irgendeine Verbindung zum Holocaust. Simon wuchs mit dem Gefühl auf, von diesem verschwiegenen und alles in Anspruch nehmenden vergangenen Leben seiner Eltern ausgeschlossen zu sein, insbesondere, wenn sein Vater sich in seinen Gedanken verlor. Er hatte das Gefühl, daß sein Vater sich mehr für seine eigene abgeschiedene Welt als für seinen Sohn interessierte. Als Simon älter wurde, versuchte er, in der Obsession seines Vaters mitzuspielen, und sie entwickelten sogar einen besonderen hämischen Gruß füreinander: „Heil Hitler!"

Simon spürte, daß er eine Riesenlast zu tragen hatte, da er irgendwie all die Verluste seiner Eltern wiedergutmachen sollte. Seine Probleme wurden als unerheblich gegenüber ihrem Leid betrachtet, und er glaubte, kein Recht zu haben, sich über irgend etwas zu beklagen oder auch nur Freude zu erfahren. Darüber hinaus hatte er das Gefühl, einem bestimmten idealisierten Bild, das Stoizismus und Unempfindlichkeit verlangte, nie gerecht werden zu können. Trotz seiner adoleszenten Rebellion hatte Simon ein ziemlich verwickeltes Verhältnis zu seinen Eltern, deren ungelöste Trauer unausgesprochen, aber allgegenwärtig war. Seine Mutter mußte immer wissen, wo er war, und er fügte sich. Das verblüffendste Merkmal war jedoch, daß er manchmal das Gefühl hatte, tatsächlich „dort" zu sein und den Holocaust zu erleben.

Ohne sich dessen bewußt zu sein, entwickelte er kriminelle Neigungen, was jedoch aus einem unbewußten Schuldgefühl heraus geschah (Freud 1916). Wegen einer Reihe kleinerer Delikte, die eigentlich leicht hätten in Ordnung gebracht werden können, kam er mehrmals fast ins Gefängnis. Aber aus jeder Situation, in der er der Inhaftierung entkam, bezog er jedesmal ein geradezu perverses Siegesgefühl. Er schien diese Zwangsmittel und Strafen durch Nachlässigkeit, Passivität und eine seltsame Verwirrung, was Regeln und Gesetze anging, unwissentlich heraufzubeschwören. Diese Verwirrung hätte einmal fast zu einer Katastrophe geführt, als er einem überwältigenden Drang nachgab, einem sehr kranken Freund bei der Flucht von der Intensivstation eines Krankenhauses zu helfen. Der Freund befand sich in einem halbdelirösen postoperativen Zustand und fühlte sich in seinem Krankenbett gefangen, verängstigt und hilflos. Aber statt ein Opfer zu retten, sollte Simon sich an einem destruktiven Spiel beteiligen. Der Freund hatte ihn bedrängt, ihn in die Wohnung einer Frau zu bringen, um ihm, falls seine letzte Stunde geschlagen hätte, noch zu einem letzten sexuellen Erlebnis zu verhelfen. Simon hatte Zweifel, ob es richtig war, dieser Bitte zu folgen; er konnte jedoch nicht nein sagen – er hätte sich schuldig gefühlt, wenn er den Freund einfach so zurückgelassen und ihm seinen möglicherweise letzten Wunsch nicht erfüllt hätte. Es wäre tatsächlich fast sein letzter Wunsch gewesen – als sein Freund nämlich nach einem wilden sexuellen Akt mit der Frau vor Erschöpfung zusammenbrach und ein entsetzter Simon hörte, wie er auf den Boden krachte. So entstand wahrlich eine Situation auf Leben und Tod.

Nachdem die gescheiterte Rettungsaktion in einer Katastrophe geendet war, lebte Simon in ständiger Panik. Statt ein Held zu sein, fühlte er sich wie ein Verbrecher, wie ein hilfloser Zuschauer und ein schuldbeladener Überlebender, da die traumatische Vergangenheit seiner Eltern plötzlich seine eigene Realität überlagert hatte. Es bedurfte einer analytischen Untersuchung, um ihm schließlich zu helfen, seine unbewußte Beteiligung sowohl bei der Schaffung eines Holocaust-Szenarios als auch einer gefährlichen Urszene aus seiner Kindheit zu sehen. Interessanterweise erfuhr er später, daß die Kriegserfahrungen seines Vaters auch Aktivitäten im Widerstand und eine Reihe von Beinahe-Festnahmen durch die Gestapo mit einschlossen. Als er schließlich gefaßt und in ein Konzentrationslager geschickt worden war, hatte er gerade mitten in den Vorbereitungen gesteckt, seiner Familie durch Verbindungen zum Untergrund zur sicheren Ausreise und Flucht zu verhelfen. Simons Vater war danach unablässig von Schuldgefühlen gequält worden, daß er seine Familie nicht hatte retten können.

Diskussion
Das Phänomen, gleichzeitig in zwei Welten zu leben, das auf ein Trauma und nicht auf eine Psychose zurückzuführen ist, wurde von Kestenberg als „Zeittunnel" (1982) beschrieben. Hier schien eine tiefgreifende Weitergabe der traumatischen Erfahrung der Überlebenden an ihre Kinder vorzuliegen, die im Ergebnis dazu führte, daß diese das Gefühl hatten, ebenfalls in einer Holocaust-Realität zu leben. Das sich entwickelnde Ich des Kindes der zweiten Generation war nicht nur mit den gewöhnlichen Aufgaben der Anpassung konfrontiert, sondern auch mit der Integration des traumatischen nochmaligen Durchlebens des Holocaust seiner Eltern. Dies konnte in der Konsequenz zu einer Intensivierung der entwicklungsspezifischen Gefahren führen, zum Beispiel Verlust der Mutter durch Vernichtung, Kastration, Liebesverlust, Angst vor dem Überich, die zu der typischerweise übermäßigen Beschäftigung mit dem Überleben, mit Verlusten, Verfolgung und der jüdischen Identität noch hinzukam. Das so entstehende Gefühl, fast „dort zu sein", konnte eine surreale, unheimliche oder dissoziative Qualität haben, die wichtige Fragen hinsichtlich der konkreten Einzelheiten des Holocaust-Traumas im besonderen und der Weitergabe des Traumas im allgemeinen aufwarf.

Auf einer sehr grundlegenden Ebene kann durch bestimmte Bedingungen bei kleinen Kindern die Neigung noch verstärkt und fixiert werden, daß sie annehmen, sie seien immer Teil des früheren Lebens ihrer Eltern gewesen. Eine Frage zu stellen wie: „Wo *war* ich, ehe ich geboren wurde?" hat bei ihnen nicht nur eine Funktion im

Rahmen des Trennungs-Individuations-Prozesses (Mahler, Pine & Bergman 1975), sondern stellt in ihrem Fall auch einen kognitiven Meilenstein dar, da sie die Einsicht voraussetzt, daß es vor ihrer Existenz bereits eine Zeit in der Welt gab. Genau wie andere universale, mit Ängsten verbundene Fragen wird auch dieses Thema in der belletristischen Literatur und in Filmen behandelt, und zwar oft in Form von Zeitreisen. Der Held ist interessanterweise häufig ein Kind, das in der Zeit zurückkreist und von dem Dilemma eingeholt wird, die Vergangenheit zu ändern, um ein Verbrechen zu rächen, eine Ungerechtigkeit zu beheben oder eine Tragödie zu verhindern. Bei der Transposition besteht eine Ambiguität zwischen der Vergangenheit und der Gegenwart, die in schweren Fällen sogar bis zur Verwirrung und zu abwehrspezifisch veränderten Zuständen führen kann, was mit einem Verschwimmen von Phantasie und Realität einhergeht (Brenner 1994, 1995, 1996, 1998a).

Simon war sich seiner Überempfindlichkeit und Abscheu vor jedem deutschen und Nazi-Symbolismus durchaus bewußt. Er „wußte" auf der intellektuellen Ebene, daß dies mit der Vergangenheit seiner Eltern zusammenhing, aber die tieferen Aspekte, daß er so lebte, *als ob* er sich im Holocaust befände, waren unbewußt. So war er zum Beispiel blind dafür, was die Bedeutung seiner seltsamen „Rettungsaktion" bei seinem Freund aus dem Krankenhaus anging, die eine Wiederholung oder Konkretisierung des Holocaust-Traumas seines Vaters war (Bergmann & Jucovy 1982). Er lebte eine unbewußte reparative Phantasie aus, wonach er, genau wie sein Vater, ein Familienmitglied retten wollte – eine Heldentat, die sein Vater – was wesentlich ist – auch nicht vollbringen konnte. Hier ging es also neben dem Wunsch, Vater und Mutter zu retten, sowohl um ein Konkurrieren als auch um eine Identifikation mit dem Vater.

Eine organisierende Phantasie, die diese Themen enthält, ist eine „selektierende" Phantasie (Brenner 1988). Verwoben mit diesem Holocaust-Szenario, nach links oder rechts zu gehen, können ödipale und präödipale Konflikte, zum Beispiel die Beseitigung von Rivalen oder getrennt zu werden usw. über ekelhafte reale Bilder aus der Vergangenheit der Eltern ausgetragen werden. Ich habe dieses häufig zu beobachtende Phänomen vor Jahren beschrieben, als eine Frau ratsuchend zu mir kam und von mir hören wollte, ob sie ein Kind bekommen sollte. Sie war das einzige Kind von zwei (Konzentrations-)Lager-Überlebenden; ihr Liebhaber war ein Deutscher, und zu ihren sexuellen Gepflogenheiten gehörte die Verwendung von Nazi-Uniformen und -Insignien. Sie wies mir unbewußt die Rolle des Arztes bei der Selektion zu, der darüber entscheiden sollte, ob ein Produkt ihrer Vereinigung mit ihrem deutschen Freund lebenswert war. Auch dieses Motiv ist in der belletristischen Literatur, in „Sophies Entscheidung" von William Styron, zu finden. Auch Ilany Kogan (1995) beschrieb unlängst eine derartige Frau, die psychologisch in einer perversen, von Sadomasochismus und einer phallischen Frauenphantasie (Bak 1963) geprägten Lösung Zuflucht fand, bei der sie als weiblicher Doktor Mengele in einer SS-Uniform ihren tödlichen phallischen Schlagstock schwang. In ihrer Phantasie nahm sie die „Selektionen" auf der Eingangsrampe zum Lager in Auschwitz vor, indem sie mit einer lässigen Bewegung ihres mächtigen Stockes darüber entschied, wer leben oder sterben sollte. Um die absolute Kontrolle über ihre Objektwelt aufrechtzuerhalten, wurde sie der allmächtige „Todesengel" der Nazis (Abraham 1986).

Diese Holocaust-"Kultur" (Kestenberg & Gampel 1983) kann das mentale Leben der Kinder von Überlebenden voll und ganz ausfüllen, *als ob* sie in eine Zeit zurückversetzt werden, in der die Realität schlimmer als die Phantasie war. Es war fast schaurig, wie manche unbewußt, wenn sie das Alter erreicht hatten, in dem ihre Eltern ihr Martyrium durchmachten, aufs neue Elemente dieser Vergangenheit inszenierten und wiederholten. Eine derartige Internalisierung der Vergangenheit der Eltern scheint über die symbolische oder metaphorische Welt hinauszugehen und läßt auf eine sehr tiefe, präverbale Kommunikation zwischen Eltern und Kind schließen (Herzog 1982). Andere Autoren haben das gleiche beobachtet.

Volkan (1981, 1995, 1996) beschrieb im Rahmen seiner Arbeit über pathologische Trauer und ethnische Konflikte, wie Eltern ihre traumatisierte Selbstvorstellung in ihrem Kind deponieren. Faimberg (1988) hat zu dieser Art der Identifikation das Konzept von einem „Ineinanderschieben der Generationen" entwickelt. Sie geht dabei von einem zwischen den Generationen bestehenden narzißtischen Problem aus, bei dem ein Elternteil die Fähigkeit, Freude zu erfahren, aus dem Kind bezieht und als dominierendes und sich aufdrängendes Objekt internalisiert wird. Dies hat Ähnlichkeit mit Bollas' Vorstellung von der extraktiven Introjektion (1990). Nach dieser Formulierung kann es zu einer Kondensation von drei Generationen kommen, bei der Elemente einer geheimen, nicht zum Patienten gehörenden Geschichte inkorporiert werden. Diese Identifikationen sind unbewußt und zeitlos und können in der Übertragung aufgedeckt werden. In solchen Fällen wird von einer alles beherrschenden Lustlosigkeit berichtet, die mit einem Gefühl von innerer Dumpfheit gekoppelt ist. Da das Kind der „Container" (Kogan 1995) wird, in den die Eltern ihre Verluste, Ängste und Hoffnungen deponieren, ist die Rolle der projektiven Identifikation hier als zentraler Mechanismus anzusehen. Die ungelöste Trauerarbeit der Eltern fortzusetzen, stellt einen entscheidenden Teil dieses Vermächtnisses dar, der durch die Pilgerfahrten in die Heimatstädte der Eltern oder zu den Friedhöfen, auf denen die Vorfahren begraben sind, und zu den Konzentrationslagern (Brenner 1998b) offenbar wird.

Darüber hinaus hatte Anna Freud (1936) schon vor langer Zeit festgestellt, daß bei Traumata oft eine „Identifikation mit dem Angreifer" zu beobachten ist und daß die Projektion von Schuldgefühlen dabei eine zentrale Rolle spielt. Die Projektion dessen, was später als „Überlebensschuld" (Niederland 1961) bezeichnet werden sollte, war somit also ein wesentlicher Teil der unerträglichen, an die zweite Generation weitergegebenen Belastung. Blum (1986, 1987) hält uns jedoch vor Augen, daß die Identifikation mit dem Retter und die Identifikation mit dem Opfer noch weitere wichtige Folgen bei der Lösung eines Traumas sind, was wir auch in Simons Fall sehen können.

Eine ungewöhnliche Manifestation von Überlebensschuld (die mit dem Holocaust zusammenhing) wird in folgendem Fall veranschaulicht:

Fall 2
Sarah, eine Frau mittleren Alters, verfiel nach dem Tod ihrer älteren Cousine, um die sie sich gekümmert und für die sie sich absolut verantwortlich gefühlt hatte, in eine unkontrollierbare Panik. Die Gesundheit der alten Frau hatte schließlich immer mehr nachgelassen, und um sie zu Hause sterben zu lassen, waren medizinisch geschulte Kräfte des Hospizes in die Betreuung mit einbezogen worden, um sie mit schmerzlindernden Mitteln zu versorgen. Die alte Frau hatte verfügt, daß sie in ihren letzten Stunden durch Schmerzmitteln und Sedativa „schmerzfrei" gehalten werden sollte. Als Sarah dann jedoch das Hospizteam anrief, war niemand verfügbar, um einen Hausbesuch zu machen. In der Not gab man ihr telefonisch die Anweisung, ihrer Cousine eine bestimmte Dosis eines Medikamentes zu geben; in ihrer Angst und Verwirrung verabreichte sie ihrer Cousine jedoch fast die doppelte Dosis, die daraufhin in den Schlaf fiel und in Sarahs Armen starb. Nach allem menschlichen Ermessen war es ein friedlicher, geplanter, erwarteter und humaner Tod, aber Sarah war völlig am Boden zerstört.

Sie war fortan besessen von dem Gedanken, ihr versehentlich eine Überdosis verabreicht und damit ihren Tod eher durch Euthanasie oder durch aktive Hilfe zum Selbstmord herbeigeführt zu haben. Diese Ambiguität verfolgte sie. Erdrückende Selbstverwünschungen, Schuldgefühle und Ängste nahmen sie wochenlang in Beschlag. Sie konnte nicht aufhören zu weinen und rief immer wieder zu Gott und in die Welt hinaus: „Warum ich? Warum muß mir das immer passieren?" Ihre Überzeugung, sowohl Opfer als auch Täterin zu sein, war nicht zu erschüttern. Sie hatte in der Tat das Gefühl, dies alles schon einmal erlebt zu haben, aber dieses Mal gab sie sich selbst die Schuld an dem Tod, während man sie in der Vergangenheit buchstäblich beschuldigt hatte, jemanden getötet zu haben. Dies ist ihre Geschichte:

Sarah war das Kind von Holocaust-Überlebenden; sie war im Prinzip weggegeben worden, um von ihrer Großmutter großgezogen zu werden, als Ersatzkind für eine Tante, die in einem Konzentrationslager ums Leben gekommen war. Sarah, die nach ihrer unvergessenen, wenn auch selten erwähnten toten Tante genannt wurde, wuchs unter verwirrenden Umständen auf, die ihre Identitätsbildung maßgebend beeinflußten. Die Großmutter war nach den Jahren, die sie sich vor der Gestapo versteckt hatte, massiv traumatisiert und durchlebte täglich aufs neue die Vergangenheit. Sie verwechselte Sarah, ihre Enkelin, immer wieder mit ihrer Tochter Sasha da, deren hebräische und jiddische Namen identisch waren. Bei jedem Krach oder lauten Geräusch huschte die Großmutter unters Bett oder versteckte sich hinter einem Möbelstück und hatte Angst, die Nazis hätten sie schließlich doch noch geschnappt. Sarah durfte ihr Blickfeld nicht verlassen und wuchs im Grunde als Gefangene der von Verfolgungsängsten und Schuldgefühlen geprägten Vergangenheit der Großmutter auf. Für einen unbeteiligten außenstehenden Beobachter führte Sarah, oberflächlich betrachtet, ein privilegiertes Leben, mit materiellem Wohlstand, ausgedehnten Reisen und hatte von früh auf Zugang zur Welt der Erwachsenen. Psychisch hatte sie jedoch das Gefühl zu ersticken, gefoltert und von allem aufgefressen zu werden. Sie lebte im Grunde in zwei Realitäten – sie war die Reinkarnation ihrer toten Tante und versteckte sich vor den Nazis. Sie durfte mit niemandem sprechen, sich nicht absondern oder von ihrer Großmutter getrennt werden, deren wachsames Auge, mißtrauische Art und aufdringlicher „Schutz" Sarahs Fähigkeit zur Individuation überwältigten. Mit jeder Verletzung dieser Regeln liefen sie, der Großmutter zufolge, Gefahr, ihre Identität als Juden im Versteck zu verraten, und das konnte ihr Leben kosten. Ein Auto, das auf der Straße durch eine Fehlzündung knatterte und knallte, wurde zu einem Maschinengewehr oder einer Bombe, und jeder Mann in Uniform war der Feind. Sarah wurde unterwiesen, wie sie lebensnotwendige Dinge und Nahrungsmittel, die ihnen zu überleben halfen, aus Geschäften mitnehmen konnte. Als sie älter war, wurde ihr natürlich klar, daß ihr in Wirklichkeit nichts anderes als *Ladendiebstahl* beigebracht worden war, und daß sie in Schwierigkeiten geriete, wenn sie beim Stehlen gefaßt würde. Dieser Konflikt zwischen Sarahs eigenem, sich entwickelndem Überich und der Realitätsprüfung auf der einen Seite und der traumatisch fixierten Kriegsrealität ihrer Großmutter auf der anderen Seite bewirkte, daß sie sich wie eine verwirrte, hilflose Gefangene fühlte, die gezwungen war, Verbrechen zu begehen. Zu ihrem tiefverwurzelten Gefühl von innerer Schlechtigkeit kam noch hinzu, daß ihre Eltern sie, wegen welchem unsäglichen Fehlverhalten auch immer, als kleines Mädchen weggeschickt hatten, was zusammengenommen dazu führte, daß Sarahs Schuldgefühle unauslöschlich in ihre Psyche eingraviert wurden. Sie hatte das Gefühl, als sei ihre Seele im Konzentrationslager bei ihrer toten Tante hinter Stacheldraht gefangen.

Nach einer chaotischen Adoleszenz, einer zeitweiligen Depression und einem generellen Entfremdungsgefühl ließ sie sich auf Männerbeziehungen ein, in denen sie mißbraucht wurde; diese Männer schätzten sich glücklich, sie so mißhandeln zu können, wie sie es in ihren eigenen Augen verdiente. In ihrer ambivalenten Bindung an ihre Großmutter geriet Sarah in Panik, als die alte Frau krank wurde und körperlich verfiel. Sarah blieb bis zu ihrem Tod an ihrer Seite und fühlte sich dann, als sie schließlich eine freie Frau in ihren Zwanzigern war, völlig verlassen und verloren. Bei der Beerdigung wurde Sarah von einer verbitterten, eifersüchtigen und gleichermaßen traumatisierten Verwandten mit einem unglaublichen Vorwurf konfrontiert. Diese Frau starrte sie haßerfüllt an und schrie vor allen Anwesenden: „D*u* hast sie umgebracht!" Gedemütigt und in Angst und Schrecken versetzt, rannte Sarah davon. Diese Verurteilung war für sie der Beweis, daß sie tatsächlich eine mörderische

Verbrecherin war. Ihr selbstauferlegtes Exil dauerte über *zwanzig Jahre*, bis sie mit dem Rest ihrer Familie wieder Kontakt aufnahm und von der Cousine akzeptiert wurde.

Diskussion
Sarahs Alptraum, beschuldigt zu werden, sie hätte ihre Großmutter umgebracht, wiederholte sich, als sie ihrer Cousine unbewußt nicht die empfohlene, sondern eine stärkere Dosis des Medikamentes verabreichte. Sie hatte erdrückende Schuldgefühle wegen ihres „Fehlers" und wurde diesmal ihre eigene Anklägerin. Die seitens der Großmutter weitergegebene Überlebensschuld wegen des Verlustes ihrer Tochter und Sarahs Unfähigkeit, ein perfekter Ersatz zu sein, waren entscheidende grundlegende Faktoren bei Sarahs psychischer Entwicklung. Sie wuchs mit einer unmöglichen Belastung auf und fühlte sich weder um ihrer selbst willen geliebt noch akzeptiert. Sie übertrug ihre internalisierte Aggression auf ihre Beziehungen, die von Sadomasochismus und einer tiefgreifenden Ambivalenz geprägt waren, was nicht zuletzt in dem unbewußten Medikationsirrtum zum Ausdruck kam. Die Unerträglichkeit ihrer Affekte trug zu einem von Agieren und Wiederholungen statt Reflexionen geprägten Leben bei, bis dieser Vorfall sie in die Therapie brachte.

Wie viele andere wurde auch Sarahs Behandlung durch eine Selbsthilfegruppe der Second Generation ergänzt, die aus der in den siebziger und achtziger Jahren florierenden Second-Generation-Bewegung hervorgegangen war (Fogelman & Savran 1979). Diese erstaunlich widerstandsfähige Bevölkerungsgruppe ist inzwischen in die Jahre gekommen, und viele haben der durchaus pessimistischen Prognose bezüglich ihrer mentalen Gesundheit (Krystal 1967) getrotzt. Diejenigen, die besser in der Lage waren, die dualen Realitäten zu integrieren, schafften es, die ungelöste Trauer in Kreativität zu verwandeln und ihre Aggression zu sublimieren; sie übernahmen führende Rollen in der Second-Generation-Bewegung, in den Künsten, in helfenden Berufen und in verschiedenen gesellschaftspolitischen Initiativen.

Als wir diese Weitergabe aus der Perspektive des Überlebenden untersuchten (Kestenberg & Brenner 1996), ließen unsere Daten ein Verhaltenskontinuum erkennen, das von der traumatischen Wiederholung bis zur Bewältigung und Regeneration reichte. Am maladaptiven Ende waren jene überlebenden Eltern, die maßgebend unter dem Einfluß des Wiederholungszwanges standen, endlos Überlebensszenarien wiederholten und ihre Kinder entsprechend mit einbezogen. Ein Adoleszent hatte zum Beispiel überlebt, indem er sich bei einer Reihe allein lebender deutscher Frauen versteckt hatte, deren Ehemänner im Krieg waren. Er hatte Sexualität gegen Schutz getauscht und in der ständigen Angst vor dem sicheren Tod gelebt, sie würden ihn der Gestapo ausliefern, sofern er ihr Mißfallen erregte. Dieses Muster hatte er dann auch nach dem Krieg fortgesetzt, indem er mit einer Reihe jüdischer Ehefrauen ein Leben am Rande der Gesellschaft geführt und seine eigenen Kinder weggeschickt hatte, um sie in Vororten der Stadt von anderen großziehen zu lassen. Als sein Sohn dann ins Teenageralter kam, schloß dieser sich einer Motorradgang an, die mit Nazi-Helmen und -Insignien auftrat und den Vater terrorisierte. Der Mann fühlte sich von seinem asozialen Sohn, einem kleinen Hitler, verfolgt und im Ergebnis dadurch legitimiert, sein Leben im Versteck immer weiter fortzusetzen. Er konnte nicht begreifen, wie ein offenbar so grausames Schicksal ihn nach all seinem Leiden ereilen konnte. Nach einigen Jahren legten die beiden, Vater und Sohn, dann ihre Meinungsverschiedenheiten bei. Interessant war, daß der Sohn schließlich sozusagen auf Kosten einer Reihe von Verletzungen lebte, die er sich als Arbeiter bei Berufsunfällen zugezogen hatte, und sich mit Entschädigungszahlungen und Gerichtsprozessen durchs Leben schlug. Der überlebende Vater schien deswegen sogar etwas stolz auf seinen Sohn zu sein, der nun kein Täter mehr war, sondern ein erfolgreiches Opfer. Interessant war auch, daß der Vater neidisch auf ältere Überlebende war, die vor dem Hintergrund der Wiedergutmachung monatlich einen Scheck von der deutschen Regierung erhielten, und er empfand es quasi als Genugtuung, daß sein Sohn es auf die Schnelle geschafft hatte, sich an den Behörden schadlos zu halten. Das System durch Überlistung der Verantwortlichen zu schlagen, hatte Überlebenswert in einer Welt, in der man wie ein Kaninchen abgeschossen wurde, als der Umstand, Jude zu sein, noch ein Kapitalverbrechen darstellte.

Diese Art von Überich schien einen Mangel an Kohäsion oder eine Spaltung zu reflektieren (Kestenberg & Brenner 1986), die sich bei manchen jungen Überlebenden entwickelte, die sich in dem ständigen Zwiespalt verfingen, den Regeln und Geboten der Eltern zu gehorchen oder ihren eigenen Überlebensstinkten zu folgen. Wie Simon, in Fall I beschrieben, bestimmte, wenn auch vielfach determinierte Regeln, Gesetze und Verhaltensmaßstäbe mißachtete, war vielleicht auch ein Beispiel für dieses an die zweite Generation weitergegebene Überlebens-Überich. Ein ähnliches Phänomen wurde auch bei anderen verfolgten Minderheiten, etwa bei der afro-amerikanischen Bevölkerungsgruppe, beobachtet (Apprey 1993).

Weitergabe von Traumata und Dissoziation

Die Weitergabe hat eine pathogenere Qualität, wenn sie mit Gedächtnis-, Bewußtheits-, Bewußtseins- und Identitätsstörungen verbunden ist. Während bei den meisten berichteten Fällen (die auf den Holocaust zurückzuführen sind) eine mit Verdrängung oder Spaltung verbundene Transposition betont wird, werden in einem Bericht auch dissoziative Symptome beschrieben. Auch wenn die Ätiologie der Dissoziation als solche nach wie vor Gegenstand von Diskussionen ist, teilen viele Autoritäten die von Van der Kolk und Kadish (1987) dargelegte Sicht, daß sie, organische Fragen einmal außer Acht lassend, durch psychische Traumata verursacht wird. Im vorliegenden Fall (Gampel 1982) ging es um ein junges Mädchen, das unter Amnesie, Desorientierung und „Ausfällen" litt. Ihr Vater hatte das Warschauer Ghetto und ein Konzentrationslager überlebt.

Obwohl er angeblich nie über seine Vergangenheit sprach, war seine Tochter insgeheim besessen von der Angst vor einem Zaun, der Kinder durch einen Stromschlag töten konnte, wenn sie mit ihm in Berührung gebracht würden. Auch wenn nicht klar ist, ob es nicht vielleicht auch noch *andere* traumatogene Einflüsse in dieser schweigsamen Familie gab, bleibt festzuhalten, daß sie sich offenbar als kindliches Opfer mit ihrem Vater identifizierte. Aus eigener Erfahrung ist mir der Fall einer Frau bekannt, die ich behandelt habe und die nach mehreren Jahren Analyse in amnestisch veränderte Zustände fiel, bis sie die Kindheitserfahrung ihres Vaters als die eines Überlebenden aufdecken konnte.

Kinder von Nazis

1985 hatte ich das Privileg, bei dem Internationalen Psychoanalytischen Kongreß in Hamburg einen Vortrag über unser Überich-Konzept zu halten. Da es die erste Veranstaltung dieser Art nach dem Zweiten Weltkrieg war, entstand eine sehr hohe Erwartungshaltung, und viele junge Deutsche wollten mit uns über unsere Arbeit sprechen. Vor allem entwickelte ein junger Mann eine spontane Übertragung auf Dr. Kestenberg und folgte ihr bei dem Kongreß tagelang quasi auf Schritt und Tritt. Er hatte ein sehr angenehmes und einnehmendes Wesen, war aber so übertrieben höflich, daß er sich fortwährend für die einfachsten Dinge entschuldigte, die mitnichten einer Entschuldigung bedurften. Sein Benehmen wurde mit der Zeit sogar etwas lästig. Er verbeugte sich, wenn er sie sah, saß ihr zu Füßen und brachte ihr Kaffee und etwas zu essen, wenn sie es gar nicht wollte. Er versuchte fortwährend, ihr Geschichten aus seiner Kindheit zu erzählen, um sich dann jedoch selbst immer wieder abrupt zu unterbrechen. Er signalisierte, daß er ihr etwas Wichtiges über die Verwicklungen seines Vaters mit der Nationalsozialistischen Partei erzählen wollte, die richtigen Worte aber nicht finden konnte. Statt dessen entschuldigte er sich immer wieder, bis Dr.

Kestenberg irgendwann der Kragen platzte und sie ungehalten zu ihm sagte: „Warum bitten Sie *mich* ständig um Vergebung. Ich kann sie Ihnen nicht geben!" In ihrer typischen direkten Art wandte sie sich dann in ihrem Frust an mich und sagte: „Sie wollen ja vielleicht, aber sie reden immer noch nicht!" Dieser Mann versuchte verzweifelt, sich mit der Nazi-Vergangenheit seines Vaters auseinanderzusetzen, wurde dann aber immer wieder gehemmt und stumm, als sei auch er an den Eid des Schweigens, die Blutsbande oder den „Blutkitt" der SS (Alexander 1948) gebunden. Auch von ihnen wurde, wie es im Laufe der menschlichen Geschichte in anderen kriminellen Organisationen immer üblich war, verlangt, Verbrechen zu begehen, um damit ihre Loyalität zu beweisen und ihr Schweigen sicherzustellen. Der junge Mann wußte, daß die Dinge, die ihn belasteten und quälten, zur Generation seines Vaters gehörten, aber ihm fehlten die Worte. Ich vermute, daß er von einer Konferenz wie dieser hier sehr profitiert hätte.

„Es gibt keine gesellschaftliche Erfahrung", wie Bergmann und Jucovy verdeutlichten, „die mit dem Überleben eines Konzentrationslagers vergleichbar ist, aber dennoch waren die zerstörerischen Folgen der Nazi-Ideologie auch für deutsche Kinder verheerend. Kinder von Nazis sind auch Opfer" (Bergmann & Jucovy 1982, S. 29). Simenauer (1982) und Rosenkötter (1982) erkannten bei ihren analytischen Patienten Störungen des Überichs und gelangten zu dem Schluß, daß Nazi-Mütter offenbar einen größeren pathogenen Einfluß als Nazi-Väter hatten. Insbesondere jene Mütter, die ihren Kindern ein allgemein geteiltes Gefühl der Omnipotenz einflößten, hatten einen fruchtbaren Boden für die Indoktrination mit nationalsozialistischem Gedankengut bereitet. Gertrude Hardtmann (1982) stellte die Theorie auf, daß deutsche Frauen, die narzißtisch besonders geschädigt waren, das heißt, die ein sehr geringes Selbstwertgefühl hatten und dazu neigten, sich selbst herabzusetzen, aber andere zu idealisieren, sich im Glanz von Hitlers Grandiosität sonnten. Diese Frauen gebaren mit Begeisterung Kinder, um sie dem

Führer zu schenken, damit sich sein glorreicher Traum vom Dritten Reich erfüllen konnte. Dieser Akt gab ihnen ein so erhabenes Gefühl, ein Gefühl des Stolzes und Zweckes, daß sie selbst den destruktivsten Prozessen eine unzerstörbare Loyalität entgegenbrachten, um ihr Hochgefühl und die Kohäsion des Selbst nicht zu verlieren. Alles andere hätte zu einer massiven Desillusionierung, Scham, Verzweiflung und Desintegration ihres sehr fragilen Identitätsgefühls geführt. Bei den Kindern dieser Mütter, die mit der bitteren Demütigung der Niederlage wie auch mit der Unvereinbarkeit der arischen Werte ihrer Eltern und der im Nachkriegs-Deutschland geltenden Werte aufwuchsen, waren Störungen der Überich-Integration und der Regulierung des Selbstwertgefühls verbreitet. Darüber hinaus führte die Wiederholung der gefühllosen, überheblichen, aggressiven und unmenschlichen Verhaltensweisen ihrer Eltern, die diese Kinder bei der Behandlung gegenüber ihren deutschen Analytikern an den Tag legten, für beide Parteien zu enormem Streß. Da die deutschen Analytiker, die einen ähnlichen Hintergrund hatten, empfänglich für die sadistischen Angriffe ihrer Patienten waren, waren Zweitanalysen und eine extensive Supervision angesichts der bei ihnen dadurch in Gang gesetzten nochmaligen Seelenerforschung unumgänglich. Die Auseinandersetzung mit der Geschichte in sich selbst und ihren Familien stellte eine enorme Herausforderung für ihre Neutralität dar, und die Risiken von Gegenübertragungsproblemen waren und sind erheblich. „Die Patienten behandeln ihre Analytiker", schrieb Kestenberg, „wie sie von ihren Eltern behandelt wurden. Es ist doch nur verständlich, daß ein Analytiker, der unter der Nazi-Herrschaft aufwuchs, verwundbar ist, wenn er mit einem Individuum konfrontiert wird, das ein von der Grandiosität und Unmenschlichkeit der Nazis geprägtes Verhalten an den Tag legt" (Kestenberg 1982, S. 163). Eine gemeinsame Verschwörung des Schweigens oder eine unempathische, rückhaltlose Suche nach der Wahrheit stehen hier jeweils am Ende des Spektrums technischer Probleme.

Beim Vergleich und der Gegenüberstellung beidern Generationen stellte Kestenberg fest, daß

„beide – die Kinder der Verfolgten und der Verfolger – in einer doppelten Realität leben; beide haben möglicherweise die Mission, ihre Eltern zu rehabilitieren und die Vergangenheit ungeschehen zu machen. Ihre Missionen unterscheiden sich jedoch voneinander. Nazi-Kinder müssen das Problem der moralischen Erniedrigung ihrer Eltern lösen, während es sich bei der Auseinandersetzung der Kinder von Überlebenden mit den *Schuldgefühlen* ihrer Eltern weitestgehend um eine Illusion handelt" (Kestenberg 1982, S. 165).

Kestenberg zufolge hatten die Kinder von Nazis möglicherweise jedoch größere Schwierigkeiten, da das weitergegebene nationalsozialistische Ich-Ideal auf Grandiosität und einer arischen Überlegenheit beruhte, was implizierte, daß Macht und Stärke geschätzt und Aggression, Bezwingung, Sieg und die Eliminierung minderwertiger Rassen gerechtfertigt wurden. Im Ergebnis kann sich eine anhaltende narzißtische Verwundbarkeit als Unempfindlichkeit gegenüber dem Leiden anderer oder als Pseudo-Mitgefühl manifestieren, hinter dem sich ein grundlegendes Gefühl der Leere, Scham und Verzweiflung verbirgt. Was als Traurigkeit und Sorge um andere erscheint, ist in Wirklichkeit Selbstmitleid und die fortgesetzte Trauer über den Verlust des arischen Traums. Interessant ist, daß das Ich-Ideal des jüdischen Opfers ebenfalls auf Grandiosität und einer Vorstellung von Überlegenheit beruht, allerdings vor einem völlig anderen Hintergrund. Bei den Juden gehen diese Annahmen auf ihren Bonus vor dem Hintergrund von Intellektualismus, Leistungen, ethischem Verhalten und ihrer besonderen Beziehung zu Gott als „erwähltem Volk" zurück.

Ein Zähmen der Triebe, eine Konsolidierung der Identität und eine Reparatur der Spaltungen im Überich sind bei beiden Generationen therapeutische Ziele. Diese Herausforderung stellte sich bei einem Mann sehr klar dar, dem ich vor einigen Jahren begegnete, nachdem ich einen Vortrag über den Holocaust gehalten hatte. Als wir uns eine Weile unterhalten hatten, offenbarte er mir, daß er das Kind aus einer Verbindung zwischen einem ehemaligen SS-Offizier und einer jüdischen Lagerüberlebenden war, die nach dem Krieg geheiratet hatten. Er war jedoch so verlegen und beschämt, daß er sein Namensschild bewußt verdeckte. Vielleicht verriet der Wunsch, seine Identität zu verbergen, auch einen Wunsch, sowohl seinen gelben Stern als auch seine blitzenden Abzeichen vor mir zu verstecken. Er war ein isolierter, gequälter Mann, der ein einsames Leben führte und den Großteil seiner Freizeit damit zubrachte, endlos an seinen Memoiren zu schreiben. Er versuchte vergeblich, aus eigener Kraft heraus den internalisierten Täter und das internalisierte Opfer zu integrieren, kehrte Deutschland schließlich den Rücken, um im Ausland zu studieren, und kam nie wieder zurück. Er schien im Verborgenen zu leben, sowohl wie ein entflohener Kriegsverbrecher als auch wie ein sich vor der Gestapo versteckender Jude. Vor dem Hintergrund seines innerlich konflikthaften Bestrebens, in einem helfenden Beruf tätig zu sein, blieb er in einer minder qualifizierten Anstellung hängen und konnte seine Ausbildung nicht abschließen. Auch wenn er mir seinen Namen nie *preisgab*, erfuhr ich doch, daß wir einen gemeinsamen Freund hatten, und über diesen Vermittler korrespondierten wir miteinander.

Ich hatte das Gefühl, nicht auf einen direkten Kontakt drängen zu können, da ich mich an zwei Patientinnen erinnerte, die ich vorher behandelt hatte. Die eine war Deutsche und hatte als Kind in den Trümmern ihrer ausgebombten Stadt gespielt. Sie wuchs ohne ihren Vater auf, der ein Nazi war und aus dem Krieg nie zurückkam. Insgeheim idealisierte sie ihn, konnte jedoch darüber nicht sprechen. Sie war als Kindermädchen in die Vereinigten Staaten gekommen und, als die Frau des Hauses plötzlich starb, bei der Familie geblieben, hatte den trauernden Witwer schließlich geheiratet. Eine lieblose Ehe, in der sie sich elend gefangen und wegen unausgesprochener Verbrechen eingesperrt fühlte und schließlich eine Reihe bizarrer hysterischer Symptome entwickelte. Sie gestand, daß sie im Grunde darauf wartete, daß der alte Mann starb – sie wollte sein Geld erben und endlich frei sein. Was diese Wünsche anging, glaubte sie, einerseits einen Anspruch darauf zu haben, hatte andererseits aber gleichzeitig auch tiefe Schuldgefühle. Als in der Behandlung Übertragungsfragen zutage traten, reagierte sie entsetzt auf ihre verdrängte Sehnsucht nach ihrem Vater und verstieg sich zu einer von Abwehr gekennzeichneten antisemitischen Tirade: „Sie sind Jude, oder? Und was macht ein Jude wie Sie mit einem deutschen Namen?" Entsetzt und beschämt über diesen Ausbruch ihrer versteckten Verachtung, fühlte sie sich ertappt und zu beschämt, um ihn aufzuarbeiten. Sie brach die Behandlung kurze Zeit später ab und kehrte in ihrer Hilflosigkeit zu ihrer lebenslänglichen Strafe zurück.

Die zweite Patientin war ebenfalls Deutsche und ursprünglich in die Vereinigten Staaten gekommen, um hier ihre akademische Ausbildung abzuschließen. Sie hatte wiederkehrende manieähnliche Symptome, an denen ihre Nachbarn Anstoß nahmen, und wurde wiederholt von der Polizei aufgesucht. Sie wurde schließlich suizidal, weigerte sich jedoch, Medikamente zu nehmen, da sie alles beargwöhnte, was die Qualität einer möglichen Beherrschung oder geistigen Kontrolle haben könnte. Wann immer sie zu erzählen versuchte, wie die in einem verbotenen Schrank zu Hause unter Verschluß gehaltenen Dokumente über die Nazi-Vergangenheit ihres Vaters entdeckt worden waren, eskalierte ihre Angst, um dann jedoch ebenso plötzlich wieder zu verschwinden. Sie wuchs in einer emotionalen Leere auf, in der man es nicht gewagt hätte, das unausgesprochene Geheimnis zu brechen, aus Furcht vor der Brutalität des Vaters und der Komplizenschaft der Mutter. Sie hatte gehofft, in den Vereinigten Staaten ihre Freiheit zu finden, aber durch eine Reihe sadomasochistischer Beziehungen wurde ihre Kindheit dann doch nur repliziert. Statt „den Schrank zu öffnen", flüchtete sie schließlich aus der Behandlung und wurde zwei Jahre später nach einem mutmaßlichen Selbstmord tot aufgefunden.

Ich wußte also, daß ich jenen „namenlosen" Mann weder drängen sollte noch konnte. Er hatte mir angeboten, Auszüge aus seinen Memoiren zu lesen, sie mir dann aber nie geschickt. Er verabschiedete sich schließlich von seinen beruflichen Ambitionen und stellte sich den Realitäten des mittleren Alters. Er wandte sich dem organischen Gartenbau zu und war von der Idee des biologischen Obst- und Gemüseanbaus ohne Einsatz von Insektiziden fasziniert, da auf diese Weise keine lebenden Organismen getötet werden mußten. Seine Bemühungen, sich von mörderischen Identifikationen zu befreien, nahmen dann jedoch eine ironische Wende, als er ein grandioses Projekt in Angriff nahm, mit dem er die Landwirtschaft revolutionieren wollte. Er hatte sich in die Idee verbissen, eine überlegene Regenwurmart zu züchten, die von sich aus den Boden für neues Wachstum bereiten und das Land von unerwünschten Plagen befreien sollte – ein geniales Derivat des arischen Traums von einem judenfreien Europa. Nach dem, was ich als letztes gehört habe, war der Plan ein absoluter Fehlschlag und er verzweifelte.

Derartige, wenn auch *begrenzte* Beobachtungen stimmen mit den von Dori Laub von der Yale University beschriebenen Erkenntnissen überein, der feststellte: „Ich kenne keinen einzigen Fallbericht einer erfolgreichen Analyse eines Kindes von einem Nazi, obwohl es ihn natürlich geben kann" (Laub 1998, S. 5). Und er stellt uns damit alle vor die Herausforderung, unseren Dialog über diese Fragen fortzusetzen.

Zusammenfassung

Die Integration von Vergangenheit und Gegenwart ist für die Mitglieder der Zweiten Generation auf beiden Seiten des Stacheldrahtes eine lebenslange Anstrengung. Die Erfahrung, in zwei psychischen Realitäten aufzuwachsen, in denen die Holocaust-Vergangenheit schlimmer als die Phantasie ist, kann im Ergebnis zu Identitätskonflikten und einer Intensivierung der entwicklungsspezifischen Gefahren der Kindheit führen, zum Beispiel Verlassenwerden, Angst vor Bestrafung durch körperliche Verletzung und Vergeltungsmaßnahmen oder Verzerrungen des Überichs. In einer Welt der Opfer, Täter,

Retter und hilflosen Zuschauer konnten einfache Entscheidungen über Leben und Tod bestimmen, so daß das Innenleben eines Menschen in jeder Hinsicht davon in Beschlag genommen und durchdrungen sein konnte. Die Geheimhaltung, das Schweigen und Leugnen der schmerzhaften Realitäten der damaligen Zeit sind dazu angetan, die Weitergabe pathologischer Tendenzen wie ungelöster Trauer, irrationaler Schuldgefühle *und* ein Meiden der Verantwortung fortzuschreiben. Durch Therapie und andere lebensbekräftigende Aktivitäten, die eine Aussöhnung mit den unverdauten Introjekten aus dem Holocaust fördern, können hingegen Wachstum und Heilung erzielt und der Grundstein für Kreativität und die Chance auf die Weitergabe eines neuen Vermächtnisses an künftige Generationen gelegt werden. Ein Vermächtnis von Weisheit, Verständnis und Menschlichkeit.

(Übersetzt von Anni Pott)

Literatur

Abraham, B. (1986): The Angel of Death – The Mengele Dossier. Brasilien, Sherit Haplieta.

Alexander, L. (1948): The sociopsychologic structure of the S. S. In: Arch. Neur. and Psych. 59, S. 622-634.

Apprey, M. (1993): The African-American experience: Forced immigration and transgenerational trauma. In: Mind and Human Interaction 4, S. 70-75.

Bak, R. C. (1963): The phallic woman: The ubiquitous fantasy in perversion. In: Psychoanalytic Study of the Child 23, S. 1536.

Bergmann, M., Jucovy, M. (Hg.) (1982): Generations of the Holocaust. New York.

Blum, H. (1986): On identification and its vicissitudes. In: International Journal of Psychoanalysis 67, S. 267-276.

– (1987): The role of identification in the resolution of trauma. In: Psychoanalytic Quarterly 56, S. 609-627.

Bollas, C. (1990): The Shadow of the Object; dt.: Der Schatten des Objekts: Das ungedachte Bekannte – zur Psychoanalyse der frühen Entwicklung. Stuttgart (Klett-Cotta) 1997.

Brenner, I. (1988): Unconscious fantasies of the selection in children of Holocaust survivors. Vortrag bei der ersten Internationalen Konferenz von Kindern von Überlebenden in Jerusalem, Dezember 1988.

– (1994): The Dissociative Character: A Reconsideration of ‚Multiple Personality' and Related Phenomena. In: Journal of the American Psychoanalytic Association 42, S. 819-846.

- (1995): Letter to the Editor. In: Journal of the American Psychoanalytic Association 43, S. 300-303.
- (1996): The characterological basis of ‚multiple personality'. In: American Journal of Psychotherapy 50, S. 154-166.
- (1998a): On trauma, dreams, and multiple personality. In: The Dissociation of Trauma- Theory and Technique. Madison, CT.
- (1998b): On returning to the fire. Vortrag bei „On the Threshold of the Millenium", April 1998, Lima, Peru.

Danieli, Y. (1981): Countertransference in the treatment and study of Nazi Holocaust survivors and their children. In: Victimology: An International Journal 5, S. 3-4.

Elsass, P. (1997): Treating Victims of Torture and Violence. New York.

Faimberg, H. (1988): The telescoping of generations. In: Contemporary Psychoanalysis 23, S. 99-118.

Fogelman, E. & Savran, B. (1979): Therapy groups for children of Holocaust survivors. In: International Journal of Group Psychotherapy 29, S. 211-236.

Freud, A. (1936): Das Ich und die Abwehrmechanismen. Frankfurt/M. 1984.

Freud, S. (1916): Einige Charaktertypen aus der psychoanalytischen Arbeit. GW, Bd. X., S. 363 ff.

Furst, S. S. (Hg.) (1967): Psychic Trauma. New York.

Gampel, Y. (1982): A daughter of silence. In: Generations of the Holocaust, hg. v. Bergmann und Jucovy. New York.

Grubrich-Simitis, L. G. (1981): Extreme traumatization as cumulative trauma. In: Psychoanalytic Study of the Child 36, S. 415-450.

Hardtmann, G. (1982): The shadows of the past. In: Generations of the Holocaust, hg. v. Bergmann und Jucovy. New York, S. 228-244.

Herzog, J. (1982): World beyond metaphor: Thoughts on the transmission of trauma. In: Generations of the Holocaust, hg. v. Bergmann und Jucovy. New York.

Jucovy, M. (1986): The Holocaust. In: The Reconstruction of Trauma – It's Significance in Clinical Work, hg. v. A. Rothstein. Madison, CT., S. 153 ff.

Kestenberg, J. (1972): Psychoanalytic contributions to the problem of children of survivors from Nazi persecution. In: Israel Annals of Psychiatry and Related Disciplines 10, S. 311-325.

- (1980): Psychoanalyses of children of survivors from the Holocaust: Case presentations and assessment. In: Journal of the American Psychoanalytic Association 28, S. 775-804.
- (1982): A metapsychological assessment based on an analysis of a survivor's child. In: Generations of the Holocaust, hg. v. Bergmann und Jucovy. New York.

–, Brenner, I. (1986): Children who survived the Holocaust. In: International Journal of Psychoanalysis 67, S. 309-316.

- (1996): The Last Witness – The Child Survivor of the Holocaust. Washington, D. C.

–, Gampel, Y. (1983): Growing up in the Holocaust culture. Israel Journal of Psychiatry 29, S. 129-146.

Khan, M. (1963): The concept of cumulative trauma. In: Psychoanalytic Study of the Child 18, S. 286-306.

Klein, H. (1973): Children of the Holocaust: Mourning and bereavement. In: The Child in His Family, the Impact of Disease and Death, hg. v. Anthony, E. J., und Koupernik, C. New York, S. 393-409.

Kogan, I. (1995): The Cry of Mute Children. London; dt.: Der stumme Schrei der Kinder. Frankfurt 1998.
Kris, E. (1956): On the recovery of childhood memories. In: Psychoanalytic Study of the Child 11, S. 54 ff.
Krystal, H. (1967): Massive Psychic Trauma. New York.
Laub, D. (1998): unveröffentlichtes Manuskript.
Mahler, M., Pine, A., Bergman, A. (1975): The Psychological Birth of the Human Infant. New York; dt.: Die psychische Geburt des Menschen: Symbiose und Individuation. Frankfurt/M. 1993.
Moses, R. (1978): Adult psychic trauma: The question of early predisposition and some detailed mechanisms. In: International Journal of Psychoanalysis 59, S. 353-364.
New York Times: „Berlin – Still the City of a Fateful Century", 24. Mai 1998, S. 3.
Niederland, W. G. (1961): The problem of the survivor. In: Journal of the Hillside Hospital 10, S. 223-247.
Ornstein, A. (1986): The Holocaust: Reconstruction and the establishment of psychic continuity. In: The Reconstruction of Trauma – It's Significance in Clinical Work, hg. v. A. Rothstein. Madison, CT., S. 171-191.
Rosenkötter, L. (1982): The formation of ideal in the succession of generations. In: Generations of the Holocaust, hg. v. Bergmann und Jucovy. New York, S. 176-182.
Simenauer, E. (1982): The return of the persecutor. In: Generations of the Holocaust, hg. von Bergmann und Jucovy. New York, S. 167-175.
Van der Kolk, B., Kadish, W. (1987): Amnesia, dissociation, and the return of the repressed. In: Psychological Trauma, hg. v. B. Van der Kolk. Washington, D. C.
Volkan, V. D. (1981): Linking Objects and Linking Phenomena. New York.
– (1995): Intergenerational transmission and ‚chosen' traumas: A link between the psychology of the individual and that of the ethnic group. In: Psychoanalysis at the Political Border: Essays in Honor of Rafael Moses, hg. v. L. Rangell und R. Moses, Madison. CT., S. 251-276.
– (1996): Bosnia-Herzegovina: Ancient fuel of a modern inferno. In: Mind and Human Interaction 7, S. 110-127.

Anmerkungen

* Anmerkung der Hrsg.: Diese „Einleitenden Worte" wurden unverändert übernommen, nur im Anfangsteil aus dem Englischen übersetzt. Die Gesamtdiktion und vor allem der alle Tagungsteilnehmer überraschende Wechsel ins Deutsche verdeutlichen eindrucksvoll das persönliche Anliegen des Autors.

Transgenerationale Weitergabe von Schuld und Schuldgefühl

Mathias Hirsch

Erst spät hat der Mainstream der Psychoanalyse die Bedeutung intrapsychischer Trieb- und anderer, z. B. Separationskonflikte, die lange absolut im Vordergrund standen, soweit relativiert, daß familiäre und außerfamiliäre Traumata in ihrer Bedeutung für die Entstehung gerade schwerer psychischer Störungen ihren gebührenden Platz bekommen konnten. Sie werden nun nicht mehr nur als akzidentelle, lediglich das Triebschicksal beeinflussende Faktoren betrachtet, sondern können in ihrer das Selbst, also die Identität, und die Objektbeziehungen zerstörerisch verändernden Funktion gesehen werden (vgl. Cremerius 1983). Die Konzentration auf das Intrapsychische führte offenbar zu einer Vernachlässigung der Realität des Traumas: Von Kestenberg (1995, S. 9) stammt die Bemerkung: „Bis zum Beginn der achtziger Jahre wurden Überlebende in den Vereinigten Staaten zumeist ohne jede Berücksichtigung des Holocaust analysiert." Heute können wir die Realität des Traumas anerkennen, unter Umständen auch erstmals benennen, bevor es der Patient kann, womit eine Ich-stützende Realitätsprüfung erfolgt, die in der traumatisierenden Situation gerade nicht gegeben war (vgl. Kogan 1993). Andererseits sollte man in den Fällen von unvorstellbarer Extremtraumatisierung immer an die Mahnung Primo Levis (1986, S. 85) denken, daß die Phänomene „innen", also im Lager, nie von den Psychoanalytikern „draußen" völlig ergründet werden können.

Extreme Traumata sind eine überwältigende, das Ich auszulöschen drohende Realität, die nur dadurch bewältigt werden kann, daß sie internalisiert, und zwar introjiziert wird, wie es Ferenczi (1933) als erster verstanden hat. Meines Erachtens besteht der Kerngedanke Ferenczis darin, daß das Kind durch die massiven Abwehroperationen der Introjektion der Gewalt und der Identifikation mit dem Aggressor sich selbst dadurch zu retten versucht, daß es die *lebensnotwendige Beziehung* zu erhalten sucht, indem es *sich selbst* als Ursache der Gewalt, des Bösen sieht und sich die Schuld dafür zuschreibt. Das entspricht Ferenczis (1933) Formulierung, die Gewalt sei nicht mehr außen, sie sei intrapsychisch. Das Kind könnte denken: „Vater ist ein liebender Vater, aber wenn er mich schlägt oder mißbraucht, werde ich es wohl verdient haben, in mir wird wohl das Schlechte liegen. Deshalb bin *ich* schuld, nicht Vater, der ja auch alle Schuld von sich weist." Dadurch findet das Paradox eine Erklärung, daß das primär unschuldige Opfer – ein Kind oder ein bloß wegen seiner politischen oder religiösen Einstellung oder ethnischen Herkunft Gefangener – unter schweren Schuldgefühlen leidet, während der Täter weder Schuldgefühle hat noch irgendeine Schuld anerkennt. Die Tragik liegt darin, daß das Kind sich ein genügend gutes Bild von den Eltern erhalten muß, koste es was es wolle, auch um den Preis der Selbstaufgabe. Wie wir aus der Traumaforschung wissen, finden bei Folter und KZ-Haft, Vergewaltigung und Entführung als Beispielen von Extremtraumatisierung regressive Prozesse auch bei erwachsenen Opfern statt, die frühe Formen der Objektbeziehung verbunden mit totaler Abhängigkeit entstehen lassen, so daß auch das erwachsene Opfer tragischerweise im Täter die alleinige Quelle noch möglicher narzißtischer Zufuhr erlebt, wie es Eissler (1968) und Grubrich-Simitis (1979) beschrieben haben.

Die Introjektion der Gewalt führt zur Bildung eines traumatischen Introjekts im Selbst, das von innen wie ein feindliches Über-Ich – im Sinne des Täters Schuldgefühle machend – weiterwirkt. Schuldgefühle, die durch den Druck eines Introjekts entstehen, werden durch die Identifizierung mit ihm gemildert. Die Möglichkeit der sekundären Identifikation mit dem traumatischen Introjekt ist für verschiedene Bereiche beschrieben worden: für KZ-Terror (Bettelheim 1943), für politische Verfolgung („sekundäre Identifikation mit der verinnerlichten tyrannischen Instanz", Parin 1990), für die Depression (Müller-Pozzi 1988) und für den sexuellen Mißbrauch

(Hirsch 1993a, 1996). Die Verminderung von Schuldgefühl geht allerdings einher mit dem Anwachsen von Schuld, da die identifikatorische Billigung bzw. Nachahmung des Unrechts des Täters mit-schuldig macht.

Da unser Thema die Weitergabe von Traumata an die nächsten Generationen ist, gelten die Beschreibungen der Internalisierungsvorgänge, insbesondere der Introjektbildung, sowohl für das ursprüngliche extreme Trauma, das die Eltern erlitten hatten, als auch das entsprechende familiäre Trauma, das deren Kinder erfahren müssen. Das Introjekt ist ein Gebilde, das als Fremdkörper wirkt und vom Ich-Erleben, vom Denken, Phantasieren und Sprechen weitgehend abgetrennt ist. Einzig seine Wiederbelebung in äußeren Objekten durch Externalisieren, immer wiederholtes Agieren („Konkretisierung", Bergmann, M. V. 1995, S. 344 f.) und sein Ausdruck im Traum stellt eine Verbindung zu ihm her. Das Fremdkörperartige des Introjekts ist immer wieder beschrieben worden, angefangen mit Freud (1895d, S. 85), der schreibt: „Wir müssen vielmehr behaupten, daß das psychische Trauma ... nach Art eines Fremdkörpers wirkt, welcher noch lange Zeit nach seinem Eindringen als gegenwärtig wirkendes Agens gelten muß." Das Introjekt kann nicht aufgegeben werden, weil dadurch die Beziehung zu den lebensnotwendig gebrauchten Beziehungspersonen nachträglich aufgegeben würde, und sei deren Qualität auch noch so illusionär: der Inzest-Täter als liebender Vater, der Folterer als ersehnter Retter. Andererseits führt das Dissoziieren des Traumas, das notwendig ist, um nicht von ihm überschwemmt zu werden, um eine befürchtete psychische Desintegration zu vermeiden, dazu, daß es psychisch nicht repräsentiert ist (Grubrich-Simitis 1979) und ein Fremdkörper bleiben muß, weil seine Wiedererweckung die unerträglichen Affekte hervorrufen würde, die während der Traumatisierung bereits abgespalten werden mußten. Die Phantasiebildung ist geschwächt oder zerstört (Bergmann, M. V. 1995, S. 344 f.), Sprache und Metapher (Grubrich-Simitis 1995) stehen nicht zur Verfügung, deshalb wird das traumatische Introjekt in die Realität hinein agiert im Sinne der Konkretisierung, außerdem verschafft das Handeln die Illusion, aus eigener Macht etwas bewirken zu können (Bergmann, M. V. 1995); der Wiederholungszwang enthält auch die Hoffnung, das Trauma endlich einmal überwinden und damit hinter sich lassen zu können. Die Konkretisierung des Traumas erstreckt sich gerade auch auf die Nachkommen der folgenden Generationen.

Das Konzept des traumatischen Introjekts scheint mir sowohl überzeugend die Entstehung der paradoxen Schuldgefühle des Opfers, die Neigung zum immer wiederholten Herstellen der traumatischen Situation in der Realität als auch die Weitergabe des Traumas an die nächsten Generationen zu erklären. Die transgenerationale Weitergabe psychischer Inhalte auf identifikatorisch-introjektiven Wegen wurde besonders von Kestenberg (1974), Grubrich-Simitis (1979), Faimberg (1987), die von „telescoping" der Generationen spricht, Kogan (1990b) mit dem Begriff der transgenerationalen Transmission sowie von den französischen Autoren Abraham (1978), Torok (1968) und Cournut (1988) untersucht. Der unassimilierte Fremdkörper, verursacht von verdrängten, verleugneten und verschwiegenen Verlusten und Traumata, die die Liebesobjekte der *vorangegangenen* Generation getroffen haben, zwingt die Eltern, die eigenen unbewältigten Komplexe den Kindern zu implantieren, wo sie wiederum als wahrlich Fremdes, also als Introjekt, wirksam werden.

Ist Extremtraumatisierung mit dem Verlust von Angehörigen, im Falle des Nazi-Terrors oft ganzen Familien, und Kameraden verbunden, ist immer ein Anteil an Überlebenden-Schuldgefühl zu sehen, und zwar sowohl bei der Eltern- wie auch der nächsten Generation. Niederland (1966, S. 468) schreibt, „daß die Gedanken- und die Gefühlswelt zahlreicher Verfolger ... schuldbesetzt geblieben ist, da die Tatsache des Überlebens ... vielfach genügt, den Schatten unauslöschlicher persönlicher Schuld auf alle weitere Existenz des Überlebenden zu werfen." Der Begriff des Schuldgefühls, überlebt zu haben, während so viele Angehörige oder Schicksalsgenossen sterben mußten, hat Primo Levi (1986) in die Nähe einer Scham gerückt, an der Stelle eines anderen, vielleicht Besseren zu leben, einer Scham auch, ein Mensch und als solcher fähig zu dem undenkbar Grausamen zu sein. Auch Elie Wiesel (1960, S. 303) sagt: „So ist die Welt: Die Scham plagt nicht die Henker, sondern die Opfer."

Die Überlebenden klagen sich an für ihr „Versagen", die Familie nicht gerettet zu haben, obwohl absolut keine Möglichkeit auch nur der geringsten Beeinflussung gegeben war. Oder sie beschuldigen sich, die Mutter *verlassen* zu haben, obwohl beide, Mutter und Tochter, gleichermaßen ohnmächtige Opfer der Selektion gewesen waren (Niederland 1981, S. 420). Der 15jährige Elie Wiesel (1960, S. 148) dachte daran, das Brot des Vaters zu nehmen: „Nur den Bruchteil einer Sekunde, und doch fühlte ich mich schuldig."

Die Entwicklung des Schuldgefühls wird auch konstruktive Anteile haben, so zerstörerisch es ist. Györi (1969, S. 529) sagt im selben Sinne:

> „Unrealistische Schuldgefühle... können auch etwas Positives beinhalten. Gegen die vernichtende Erkenntnis des völligen Fehlens von Gerechtigkeit und moralischer Ordnung sowie gegen das Gefühl äußerster Hilflosigkeit können Schuldgefühle eine Bejahung der Fähigkeit des Menschen bedeuten, Einfluß auf sein eigenes Leben und auf den Lauf der Ereignisse auszuüben."

Man kann für den Fall der Extremtraumatisierung auch sagen, daß die Schuldgefühlentwicklung ein Versuch ist, das Unbegreifliche, auch Unvorhersagbare, Unbegründbare in einen begreifbaren Zusammenhang zu stellen, denn wenn jemand schuld ist, hätte es vielleicht auch in seiner Macht gestanden, Schuld zu *vermeiden* und sich anders zu verhalten, etwas zu bewirken oder zu verhindern. M. V. Bergmann (1995, S. 352) hält das Überlebendenschuldgefühl für die zentrale Dynamik der Selbstbehauptung des Opfers: „Die Zähigkeit der Überlebensschuld scheint zu besagen: Eines kann mir niemand nehmen – meine Schuldgefühle gegenüber jenen, die vernichtet wurden."

Aber eben das Schuldgefühl, überlebt zu haben, ist die Nahtstelle zur nächsten Generation, es wandelt sich zum Schuldgefühl der Kinder, überhaupt zu leben oder lebendig zu sein angesichts der Erfahrung täglicher Todesnähe der Eltern. Oder erlebt das Kind sie als psychisch tot, ist es auch wieder ein Überleben.

> „Die ungeheure Last der Überlebensschuld konstitutierte das wichtigste...Thema der gemeinsamen Phantasie von Überlebenden und ihren Kindern. Die Kinder blieben fortwährend in der Position dessen, dem ‚etwas verziehen werden muß'. Indem sie ein totes Kind in die Selbstrepräsentanz aufgenommen hatten, versuchten sie, die Schuld im Namen der Eltern sowie im Dienst einer narzisstischen Wiederherstellung des Selbst zu büßen." (ebd.)

Handelt es sich um einen unbewältigten Verlust in der Elterngeneration – das „tote Kind" –, so wird *er* – nicht etwa die Trauer, eher das Fehlende, das Loch – vom Kind introjiziert, welches die Trauer, die das Objekt zu leisten hätte (Abraham & Torok 1976, S. 63), auch nicht leisten kann. Das Kind wird für die narzißtischen Bedürfnisse, als Ausfüllung der narzißtischen Wunde der Eltern benutzt (Faimberg 1987), wie es auch André Green (1983) mit dem Bild der „Toten Mutter" entworfen hat. Im Falle der KZ-Opfer in der zweiten Generation wird übereinstimmend (Grubrich-Simitis 1979, Kogan 1990b) berichtet, daß die Kinder versuchen, sich empathisch in die Eltern einzufühlen, in einer Art Rollenumkehr sorgend einen Defekt der Eltern auszufüllen (Grubrich-Simitis 1979, S. 1006). Die Kinder sollen „für die Eltern die Brücke zum Leben sein, ihnen nach jahrelanger Konfrontation mit dem Tod, eigentlich wiederum in Verkehrung der natürlichen Folge, das psychische Leben schenken; sie sollen die verlorenen idealisierten Liebesobjekte ersetzen... also im Grunde die Ermordung von Eltern, Geschwistern, Kindern, Verwandten, Freunden ungeschehen machen..." (ebd., S. 1008). Kogan (1990b) beschreibt ähnlich, daß die Kinder Ziele der Projektion von Trauer und Aggression der Eltern seien, daß sie in der Sorge mit den unzulänglichen Eltern symbiotisch verschmelzen, daß sie in der Phantasie das Trauma der Eltern wiederzubeleben trachten, um sie zu verstehen, und versuchen, die inneren Objekte der Eltern wiederherzustellen, was mit einer Selbstaufgabe einhergeht. Die Identifikation schließlich (ich würde Introjektion sagen) mit der Abspaltung der Affekte, mit dem „automatisierten Ich-Bereich" der Eltern führe zu den gleichen Symptomen in der zweiten Generation: sich nicht lebendig fühlen können (Grubrich-Simitis 1979, S. 1008). Diese Vorgänge erinnern an die Mechanismen des „Aussaugens" (Ferenczi 1933), der Aneignung (Faimberg 1987), des „Stehlens" von Selbstanteilen (Bollas 1987).

Sollen Kinder für ihre Eltern mütterliche Funktionen übernehmen, spricht man von *Rollenumkehr*, und die Kinder identifizieren sich – notgedrungen – mit diesen Anforderungen (vgl. Hirsch 1987), zumal sie sich schon oft von Anfang an von den selbst bedürftigen Eltern nicht angenommen fühlen konnten. Das daraus entstandene Basisschuldgefühl (Hirsch 1997) soll durch die Übernahme der Elternfunktion kompensiert, das Schuldgefühl vermindert werden, aber da das Kind diese Aufgabe nie erfüllen wird, entsteht ein zusätzliche Schuldgefühl, versagt zu haben. Das Kind schwankt zwischen dem manischen Hochgefühl, die Eltern retten zu können, und der Depression, versagt zu haben (s. Kestenberg 1995, S. 197). Auf der Seite der Eltern kippt die Idealisierung des Kindes um zur Entwertung; hierhin gehören die furchtbaren, tragischen Vorwürfe der zu einer Affektkontrolle unfähigen Eltern: „Du bringst mich noch um!" (Bergmann, M. V. 1995, S. 353), die ihre lebendigen, vielleicht ungehorsamen Kinder als „kleine Hitler!" (Bergmann, M.S. 1995, S. 273, Bergmann M. V. 1995, S. 341) bezeichnen, wohl als Externalisation der einmal lebensnotwendigen Introjektion des Angreifers zu verstehen (Bergmann, M. V. 1995, S. 342).

Neben dem Schuldgefühl, in der Rollenumkehrfunktion versagt zu haben, entstehen schwere mit Schuldgefühlen verbundene Konflikte durch die durchschnittlichen Lebendigkeits- und Aggressionsbestrebungen des Kindes. Erfolg zu haben, zu konkurrieren, zumal mit den traumatisierten Eltern, bedeutet unter Umständen,

Mathias Hirsch

„automatisch auf der Seite der Nazis" (Bergmann, M. V. 1995, S. 339) zu stehen. Solche wie auch ödipale Bestrebungen erzeugen unter diesen Umständen ein Schuldgefühl aus Vitalität (Hirsch 1997), wie ich es genannt habe. Ähnlich werden auch Wünsche, sich von den Eltern zu lösen, auch nur eine andere Meinung haben oder ein eigenes Leben führen zu wollen, schwere Trennungsschuldgefühle verursachen; Maria Bergmann (1995, S. 355) schreibt:

> „Die Kinder Überlebender können nur dann ein neues Leben in Angriff nehmen, wenn es ihnen gelingt, sich aus der Teilnahme an dem unbewußten Selbstheilungsprozeß der Eltern zu lösen und von der Last der gemeinsamen Überlebensschuld zu befreien."

Das betrifft besonders auch die große Schwierigkeit der Identitätsfindung von Nachkommen jüdischer Überlebender der Nazi-Verfolgung in Deutschland, worüber Grünberg (1987) berichtet hat; eine geforderte Identifikation mit den Eltern mache das Leben in der Bundesrepublik fast unmöglich, eine „(relative) Identifikation mit den Verhältnissen des Landes" (S. 492) erzeuge schwere Schuldgefühle den Eltern gegenüber.

Bei Vertreibung oder Migration ist es oft nicht nur der Verlust der Heimat, der selbst erlitten wurde, sondern der, den die ältere Generation nicht genügend betrauern konnte, im Falle der deutschen Kriegsgeneration sicher auch als Wirkung eines verborgenen Schuldgefühls, die eigentlichen Ursachen der Vertreibung betreffend.

Ein 20jähriger türkischer Student, der seit dem sechsten Lebensjahr in Deutschland aufgewachsen war und dessen Familie über die Generationen von Makedonien über die Türkei nach Deutschland gewandert war, verspürte immer wieder den Drang, weggehen, sein Studium verändern, ein besseres Studium beginnen zu müssen. Während der Therapie wollte er mehrfach in ein „besseres" Land gehen. War er mit der Familie zu Besuch in der Türkei, kam er sich besser vor als die Türken, nämlich als Türke, der in Deutschland aufgewachsen war. In Deutschland dagegen kam er sich klein im Vergleich zu den Deutschen vor, und er beneidete auch die Türken in der Türkei, die sich mit ihrem Land identisch fühlen konnten. Die Partnerwahl war bestimmt von der Sehnsucht nach Ausländerinnen – auch aus ödipalen Konflikten heraus, die durch das pseudo-ödipale Verhalten der verführerischen Mutter und des teils abwesenden, teils autoritären Vaters sehr gefördert worden waren – sie seien „besser". Hatte er einen flüchtigen oder auch nur sehnsüchtigen Kontakt aus der Ferne mit einem Mädchen, lebte er in der ständigen Erwartung, daß sie wieder zurückgehen würde in ihr Land und dort ihren Verlobten heiraten würde, ihn zurücklassend. Als Hauptgrund für die Unrast des Patienten konnte die nicht gelebte Trauer über die verlorene Heimat – und zwar sowohl die eigene verlorene, als auch die von den Vorgenerationen verlorene – erkannt werden, die mit der Idealisierung des Anderen, dann „Besseren" bewältigt werden sollte, das aber die guten Eigenschaften bald verlor, so daß Sehnsucht und mangelndes Selbstgefühl blieben.

Mögliche Auswirkungen des Introjekts in den folgenden Generationen

Das traumatische Introjekt kann einmal die gleichen *Symptome* bewirken wie das Trauma bei der ersten Generation: Angst, Schuldgefühl, Lebendig-tot-Sein. Kestenberg (1974, S. 20) wurde auf die Kinder der Verfolgten aufmerksam durch einen Jungen, der selbst nie einer Verfolgung ausgesetzt gewesen war (wohl aber waren seine Eltern Überlebende des Holocaust) und der „abgemagert und hohläugig – wie ein ‚Muselmann' in einem Konzentrationslager –" zur Therapeutin kam und sie wie einen feindlichen Verfolger erlebte. – Der Freund einer Patientin aus meiner Praxis, dessen Eltern beide Überlebende des KZ Auschwitz waren, entwickelte panische Ängste, auf ihn könnte durch das Fenster geschossen werden, so daß er die Abende auf dem Boden liegend verbrachte in einer Zeit, in der eine rechtsradikale Gruppe in Deutschland Schlagzeilen machte. –

Ein anderer Patient, Sohn einer Auschwitz-Überlebenden und eines jüdischen Vaters, der mit gefälschten Papieren, einer falschen, und zwar deutschen Identität also, den Deutschen entkommen war, entwickelte eine abgrundtiefe Depression, die mit dem Auslöser – eine Frau, eine Deutsche, groß und blond, hatte sich von ihm getrennt – allein nicht erklärt werden konnte.

Aufgrund des Introjekts entstehen oft auch in den folgenden Generationen *Inszenierungen*, die das ursprüngliche Trauma oft unheimlich getreu abbilden: Anna F. berichtet, sie könne nicht mehr mit dem Rauchen aufhören, sie rauche schon lange, seit dem Tod ihrer Mutter. Beide Eltern der Mutter seien in Auschwitz umgekommen. Die Mutter habe überlebt, weil sie in eine Pflegefamilie nach Frankreich gegeben worden war. Die Mutter habe ein abenteuerliches Leben geführt, als ob sie immer auf der Flucht gewesen sei, auch als der Krieg schon längst zu Ende war. Ihr Vater sei Deutscher gewesen; die Eltern hätten sich nach dem Krieg kennengelernt, sich aber scheiden lassen, als sie ungefähr sieben Jahre alt war. Sie gibt zu ihrer Familie an:

> „Mein Vater stammt aus einer kinderreichen Familie aus Norddeutschland und wurde von seinen Geschwistern erzogen, da seine Mutter bei seiner Geburt starb. Meine Mutter stammt aus einer jüdischen Familie und ist von ihrer Pflegemutter erzogen worden in Frankreich. Bis auf einen Bruder und sie ist die ganze Familie in Auschwitz gestorben ... Als ich größer wurde, wurde ich für alles verantwortlich gemacht ..."

Die Mutter sei nach Algerien gegangen, wo die Patientin auch aufgewachsen sei. Sie habe dort früh einen Araber geheiratet, einen jähzornigen, gewalttätigen Mann, der das gemeinsame Kind im Alter von einem Jahr erschlagen habe. Direkt danach begann die schwere Asthmaerkrankung der Patientin. Das Studium mußte sie abbrechen, weil die Mutter krank wurde und sie diese pflegen mußte; nach ihrem Tod ging sie nach Deutschland zurück. Sie lernte dort einen Mann kennen, und als sie wieder schwanger wurde, wurde das Asthma besser. Als sie Heiratspläne machten, nahm die Symptomatik weiter ab; nach der Geburt ihres Kindes verschwand das Asthma ganz und ist seitdem nicht wieder aufgetreten. Aber sie ließ sich scheiden, als das Kind sechs Jahre alt war. – Jetzt steht ihr eine Bandscheibenoperation bevor, um ihre Rückenschmerzen zu bekämpfen. Sie hat Angst, dabei zu sterben, weil sie jetzt so alt ist wie die Mutter war, als sie starb; die Mutter war eine starke Raucherin, sie starb an einem Lungenödem. Frau F. hat einen neuen Freund, der ist Nichtraucher und teilt ihr die Zigaretten zu: Wenn sie eine bekommt, legt sie sie vor sich auf den Tisch, sieht sie immer an, und nach drei Stunden bringt sie sie ihm mit den Worten: „Siehst du, ich habe nicht geraucht."

Es sind hier einige Wiederholungen in den Lebensläufen festzustellen, die auf Introjekte zurückgeführt werden können: Die Mutter heiratet einen Deutschen, obwohl ihre Eltern von Deutschen umgebracht wurden; die Patientin, deren Mutter Jüdin und deren Vater deutscher Nichtjude war, heiratet einen Araber. Die Großeltern werden von den Deutschen mißhandelt und getötet, der erste Ehemann mißhandelt und tötet ihr Kind. Sie heiratet wieder und läßt sich scheiden, als ihr Sohn fast so alt ist, wie sie damals war, als ihre Eltern sich scheiden ließen. Und die Symptomatik bzw. die Suchtmittel sollen ihre Verluste kompensieren: Das Asthma ersetzt das tote Kind, verbindet sie ebenso wie das Rauchen mit der verstorbenen Mutter (die eine starke Raucherin war), das Asthma geht zurück, als ein neues Kind sich ankündigt. Die Phantasie, wie die Mutter zu sterben, deutet eine Vereinigung im Tod an; der neue Freund aber, als ein alternatives Objekt, hat gute Chancen, das Suchtmittel überflüssig zu machen.

Ähnlich unheimliche Wiederbelebungen des Traumas finden sich häufig in der Literatur. Bruggemann (1996) berichtet:

> „Eine 21jährige jüdische Frau nahm bei Beginn der Psychoanalyse Steine aus Auschwitz mit, ein ‚enactment', weil sie damals noch keine Worte finden konnte. Ihr Vater, dessen Familie vergast worden war, trat in betrunkenem Zustand ihre Meerschweinchen tot. Einmal vergaste er Mäuse im Ofen und ließ die Patientin die toten Tiere im Garten begraben."

Abraham (1978, S. 697) berichtet Ähnliches von einem Patienten, dessen Vater im KZ umgekommen war. Es wurde erst in der Analyse bekannt, daß die Mutter der Mutter den Vater denunziert hatte, weil sie ihn als Schwiegersohn nicht akzeptieren konnte. Der Vater wurde damals erst zum *Steineklopfen* abkommandiert und kam dann in der *Gaskammer* um – der Patient bewahrte das Geheimnis, wie er es gleichzeitig mitteilte, indem er sich als Hobby-Geologe (*Steineklopfen*) betätigte und Schmetterlinge sammelte, die er mit Zyankali-*Gas* tötete!

Reale Schuld in der Vorgeneration erzeugt Schuldgefühl

Im zuletzt geschilderten Fallbeispiel der Denunziation handelte es sich um *reale Schuld*, die als Familiengeheimnis verborgen blieb. *Nicht anerkannte reale Schuld* in einer Vorgeneration kann wie traumatischer Verlust und Gewalt für die Entstehung fremdkörperartiger Introjekte verantwortlich sein. Eickhoff (1989) bezeichnet das Überlagern der Schuld der ersten Generation durch die Symptomatik in der zweiten Generation als „Palimpsest". Während in den bisher geschilderten Konstellationen auch die Eltern Opfer waren und dieselben Schuldgefühle und Symptome entwickelten, wie sie sie an die Kinder delegierten, weist hier der Täter alle Schuld weit von sich, implantiert sie vielmehr seinen Kindern projektiv, so daß er selbst nicht unter einem Schuldgefühl leiden muß, ebensowenig ein Schuldbewußtsein entwickelt. Hier ein Beispiel für eine solche Schuldübernahme:

Bernadette L. unterzog sich wegen „grundlosen Weinens" einer Psychotherapie in der Klinik, in der sie von der Therapeutin gefragt wurde, ob sie *aus Liebe zu ihrem Vater* einmal gelitten habe. Sie habe nichts sagen können, weil sie ein Leben lang unter dem Schweigegebot des Vaters gestanden habe. Der Vater sei Nazi gewesen, nach dem Krieg sollte er verhaftet werden. In der Klinik konnte sie sich als kleines Mädchen sehen, weinend, voller Angst. Damals hörte sie marschierende Soldaten, Russen, vor denen man sie gewarnt hatte;

der Vater war nicht da, man hatte ihn versteckt. Viele Leute sind damals geflohen, einer wurde aufgehängt ... Der Vater ist später wiedergekommen, hat die Kommunisten als schreckliche Menschen dargestellt und ihr drohend eingeschärft, sie solle nie, nie etwas sagen! Das habe sie in der Klinik in der Einzeltherapie erinnert, habe es aber in der Gruppe nicht sagen können, von Weinen und Bauchkrämpfen geschüttelt. – Seit der Adoleszenz habe sie an heftigen Bauchschmerzen gelitten, habe sich nie etwas zugetraut, obwohl sie zwei Berufe – den der Altenpflegerin und der medizinisch-technischen Assistentin – erlernt habe. Sie habe früh einen Mann geheiratet, der sie extrem terrorisiert, aus Eifersucht bewacht und eingesperrt, geschlagen und mit dem Messer bedroht habe. Daraufhin habe sie sich trennen wollen, sei von ihm verfolgt worden, mußte ihm sogar die drei Kinder lassen! Sie habe nicht genug um sie kämpfen können, das sei ihre Schuld. Immer noch habe sie Schuldgefühle, sei depressiv, könne ihre Kinder nicht sehen, traue sich nicht zu, wieder zu arbeiten. – In der Gruppenpsychotherapie entstand der Eindruck, daß Frau L. noch immer von etwas Unbekanntem bedrückt war. Sie begann, sich mit der Familiengeschichte auseinanderzusetzen, insbesondere damit, was es bedeutete, daß der Vater Nazi gewesen war. Sie hatte keinen Kontakt mehr zu den Eltern gehabt, bis der Vater kürzlich erkrankt war und sie sich entschloß, ihn im Krankenhaus zu besuchen. Sie konnte ihr Entsetzen kaum beschreiben, als der alte Mann, dem es so schlecht nicht ging, mit großer Selbstverständlichkeit verlangte, sie solle sich zu ihm legen, und ihr in eindeutiger Weise körperlich nahe kommen wollte. Anläßlich dieses Vorfalls konnte rekonstruiert werden, daß sie als Kind vom Vater sexuell mißbraucht worden war, was ebenso wie die Nazi-Identität des Vaters ein Geheimnis war und bisher verdrängt bleiben mußte. Das Schweigegebot des Vaters, an das sie sich erinnert hatte, konnte ebensogut auf den Inzest bezogen werden. In der Übertragung kam es nach einer Zeit der solidarischen Zusammenarbeit in der Rekonstruktion der traumatischen Ereignisse immer wieder zu aggressiven Ausbrüchen, die mit dem Gefühl der

Patientin, durch die Therapie in ihrer Freiheit durch die Verpflichtung, sich an den Rahmen der Therapie zu halten, behindert zu sein, erklärt werden konnten. Sie fühlte sich eingesperrt, wie sie sich vom Ehemann jahrelang hatte einsperren lassen, als ob sie das Gefängnis auf sich nehmen müßte, das der Vater – aus zwei Gründen – verdient hatte. Die Durcharbeitung führte zu einem befriedigenden Ergebnis – die Patientin nahm Kontakt zu ihren Kindern auf, ordnete ihre berufliche Situation und konnte sich auch wieder an eine Partnerbeziehung heranwagen. Ein Versuch, beide Eltern mit dem Inzest zu konfrontieren, scheiterte allerdings an der vollständigen Leugnung von seiten der Eltern und brachte der Patientin von den Geschwistern den Vorwurf ein, ein unverschämtes Attentat auf die alten Eltern verübt zu haben. Aber sie nahm die Schuld diesmal nicht auf sich, sie konnte sie vielmehr da lassen, wo sie hingehörte.

Reale Schuld aufgrund eines Introjekts

Reale Schuld in der Vorgeneration kann nicht nur irrationales Schuldgefühl, sondern wiederum reale Schuld erzeugen, wie ja auch Frau L. sich an ihren Kindern schuldig gemacht hatte. Einen solchen Fall von realer Schuld des Opfers, die es aufgrund einer Identifikation mit einem Introjekt auf sich geladen hatte, beschreibt Kogan (1990a). Die geschilderte Patientin, Josepha, hatte zweifach die Aufgabe, elterliche Konflikte bzw. Verluste zu kompensieren: Die Mutter der Patientin mußte nach Kriegsende erfahren, daß praktisch alle ihre Angehörigen im KZ ermordet worden waren. Bald darauf wurde die Mutter mit der Patientin schwanger, aber die leere Depression hörte nicht auf, die Schwangerschaft und das dann geborene Kind konnten sie nicht füllen. Die Depression der Mutter wurde Josepha als Introjekt, wie ich es sehe, implantiert, im Sinne der „toten Mutter" (Green 1983), das die Leere, das Gefühl des Ungenügens nun in der Patientin bewirkte; sie konnte den Auftrag der Mutter, die erlittenen Verluste zu ersetzen, in keiner Weise erfüllen. Hinzu kam ein weiteres Moment des Ungenügens: „Sie war schuldig durch ihre bloße Existenz, da ihre Geburt die Verschlechterung des labilen Gesundheitszustandes der Mutter verursacht hatte." (S. 76) Also eine weitere Komponente ihres Schuldgefühls im Sinne eines Basisschuldgefühls. Der Vater der Patientin in Kogans Fallbeschreibung fühlte sich schuldig, weil er durch seine Emigration den eigenen Vater, den Großvater der Patientin also, verlassen hatte, worauf dieser gestorben war. Deshalb, aus Schuldgefühl, den Vater alleingelassen zu haben, wollte er einen eigenen Sohn, der den Namen des Vaters tragen sollte; die Patientin war aber ein Mädchen (erneutes Basisschuldgefühl wegen des „falschen" Geschlechts); sie bekam den ins Weibliche verwandelten Namen des Vaters: Josepha. Später wollte der Vater dann, daß seine Tochter, die Patientin, einen Sohn bekäme. Kurz vor seinem Tod wurde sie schwanger, bekam aber wiederum eine Tochter. Als ob sie sich mit den Aufträgen der Eltern, ein Ersatz für die verlorenen Angehörigen und die ungeborenen Söhne zu sein, identifiziert hätte, verursachte sie den Tod ihrer Tochter durch einen selbstverschuldeten Unfall kurz vor dem Jahrestag des Todes des Vaters!

Eine andere, eher „männliche" Form der introjektiven Übernahme realer Schuld aus der Vorgeneration resultiert in einer identifikatorischen Nachahmung, einer Art nicht gelingendem Selbstrettungsversuch durch Schaffung neuer Opfer. Hier ein Beispiel für die Weitergabe destruktiver Aggression über drei Generationen: Armin K. entwickelte im Alter von 12 Jahren derartig aggressive und antisoziale Verhaltensweisen, daß der Verweis von der Schule drohte. Armin lebte allein mit der Mutter, nachdem diese sich von Armins Vater getrennt hatte. Der Vater wurde als extrem aggressiv beschrieben, in jähen Stimmungsschwankungen habe er sowohl Armin als auch die Mutter häufig geprügelt, sei dann oft wieder weinerlich mitleidheischend gewesen. Er hatte eine Firma in den Konkurs getrieben; die Schuldenlast mußte Armins Mutter, die der Vater einmal zu einer Unterschrift gedrängt hatte, allein tragen. Die Familie war nach Übersee geflohen, dort verstärkte sich aber bald die Aggressivität des Vaters, so daß die Mutter mit Armin zurückkehrte, obwohl sie in Deutschland die immensen Schulden abtragen mußte. In seiner extremen Kränkung versuchte der Vater, Armin zu entführen, was in letzter Minute mit Polizeigewalt verhindert werden konnte. – Von Armins Vater wurde bekannt, daß er der Sohn eines hohen Nazibeamten war, der von den Alliierten zum Tode verurteilt, am Tage vor der Vollstreckung aber begnadigt und schließlich entlassen worden war, als Armins Vater etwa neun Jahre alt war. Wegen der langen Haft kannte er ihn gar nicht und war umso mehr entsetzt, als der unbelehrbare, extrem gekränkte Vater eine Schreckensherrschaft installierte, die durch folgendes Bild illustriert werden kann: Die Familie saß stumm am Mittagstisch, die Suppe war noch sehr heiß, so daß das Kind sie nicht essen konnte. Voll stummer Wut darüber packte der Vater den Nacken des Kindes und drückte sein Gesicht in den Teller mit heißer Suppe ... – Armins Aggressionsproblematik zeigte sich bereits in der anfänglichen Kontaktaufnahme (Abb. 1), gute und böse Teilobjekte

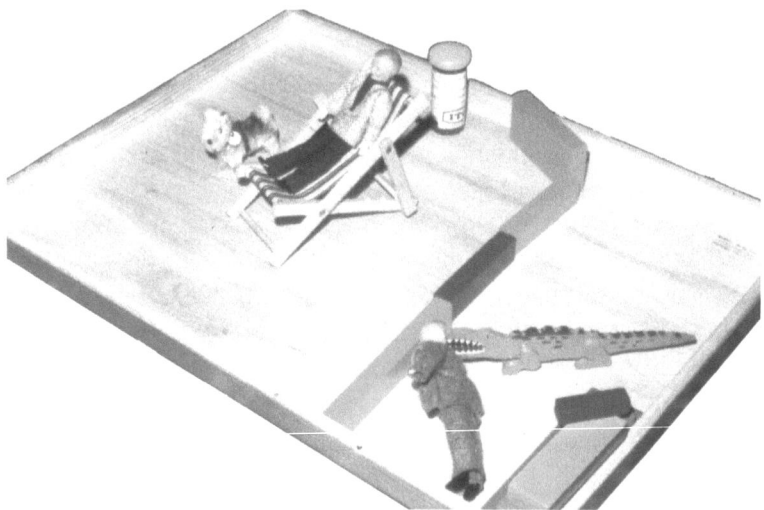

Abbildung 1

sind sauber getrennt, die beiden männlichen Objekte wohl gleichzeitig er selbst und eine ambivalent ersehnte und gefürchtete Vaterfigur. Die in der Übertragung entstandene Aggression wurde bald in einer für einen Pubertierenden durchschnittlich zu erwartenden Form ausgedrückt (Abb. 2 und 3), dann aber scheint sich, unheimlich genug, etwas Spezifisches abzubilden, das aus der Nazigeneration stammen könnte: Die Vernichtungsphantasie wird in Form von maschinellen Apparaten dargestellt, die von uns, den Therapeuten, durchaus als Äquivalent der Anlagen fabrikmäßiger Massenvernichtung aufgefaßt wurden (Abb. 4 und 5).

Abbildung 2

Abbildung 3

Transgenerationale Weitergabe von Schuld und Schuldgefühl

Abbildung 4

Abbildung 5

Was ich damals so nicht sehen konnte, verstehe ich heute als unbewußten Integrationsversuch des ungeheuerlich Destruktiven der Großelterngeneration durch den Jugendlichen (Abb. 6): Er schrieb mir eine Karte ausgerechnet aus Israel, wohin er mit seiner Mutter gefahren war. Sicher war seine Anrede „Opa" ironisch-abwertend gemeint, unbewußt meinte er sicher den Großvater, der ja der Nazi-Täter gewesen war. Der ganze Text klingt aber sehr ambivalent und kann die heimliche Sympathie kaum verbergen, als wollte er sich durch die Übertragung auf mich von diesem Schatten endlich befreien.

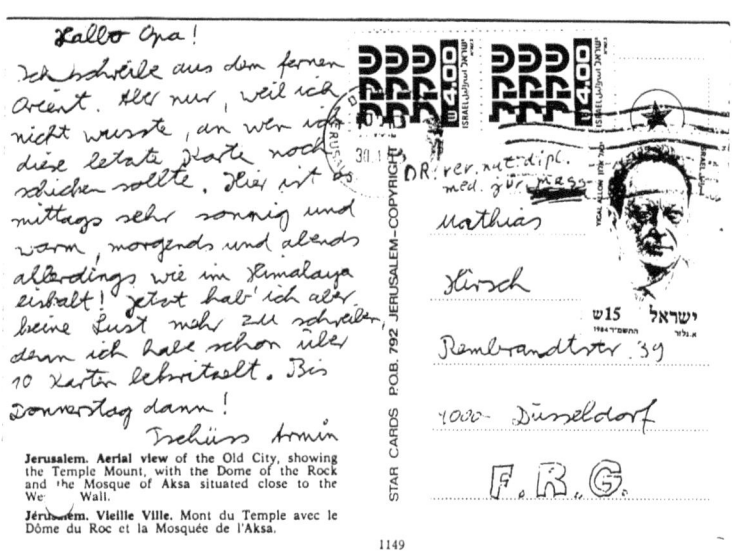

Abbildung 6

Zusammenfassung

Aufgrund eines traumatischen Introjekts, das zur konkretisierenden Reinszenierung des Traumas zwingt, werden die Kinder der Traumatisierten durch Rollenumkehrforderungen und projektive Externalisierung wiederum traumatisiert. Die Identifikation mit der Rollenumkehrforderung macht Schuldgefühle, da sie nie erfüllt werden können, aber auch die Rebellion gegen sie, da befürchtet werden muß, den Eltern zu schaden. Das Überlebendenschuldgefühl der Eltern wird zu dem des Kindes, das glaubt, mit seinen Vitalitäts- und Trennungsbestrebungen die Eltern zu überunden bzw. allein zu lassen. Nicht nur die Traumatisierung der Eltern, sondern auch ihre reale Schuld kann ein Schuldgefühle machendes Introjekt in den folgenden Generationen hinterlassen, während eine „männliche" Form der Identifikation zur Nachahmung der erlittenen Aggression führt.

Literatur

Abraham, N. (1978): Aufzeichnungen über das Phantom. Ergänzung zu Freuds Metapsychologie. In: Psyche 45, S. 691-698 (1991).
Abraham, N., Torok, M. (1976): Kryptonymie. Das Verbarium des Wolfsmannes. Frankfurt/M., Berlin, Wien (Ullstein 1979).
Bergmann, M. S. (1995): Wiederkehrende Probleme in der Behandlung Überlebender und ihrer Kinder. In: Bergmann, M. S., Jucovy, M. E., Kestenberg, J. S. (Hg.): Kinder der Opfer, Kinder der Täter. Psychoanalyse und Holocaust. Frankfurt/M. (Fischer).
Bergmann, M. V. (1995): Überlegungen zur Über-Ich-Pathologie Überlebender und ihrer Kinder. In: Bergmann, M. S., Jucovy, M. E., Kestenberg, J. S. (Hg.): Kinder der Opfer, Kinder der Täter. Psychoanalyse und Holocaust. Frankfurt/M. (Fischer).
Bettelheim, B. (1943): Individual and mass behaviour in extreme situations. In: J. Abnorm. Soc. Psychol. 38, S. 417-452. Deutsch in: Aufstand gegen die Masse. München (Szczesny 1964).
Bollas, Ch. (1987): The shadow of the object. Psychoanalysis of the unthought known. London (Free Association).
Bruggemann, J. (1996): Objektverlust: ein divergierender Prozeß. Vortrag, Tagung der Mitteleuropäischen Psychoanalytischen Vereinigungen, Weimar, 1996.
Cournut, J. (1988): Ein Rest, der verbindet. Das unbewußte Schuldgefühl, das entlehnte betreffend. In: Jahrbuch Psychoanal. 22, S. 67-98.
Cremerius, J. (1983): „Die Sprache der Zärtlichkeit und der Leidenschaft". Reflexionen zu Sándor Ferenczis Wiesbadener Vortrag von 1932. In: Psyche 37, S. 988-1015.
Eickhoff, F.-W. (1989): On the ‚borrowed unconscious sense of guilt' and the palimpsestic structure of a symptom – afterthoughts on the Hamburg congress of the IPA. In: Int Rev. Psycho-Anal. 16, S. 323-329.
Eissler, K. R. (1968): Weitere Bemerkungen zum Problem der KZ-Psychologie. In: Psyche 22, 452-463.
Faimberg, H. (1987): Die Ineinanderrückung (Telescoping) der Generationen. In: Jahrb.

Psychoanal. 20, S. 114-142.
Ferenczi, S. (1933): Sprachverwirrung zwischen den Erwachsenen und dem Kind. Schriften zur Psychoanal. Bd. II. Frankfurt/M. (Fischer 1972).
Freud, S. (1895d): Studien über Hysterie. GW I. Frankfurt/M. (Fischer).
Green, A. (1983): Die tote Mutter. In: Psyche 47, S. 205-240 (1993).
Grubrich-Simitis, I. (1979): Extrem-Traumatisierung als kumulatives Trauma. In: Psyche 33, S. 991-1023.
Grünberg, K. (1987): Folgen nationalsozialistischer Verfolgung bei jüdischen Nachkommen Überlebender in der Bundesrepublik Deutschland. In: Psyche 41, S. 492-507.
Györi, I. (1969): Psychische Störungen bei Überlebenden der Verfolgung. Beobachtungen in einer Poliklinik in Israel. In: Psyche 23, S. 517-531.
Hirsch, M. (1987): Realer Inzest. Psychodynamik des sexuellen Mißbrauchs in der Familie. Gießen, (Psychosozial-Verlag, Neuauflage 1999).
– (1993a): Schuld und Schuldgefühl des weiblichen Inzestopfers als Beispiel von Introjektions- und Identifikationsschicksalen traumatischer Gewalt. In: Zschr. psychoanal. Theor. Prax. 8, S. 289-304).
– (1996): Wege vom realen Trauma zur Autoaggression. In: Forum Psychoanal. 12, S. 31-44.
– (1997): Schuld und Schuldgefühl. Psychoanalyse von Trauma und Introjekt, Göttingen (Vandenhoeck & Ruprecht).
Kestenberg, J. S. (1974): Kinder von Überlebenden der Nazi-Verfolgung. In: Psyche 28, S. 249-265.
– (1995): Vorwort zur deutschen Ausgabe. In: Bergmann, M. S., Jucovy, M. E., Kestenberg, J. S. (Hg.): Kinder der Opfer, Kinder der Täter. Psychoanalyse und Holocaust. Frankfurt/M. (Fischer).
Kogan, I. (1990a): A journey to pain. In: Int. J. Psycho-Anal. 71, S. 629-640. Deutsch in: Z. Psychoanal. Theor. Prax. 6, S. 62-78.
– (1990b): Vermitteltes und reales Trauma in der Psychoanalyse von Kindern von Holocaust-Überlebenden. In: Psyche 44, S. 533-544.
– (1993): Kurative Faktoren in Psychoanalysen mit Kindern von Überlebenden des Holocaust vor und während des Golfkrieges. In: Jahrbuch Psychoanal. 34, S. 181-205.
Levi, P. (1986): Die Untergegangenen und die Geretteten. München, Wien (Hanser 1990).
Müller-Pozzi, H. (1988): Die depressive Reaktion – Ein Versuch über Individuation, Introjektion und Identifizierung. In: Stork, J. (Hg.): Das menschliche Schicksal zwischen Individuation und Identifizierung. Stuttgart, Bad Cannstatt (Frommann-Holzboog).
Niederland, W. G. (1966): Ein Blick in die Tiefen der „unbewältigten" Vergangenheit und Gegenwart. In: Psyche 20, S. 466-476.
Niederland, W. G. (1981): The survivor syndrome: Further observations and dimensions. In: J. Am. Psychoanal. Ass. 29, S. 413-425.
Parin, P. (1990): Der nationalen Schande begegnen. Ein ethno-psychoanalytischer Vergleich der deutschen und italienischen Kultur. In: Psyche 44, S. 643 – 659.
Torok, M. (1968): Trauerkrankheit und das Phantasma des „Cadavre exquis". In: Psyche 37, S. 497-519 (1983).
Wiesel, E. (1960): Die Nacht zu begraben, Elischa. Frankfurt/M., Berlin (Ullstein, 4. Aufl. 1992).

Die Suche nach der Geschichte der Nachkommen von Holocaust-Überlebenden in ihren Analysen: Reparation des „seelischen Lochs"

Ilany Kogan

Es ist wiederholt festgestellt worden, daß die Kinder von Holocaust-Überlebenden sich in der einen oder anderen Weise dauernd mit dem Leiden ihrer Eltern auseinandersetzen. Zur Überraschung und zum Kummer vieler Menschen zeigen Kinder, die oft als Akt der wiedererwachenden Lebensbejahung gezeugt wurden, Anzeichen dafür, daß sie durch das vergangene Leiden der Eltern stark beeinflußt wurden. Sie neigen dazu, ihr Betroffensein zum Ausdruck zu bringen, indem sie das Leiden, das die Eltern vor ihrer Geburt erlitten haben, unbewußt wiederholen.

H. und C. Barocas (1979) kommentieren dieses Phänomen folgendermaßen:

> „Die Kinder von Überlebenden zeigen Symptome, die zu erwarten wären, wenn sie den Holocaust selbst durchlebt hätten. Sie leiden unter gestörten Objektbeziehungen, mangelnder Selbstachtung, narzißtischer Verletzbarkeit, negativer Identititätsbildung, Persönlichkeitseinschränkung und beträchtlicher Affektschädigung. Sie haben mit Konflikten zu tun, die aus den belastenden Vorstellungen vom Leiden ihrer Eltern und der Assoziation zwischen diesen Vorstellungen und Vorstellungen von ihrer eigenen tödlichen Verwundbarkeit herrühren. Sie scheinen durchweg unter einer quälenden Kollektiverinnerung an den Holocaust zu leiden, die sich sowohl in ihren Träumen als auch in ihren Phantasien manifestiert. Diese Träume und Phantasien reflektieren immer wiederkehrende Anknüpfungspunkte an die traumatischen Erfahrungen ihrer Eltern. Die Nachkommen von Überlebenden schrecken des Nachts aus entsetzlichen Alpträumen über Naziverfolgungen, Stacheldraht, Gaskammern, Hinrichtungskommandos, Folter, Verstümmelung, Flucht und Todesangst auf. Sie haben das Gefühl, daß der Holocaust das zentrale Geschehen in ihrem Leben ist, obwohl er sich vor ihrer Geburt ereignet hat" (S. 331).

Ich habe in den letzten 10 Jahren extensiv mit Nachkommen von Holocaust-Überlebenden gearbeitet und zahlreiche Aufsätze über ihre psychoanalytische Behandlung veröffentlicht. Das Thema dieses Beitrags – Die Suche nach der Geschichte der Nachkommen von Holocaust-Überlebenden in ihren Analysen: Reparation des „seelischen Lochs" – basiert auf einer Sammlung von Fallstudien aus meinem Buch „Der stumme Schrei der Kinder", das dieses Jahr bei „Free Association Books" (London & New York) erscheinen wird und von der psychoanalytischen Behandlung von Nachkommen von Holocaust-Überlebenden handelt.

Durch meine klinische Arbeit wurde mir klar, wie sehr das komplexe Muster von unbewußten Gedanken und Gefühlen, Erwartungen, Ängsten und Abwehrhaltungen, die diese Patienten in die Analyse einbrachten, durch die Vorstellungswelt des Holocaust geprägt ist. Diese Tatsache vermittelten die Patienten sowohl in ihren verbalen Äußerungen als auch durch ihre Verhaltensweisen, die mit unbewußten symbolischen Bedeutungen aus der Vergangenheit ihrer Eltern befrachtet waren.

Die Übertragungsbeziehung wurde oft zum Schauplatz eines Dramas, in dem unbewußt ausgedrückte Motive von Überleben und Tod reinszeniert wurden. Die Patienten waren Hauptdarsteller in dem Vergangenheitsdrama der Eltern, wobei sie abwechselnd Opfer und Verfolger spielten und mir komplementäre Rollen zuwiesen. Auf diese Weise war die Übertragung nicht nur „voller Bedeutung und Geschichte" (Joseph 1985) in bezug auf ihr eigenes Leben, sondern auch im Zusammenhang mit der traumatischen Vergangenheit ihrer Eltern. Als ich im Rahmen der direkten Übertragungsbeziehung das Bedürfnis der Patienten wahrnahm, die Vergangenheit ihrer Eltern unbewußt auszuleben, wurde mir die tiefe psychische Wirkung der massiven Traumatisierung der Eltern auf das Selbst- und Realitätsgefühl des Kindes deutlich.

In der psychoanalytischen Literatur über die Kinder von Überlebenden ist der Mechanismus der Übertragung des Holocaust als frühe, unbewußte Identifikation beschrieben worden, in der die elterliche Vorstellung einer ständigen lebensbedrohenden inneren und äußeren Realität ausgelebt wird (Axelrod, Schnipper & Rau

1978, Barocas & Barocas 1973, Kestenberg 1972, Klein 1971, Laufer 1973, Lipkowitz 1973, Rakoff 1966, Sonnenberg 1974). Laub & Auerhahn (1984) wiesen in ihrer Studie „Auswirkungen des Genozids – seine Manifestation in dem Bewußtsein und dem Unbewußten der Nach-Holocaust-Generationen" darauf hin, daß das Kind sich gezwungen fühlt, die verdrängten Themen der Eltern nachzuerleben und auf diese Weise die innere Welt der Eltern wiederaufleben zu lassen.

Bei meiner Arbeit mit Nachkommen von Holocaust-Überlebenden habe ich diese Identifikationen vom Standpunkt der Übertragungsbeziehung aus untersucht. In der Übertragung wurde ich häufig zum Objekt eines starken Verschmelzungsprozesses, da der Patient nicht in der Lage war, zwischen sich selbst und mir zu differenzieren. Dieser Verschmelzungsprozeß ermöglichte uns, die mangelnde Differenzierung zwischen dem Patienten und dem geschädigten Elternteil aufzudecken. Mir erschien dieses Phänomen verwandt mit der Identifikation, die bei pathologischem Trauern stattfindet. Freud (1917) beschrieb diese Identifikation als Prozeß, bei dem die trauernde Person versucht, das Objekt zu besitzen, indem sie das Objekt selbst wird, anstatt ihm ähnlich zu sein. Das tritt dann auf, wenn die Person das Objekt aufgibt, es aber gleichzeitig zu erhalten sucht, indem sie es sich kannibalistisch einverleibt (Grinberg, L. & Grinberg, R. 1974, Green 1986). Ich habe diesen Prozeß, den die psychoanalytische Literatur als typisch für die Nachkommen von Holocaust-Überlebenden beschreibt (Freyberg 1980, Grubrich-Simitis 1984), als „primitive Identifikation" bezeichnet.

Das Phänomen der „primitiven Identifikation" führt beim Kind zum Verlust des Gefühls, ein eigenständiges Selbst zu besitzen. Das kommt vor allem in Fällen vor, in denen das Kind den Auswirkungen einer schweren elterlichen Traumatisierung in einem sehr frühen Lebensalter ausgesetzt wurde – in einer Phase, in der der Introjektions-Projektions-Mechanismus dominiert. In diesem Stadium empfindet das Kind die Traumatisierung der ihm Nahestehenden, insbesondere der Mutter, fast so stark, als erlebe es sie selber, weil es vollständig durch die Gefühle seiner Eltern absorbiert ist, andererseits aber noch nicht über die Fähigkeit der Erwachsenen verfügt, diese Art der Traumatisierung zu erfassen, einzuordnen und zu artikulieren (Greenacre 1967).

Die „primitive Identifikation" tritt sowohl im Bereich der Phantasie als auch in der Realität auf. In der Phantasie findet eine Identifikation dann statt, wenn das Kind in seinem unaufhörlichen Bemühen, den traumatisierten Elternteil zu verstehen und ihm dadurch zu helfen, sein Erleben nachzuvollziehen sucht, indem es die traumatischen Erfahrungen und die damit verbundenen Affekte in der Phantasie neu erschafft (Auerhahn & Prelinger 1983). In der Realität kommt die Identifikation dadurch zum Ausdruck, daß das Kind die elterliche Erfahrungen durch konkretes Handeln wiederholt. Ich habe dieses Phänomen, das von Bergmann (1971) als „Konkretisierung" beschrieben wurde, durch zahlreiche Fallstudien belegt (Kogan 1987, 1989b, 1990, 1991, 1993).

An diesem Punkt setzt meine Hypothese an, daß im Kern dieser primitiven, globalen Identifikation ein „psychisches Loch" ist. Das „psychische Loch" gehört nicht zur der Kategorie der „Leere" wie die negative Halluzination und die Leere in der Psychose, die mit dem zusammenhängen, was Green (1986) als das Problem der Leere oder des Negativen bezeichnet.

Das „psychische Loch", von dem hier die Rede ist, gleicht dem Phänomen des „schwarzen Lochs", von dem in der Physik die Rede ist. Das „schwarze Loch" ist ein Körper, der infolge der Gravitationskraft alles ansaugt, was in seine Nähe kommt. Das „psychische Loch" kann ebenfalls als Körper gesehen werden, als Verdichtung der Phantasien über die traumatische Vergangenheit der Eltern, die das gesamte Leben des Patienten beeinflußt.

Die Einzigartigkeit des „psychischen Lochs" in Fällen von Patienten der Holocaust-Nachfolgegeneration ist die Art und Weise, wie es entstanden ist und wie es das Unbewußte prägt. Im Gegensatz zu dem „psychischen Loch", das durch die Verleugnung oder Verdrängung des eigenen traumatischen Erlebens entsteht, erstreckt sich bei dem „psychischen Loch" der Nachkommen von Holocaust-Überlebenden die Verleugnung und Verdrängung auf das Trauma der Eltern und auf die Spuren, die es bei den Nachkommen hinterlassen hat.

Wir wollen versuchen, dieses Phänomen zu begreifen. Sogar in den Familien, in denen der „Pakt des Schweigens" gilt, ist das Kind in der Lage, einige Einzelheiten der extremen Traumatisierung der Eltern zu ahnen. Wenn die kognitiven Fähigkeiten genügend entwickelt sind, wird er oder sie anfangen, Nachforschungen über die Vergangenheit der Eltern anzustellen. In diesem Stadium wird das Bestreben, die traumatischen Erfahrungen zu negieren oder zu verdrängen, die Eltern unbewußt veranlassen, das Kind von seinem Vorhaben abzubringen. Sie geben ihm zu verstehen, daß das Objekt seiner Nachforschungen, die traumatischen Erfahrungen, sich in ihrem Leben nicht wirklich zugetragen haben. Was übrig bleibt, sind des Kindes eigene böse Gedanken, ein Alptraum, etwas, das man vergessen sollte (Grubrich-Simitis 1984). Auf diese Weise führt die elterliche Neudefinition der traumatischen Erfahrungen in ihrem Leben als Schreckensvision der inneren Welt des Kindes dazu, daß die Realität des Traumas dem Kind irreal erscheint.

Das Kind erlebt den fehlenden Teil in der Lebensgeschichte der Eltern als eine ständige Verletzung seiner Psyche, als Lücke in seinem emotionalen Empfinden. Dieser „unbekannte" oder „nicht erinnerliche" Teil der elterlichen Lebensgeschichte fixiert das Kind auf die Vergangenheit der Eltern und zwingt es, ihre traumatischen Erfahrungen in seinem eigenen Leben neu zu erschaffen und auszuagieren.

Das Ausagieren dieser Erfahrungen dreht sich um die Themenkreise Tod und Überleben. Thanatos, der Todestrieb, der die Vergangenheit der Eltern bestimmt, wird im Leben der Kinder zu einer treibenden Kraft. Da die Nachkommen von Holocaust-Überlebenden sich oft in tatsächliche oder eingebildete Gefahr begeben, sind sie immer bereit, sich oder den Therapeuten vor Tod und Vernichtung zu retten. Die Notlage, die durch die Vorstellung einer ständig präsenten Todesgefahr verursacht wird, führt beim Therapeuten zu Gefühlen einer Urangst, die er überwinden muß, bevor er dem Patienten helfen kann, das „psychische Loch" zu heilen.

Reparation des psychischen Lochs – die verändernde, mutative Deutung

In der Psychoanalyse erleichtern rekonstruktive Deutungen, die zum richtigen Zeitpunkt erfolgen und sich „auf den Grenzbereich" zwischen unbewußten und vorbewußten mentalen Prozessen konzentrieren, das Auftauchen verdrängter oder uneingestandener Kindheitserinnerungen. Bei Nachkommen von Holocaust-Überlebenden jedoch haben Deutungen häufig eine vitale Funktion, die ihnen dazu verhilft, die traumatische Vergangenheit ihrer Eltern kennenzulernen und zu integrieren und auf diese Weise Thanatos, den Todestrieb, zu bekämpfen, der ihr Leben beherrscht.

Freud (1920) war der erste, der diesen Kampf, der in uns allen stattfindet, als den „großen Gegensatz zwischen Lebens- und Todestrieben" definierte. Rivière (1955) entwickelte diese Idee auf sehr poetische Weise weiter:

> „Tief in dem dynamischen Reservoir der Triebkräfte im Es, liegen Eros, der Lebenstrieb, und Thanatos, der Todestrieb, in fortwährendem Widerstreit, wobei der eine immer bestrebt ist, die Oberhand über den anderen zu gewinnen" (1955, S. 364).

Meiner Ansicht nach ist dieser Kampf der Nachkommen von Holocaust-Überlebenden ausgeprägter. In diesen Fällen war sowohl der Wunsch zu sterben als auch den Tod zu überwinden so sehr ein Teil des Lebens der Eltern, daß er im Leben der Kinder immer noch präsent ist.

Die Haltung des Analytikers und seine Deutungen bilden den Hintergrund, auf dem sich der Kampf gegen den Todestrieb abspielt.

Zunächst wird der Patient darauf vorbereitet, die konkreten Einzelheiten der extremen Traumatisierung der Eltern herauszufinden und sie sich bewußt zu machen, was vor allem auf eine Klärung der historischen Tatsachen hinausläuft. Die Bewußtmachung und Integration der Realität des elterlichen Traumas können nur dann stattfinden, wenn das Ich durch die Analyse so weit gestärkt ist, daß es den mit diesen Erkenntnissen verbundenen Schmerz ertragen kann. Dieser Prozeß wird erleichtert, wenn der Patient das „psychische Loch" als seelische Verletzung erfährt und sich unablässig um die Kohärenz seines Selbst bemüht (Kris 1956).

Ist es gelungen, den fehlenden Teil der elterlichen Lebensgeschichte aufzufinden, bemühen Analytiker und Patient sich, ihn im Rahmen der Übertragungsbeziehung durchzuarbeiten und so dem Patienten zu ermöglichen, einen Zustand der Individuation und der Entwicklung eines separierten Ich zu erreichen. Die Reparation des „psychischen Lochs" hängt mit der Differenzierung zwischen dem Patienten und der traumatischen Vergangenheit der Eltern und der Befreiung von dem Todestrieb zusammen, der das Leben des Patienten bis jetzt beherrscht hat.

Im folgenden möchte ich die Phasen der Konstruktion eines neuen, separierten und kohäsiven Selbst im Verlauf der therapeutischen Beziehung generell beschreiben. (An dieser Stelle möchte ich Dr. Dori Laub danken, der bei dem IPA-Kongreß 1993 in Amsterdam unter Bezugnahme auf meine Arbeit „Liebe und das Erbe der Vergangenheit" auf diese Phasen hinwies). Meine besondere Art, dem Patienten meine Präsenz fühlbar zu machen, ihm zuzuhören und das Gehörte und Erlebte zu deuten, sollen hier als Mittel zur Erreichung des therapeutischen Ziels geschildert werden.

(1) Der Patient begibt sich oft in Behandlung, nachdem er eine zweite Traumatisierung erlitten hat, die eine Wiederauflage, eine Fortsetzung des übermittelten Traumas sein kann. Dieses Erleben gibt dem Patienten gleichzeitig eine neue Gelegenheit, die prädestinierte Richtung der Strömungen seines inneren Seelenlebens zu

ändern und neu zu organisieren. Die Behandlung nach einer solchen Traumatisierung beginnt oft mit einer Phase der Unverständlichkeit. Wir werden Zeugen, wie Fragment nach Fragment, sinnlos erscheinende Konkretisierungen, reinszeniert werden.

(2) Mitten in diesem scheinbar sinnlosen Chaos wird ein Signal, ein Losungswort, ein Hinweis gegeben, dem man nachgehen muß. Das „Losungswort" weist auf die Existenz eines alles verschlingenden „Lochs" hin, einer Bedrohung oder, um Grossmanns (1986) symbolische Bezeichnung für den Holocaust zu benutzen, des „Ungeheuers", auf etwas, mit dem der Patient nicht fertig werden kann. Das ist der Auftakt zu dem Nachhall von Auschwitz, der von Anfang an da war, dessen der Patient sich aber nicht bewußt war und den der Analytiker erkennen und aufgreifen muß. Ein solches „Losungswort" kann in Träumen oder in der Art und Weise entdeckt werden, in der der Patient mit dem Analytiker kommuniziert.

Ein Beispiel dafür bietet meine folgende Fallstudie (Kogan 1987): Kay kommuniziert mit mir durch Kinderzeichnungen, in denen ich das „Losungswort" finde. In einer ihrer Bilder ist ein Mann dargestellt, dem eine Blume aus Draht aus dem Kopf herauswächst, neben der das Wort „Elektrizität" steht. Erst in einer späteren Phase der Analyse, in der Kay verbal mit mir kommunizieren kann, begreifen wir, daß die Todesblume das traumatische Erlebnis ihres Vaters symbolisiert, der eine ganze Nacht lang in einem KZ zwischen elektrisch geladenen Drähten nackt in der Kälte stand.

Auch Träume sind ein Mittel, dem Therapeuten einen Hinweis zukommen zu lassen. Dafür mag als Beispiel ein anderer, von mir behandelter Fall (Kogan 1991) dienen: Isaak träumt, daß er Saft aus einem Glas trinkt, auf dessen Boden eine Zigarettenkippe liegt. Die Asche, die Isaak herunterschluckt (das Losungswort), symbolisiert die Holocaustgeschichten seiner Großmutter, die er als Kind gierig „verschlang" und die ein Teil seiner selbst wurden.

Der Patient ist in dieser Phase noch nicht stark genug, das „Ungeheuer" (der finstern Vergangenheit seiner Eltern) zu konfrontieren, da er im allgemeinen am Rande eines Abgrunds von „unvorstellbarer Angst" (Winnicott 1965) lebt. Diese Angst kann unterschiedliche Formen annehmen, wie aus verschiedenen meiner Fallstudien hervorgeht: (1) die Angst, zu zerfallen, (2) das Gefühl eines unaufhaltsamen Falls, (3) keine Beziehung zum Körper haben, (4) Desorientierung.

Meiner Ansicht nach ist es in Fällen von Nachkommen von Holocaust-Überlebenden die erste Aufgabe des Analytikers, die Angstgefühle seines Patienten zu mildern und so sein Selbst zu kräftigen. Mit zunehmender Kräftigung wächst die Fähigkeit zur Konfrontation mit dem psychischen Loch und dessen Reparation. Dazu sagen Kinston & Cohen (1986): „Die Reparation des Lochs ist die Aufgabe der psychoanalytischen Therapie schlechthin."

Um die immensen Angstgefühle des Patienten abzubauen und um ihm ein Gefühl der existentiellen Sicherheit zu verleihen, muß der Analytiker eine „holding relationship"[1] zu ihm herstellen, eine hegende, vertrauensvolle und reflektierende Beziehung, die durch eine intensive emotionelle Zuwendung und tiefe empathische Kommunikation charakterisiert ist.

Ich stellte fest, daß sich die Kommunikation in der ersten Behandlungsphase oft auf einer nicht verbalen Ebene bewegt und auf einer höchst einfühlsamen Beziehung beruht: Der Analytiker muß wissen, was der Patient fühlt und denkt, ohne daß dieser seine Gefühle und Gedanken verbal zum Ausdruck bringt. Dieser einfühlsame Austausch, diese intime, verläßliche und hegende Art von Beziehung ist die einzige, die irgendeine Bedeutung für den Patienten hat und die das therapeutische Arbeitsbündnis festigt.

In dieser Phase der Analyse ist es lebenswichtig, daß es dem Analytiker gelingt, sich wie die Mutter, die instinktiv weiß, was ihr Baby braucht, in den Patienten hineinzuversetzen, so daß er intuitiv spürt, was sein Patient braucht. Dabei muß er nicht selten von einem gewohnten Vorgehen abweichen, um den Bedürfnissen des Patienten gerecht zu werden, ohne gleich die zugrundeliegenden unbewußten

Wünsche zu deuten. Ein Beispiel dafür wäre die Anpassung des analytischen Settings an die Bedürfnisse des Patienten. In der oben erwähnten Fallgeschichte von Kay z. B. hatte ich ja zugestimmt, uns mit Hilfe von Zeichnungen zu verständigen. In einem anderen Fall (Kogan 1990) war ich damit einverstanden, die Patientin während dreier Monate nur sporadisch zu sehen, d. h. nach ihren Terminvorhaben, bis es ihr möglich war, wieder regulär zur Analyse zu kommen.

Mein Hinauszögern des Versuchs, das Geschehen zu deuten, ist der Situation zu vergleichen, die Winnicott (1965) in seinem Modell von Säuglings- und Kinderpflege beschreibt – die Mutter nimmt das Kind, das Ohrenschmerzen hat, erst einmal auf den Arm, da beschwichtigende Worte nichts nützen.

Meiner Meinung nach ist diese konkrete Form des „holding" besonders in den ersten Stadien der Behandlung von Patienten der zweiten Holocaust-Generation notwendig, da sie ihr Leben oft in reale oder eingebildete Gefahr bringen. Nur durch die empathische Kommunikation, die sich vorwiegend auf einer nicht verbalen Ebene abspielt, kann der Analytiker dem Patienten seine Anteilnahme und seine Betroffenheit vermitteln und ihm so in der Therapie und im Leben die Sicherheit geben, die zur Stärkung seiner Seelenkräfte führt.

(3) Sobald der Patient stärker geworden ist, kann er beginnen, das „Ungeheuer" zu konfrontieren. Die Analyse macht eine Reihe von Krisen durch und wird zu einem Test, durch den festgestellt werden soll, ob der Analytiker tatsächlich „präsent" und stark genug ist, um sich gegen das „Ungeheuer" zu behaupten, ob das Leben den Tod besiegen kann.

Dieser Test besteht aus dem Versuch des Patienten, die Fähigkeit des Analytikers in Frage zu stellen und ihn in seiner analytischen Rolle zu kastrieren. An diesem Punkt droht die analytische Beziehung häufig auseinanderzubrechen.

Ich möchte meine wiederkehrende Reaktion – meine Gefühle von Verletzt- und Zurückgewiesensein sowie Ohnmacht – während dieser schwierigen Phase beschreiben. Zunächst versuche ich, mir über meine Gegenübertragungsgefühle klarzuwerden und stelle dabei häufig fest, daß meine narzißtische Verletzung hauptsächlich auf die Ablehnung des Patienten zurückzuführen ist, zumal wenn wir beide sehr viel Emotionen in diese schon ziemlich lange dauernde Behandlung investiert haben.

Dann setze ich mich mit der Hilflosigkeit auseinander, die mich häufig befällt, wenn ich mit dem destruktiven Angriff des Patienten konfrontiert werde. Indem ich meine Gefühle durcharbeite, merke ich immer wieder, daß meine Hilf- und Hoffnungslosigkeit in dieser Phase in Wirklichkeit die Gefühle des Patienten dem „Ungeheuer" gegenüber sind, die in starker Form auf mich projiziert werden und mit denen ich mich identifiziere. Wenn mir diese Tatsache klargeworden ist, kann ich zu dem Schluß gelangen, daß ein „Überleben" des Angriffs des Patienten ohne Vergeltungsmaßnahmen, d. h. mein Weiterfunktionieren als Analytiker, für das Wohlbefinden des Patienten von vitaler Bedeutung ist (Winnicott 1971). Das hilft mir, „heil zu überleben" und meine therapeutische Rolle weiter zu spielen.

Ich möchte ein Beispiel für diese Phase bringen. In einer meiner Fallstudien beschrieb ich die Behandlung der Tochter einer Überlebenden. Diese hatte während des Holocaust schwer gelitten, und ihr Bein war so sehr verletzt worden, daß sie hinkte. Sie bekam rheumatisches Fieber, das sich später zu einer Herzkrankheit auswuchs. Die Geburt ihrer Tochter Gabrielle verschlechterte sowohl ihren physischen wie auch psychischen Zustand. Als Gabrielle in Analyse kam, konnten wir mit Hilfe der Analyse rekonstruieren, daß sie in ihrem ersten Lebensjahr von ihrer Mutter verlassen worden war. Nach 3 1/2 Jahren brach sie an einem kritischen Punkt ihre Analyse ab, nachdem psychologische Tests aufgedeckt hatten, daß ihre Tochter unter anaklitischer Depression litt, verursacht durch ein Trauma in ihrem ersten Lebensjahr. Gabrielle gestand, daß sie ihr Kind in dieser Zeit einem ungeeigneten Babysitter überlassen hatte, und danach beschloß sie, die Behandlung abzubrechen.

Erst nachdem ich die Verletzung durchgearbeitet hatte, die diese

Zurückweisung in mir hervorgerufen hatte, wurde mir deutlich, daß Gabrielle auf diese Weise ihre Phantasie, mich durch Verlassen zu vernichten (so wie sie ihrer Vorstellung nach ihre Tochter oder Mutter geschädigt hatte), oder aber die Vorstellung durchspielte, ich vernichtete sie, indem ich es zuließ, daß sie die Analyse abbrach und eine so große Schuld auf sich lud. So wurde ich mir der Notwendigkeit bewußt, Gabrielle zu zeigen, daß ich ihre Zurückweisung „überlebte" und daß sie die analytische Beziehung nicht zerstören sollte, ohne uns wenigstens eine Chance zu geben, sie zu retten. Ich schlug ihr deshalb vor, die Analyse für einige Stunden wieder aufzunehmen, in denen wir versuchten, mit Hilfe ihrer unbewußten Phantasien den Grund für den Analyse-Abbruch zu finden. Ergebnis dieser Stunden war die Wiederherstellung und Stärkung der therapeutischen Beziehung, die für den ganzen Rest der Analyse nie mehr in Gefahr war.

In einer anderen Fallstudie (Kogan 1991) begegnen wir Isaak, dem Sohn eines Holocaust-Überlebenden, einem jungen Mann, der seinen Vater mit einem Gewehrschuß verwundet hat, als dieser versuchte, ihn am Selbstmord zu hindern. In einer kritischen Phase der Behandlung gab Isaak die Analyse auf und brach die Therapiebeziehung ab. Auch in diesem Fall war ich zunächst verletzt und ärgerlich über Isaaks Ablehnung. Obwohl ich versuchte, Isaak die unbewußten Gründe klarzumachen, die bei ihm zum Abbruch der Analyse geführt hatten, konnte ich ihn nicht umstimmen. Erst als ich mich mit meinem Gefühl der Machtlosigkeit in der analytischen Rolle auseinandersetzte, kam mir der Gedanke, daß Isaak versucht haben könnte, „meine therapeutischen Arme zu verletzen", genau wie er seinen eigenen Vater verletzt hatte, als dieser ihn vor dem Selbstmord bewahren wollte. Das half mir, seinen aggressiven Angriff zu überleben. Ich machte Isaak klar, daß ich trotz seiner Zurückweisung immer für ihn da sein würde, falls er die Analyse wieder aufnehmen und die Suche nach seinem eigenen Selbst fortsetzen wollte. Dadurch wurde Isaak ein Gefühl von Stärke und Anteilnahme vermittelt, was ihm half, zu einem späteren Zeitpunkt bei Bedarf die Analyse wieder aufzunehmen.

In verschiedenen Fällen, in denen ich Patienten der zweiten Generation behandelte, stellte ich fest, daß der Patient, sofern er in dieser Phase die Analyse wieder aufnahm, die therapeutische Beziehung wiederhergestellt und die Behandlung nach einer kürzeren oder längeren Pause weitergeführt werden konnte.

Meiner Ansicht nach sollte man dieser Unterbrechung der therapeutischen Beziehung auf den Grund gehen, weil sie charakteristisch für viele Patienten der zweiten Generation ist. Möglicherweise verursacht die Pause ein Loch in der Behandlung, das das Loch in der Psyche des Patienten symbolisiert. Durch sein Agieren teilt der Patient unbewußt dem Therapeuten sein Gefühl der mangelnden Selbst-Kohärenz mit. Die „Wunde" in seiner Psyche wird von dem Patienten in dieser Phase konkret zum Ausdruck gebracht, indem er die therapeutische Beziehung „verwendet". Wenn der Analytiker die Bewährungsprobe übersteht, kann eine neue, offenere Phase beginnen. Das Überleben des Analytikers bedeutet für den Patienten einen Sieg über den Tod.

Die bisherige analytische Arbeit hat den Weg für die letzte Phase geebnet, in der Empathie und Verständnis auf reifere Weise, in Worten, zum Ausdruck gebracht werden können.

(4) Ich möchte jetzt auf einen besonderen Aspekt der letzten Phase eingehen, nämlich auf die Art, wie ich die unbewußten Gedanken und Gefühle des Patienten deute. Ich glaube, daß meine Deutungen in dem Sinne verändernd, mutativ sind, daß sie in dem Patienten die Lebenskräfte gegen das „Ungeheuer", gegen das dunkle Loch in der Vergangenheit der Eltern mobilisieren und ihn in der Bejahung des eigenen Lebens bestärken.

Wenn wir beide, Patient und Analytiker, während der Analyse dem Thanatos-Objekt begegnen, dem „Ungeheuer", dem mentalen Abbild der Holocaust-Greuel, das oft mit einem tatsächlichen Trauma im eigenen Leben des Patienten zusammenhängt, kämpfe ich gemeinsam mit dem Patienten dagegen an. Meine Deutungen

Ilany Kogan

vermitteln nicht nur mein Verständnis für die tiefen Ängste des Patienten angesichts der Konfrontation mit dem „Ungeheuer", ähnlich dem einer Mutter, die ihr weinendes Kind in die Arme nimmt.

In einer weiteren Fallstudie (Kogan 1989b) begegnen wir Rachel, einer 30jährigen Künstlerin, der Tochter eines Holocaust-Überlebenden, der im Krieg seine gesamte Familie verlor und nach Kriegsende in die Vereinigten Staaten auswanderte. Rachel war zweimal für insgesamt 11-12 Jahre bei Kestenberg (1992) in Analyse.

Während meiner Behandlung findet Rachel nach einer mißglückten Affäre mit einem Mann endlich jemanden, in den sie ziemlich verliebt ist, obgleich auch diese Beziehung nicht unproblematisch ist. Eines Nachts erleidet ihr Liebhaber, Jacob, mitten im Liebesakt einen Herzanfall und stirbt in ihren Armen. Die Patientin ist vollkommen verzweifelt. Sie fühlt sich wie eine Mörderin und will Selbstmord begehen, beschließt aber dann, mich anzurufen und um ein sofortiges Treffen zu bitten. Ich treffe mich mit ihr, und sie berichtet in allen Einzelheiten, was in jener Nacht geschehen ist, eine entsetzliche Geschichte, die sie in nüchternem Ton erzählt. Als mir klar wird, wie tief die Schuldgefühle bei ihr gehen und wie nahe sie daran ist, sich tatsächlich für eine Mörderin zu halten, beschließe ich, sie auf den Gegenpol des Hasses, die Liebe, hinzuweisen. Ich mache Rachel klar, daß Jacob einen schönen Tod in ihren Armen gestorben ist. Statt eines einsamen, qualvollen Todes war es ihm vergönnt, in einer Liebesumarmung zu sterben. Sein Tod gleicht seiner Geburt – aus einer Frau geboren, starb er mitten in der Liebe im Schoß einer Frau.

Diese Deutung trug zu Rachels Beschluß bei, weiterzuleben und nicht mehr vor dem Leben oder der Analyse davonzulaufen. Da sie mich als Verbündete in ihrem Kampf um das Leben empfand, war sie imstande, ihre unerträglichen Schuldgefühle durchzuarbeiten, die durch das von ihrem Vater übernommene Trauma verstärkt wurden. Meine Deutung half ihr, zwischen ihrem aktuellen Trauma und ihren frühen narzißtischen Phantasien, die mit Schuldgefühlen des Vaters als Überlebendem zusammenhingen, zu unterscheiden. „Bevor ich zu Ihnen kam, dachte ich, daß ich ihn getötet habe," sagte Rachel, „und ich konnte damit nicht leben. Was Sie mir sagten, ließ alles in einem anderen Licht erscheinen."

Ein anderes Beispiel einer solchen verändernden Deutung bietet Sarahs Geschichte (Kogan 1993). Sarah ist eine junge Frau, die furchtbare Angst vor der Ehe hat. Sie wechselt dauernd ihre Liebhaber und Therapeuten, denen allen gemeinsam ist, daß sie starke Persönlichkeiten sein müssen. Warum müssen sie so stark sein? Vielleicht kann Sarah durch sie bewältigen, was sie allein nicht bewältigen kann: das Loch, das fehlende Glied in der Lebensgeschichte ihrer Mutter, die den Holocaust als junges Mädchen erlebt hat. Sarah hat das Gefühl, daß sowohl sie selbst als auch ihr Vater, ihre Liebhaber und ihre Therapeuten versagt haben, daß es niemanden gibt, der ihrer Mutter über ihre endlosen Depressionen und die schreckliche Angst vor einer Konfrontation mit dem Loch in ihrer Vergangenheit hinweghilft. Sarah hat dieses Loch introjiziert, bis es zu einem Teil ihrer selbst wurde.

Dieses psychische Loch treibt Sarah, die Phantasien des geschlagenen und mißhandelten Kindes auszuleben, das ihre Mutter im Holocaust war. Mit diesem Agieren wehrt sie sich gegen das, was ihre Großmutter erleiden mußte (als sie von den Nazis in den Tod gesandt wurde, nachdem es ihr gelungen war, ihre Tochter zu retten), und gleichzeitig gegen das, was ihrer Mutter geschah – als Kind weiterzuleben und zuzulassen, daß die Mutter stirbt.

Thanatos ist eindeutig ein Teil von Sarahs Leben. Ihr Bedürfnis, auf einer nicht verbalen Ebene verstanden zu werden, teilte sich mir durch ihre unbewußten Phantasien mit. Erst als ich dazu überging, den Nachhall von Auschwitz in Worte zu fassen, wurde sie „befreit" und konnte damit beginnen, Nachforschungen über Einzelheiten der Vergangenheit ihrer Mutter anzustellen.

In einer späteren Phase der Analyse halfen ihr meine Deutungen: Als sie in einer Stunde über ihre unglücklichen, sado-masochistischen Beziehungen zu Männern sprach, erzählte Sarah, wie sie eines Nachts von furchtbaren Ängsten gepackt wurde und wie ihr Freund sie in die Arme nahm, um sie zu trösten. Sie erzählte dieses Erlebnis unter hysterischen Lachanfällen, die immer stärker wurden. Sarah schien den Verstand zu verlieren.

In meiner Gegenübertragung sah ich sie als kleines Kind, das in panischer Angst vor Mißbrauch und Verstümmelung immer lauter weint und völlig die Fassung verliert. Ich nehme alle Kraft zusammen und sage zu Sarah, ich hätte das Gefühl, daß sie in den Arm genommen werden will wie ein Baby, um in ihrem unermeßlichen Schmerz getröstet zu werden. Meine Deutung hilft Sarah, sich zu beruhigen – der Todestrieb ist gebannt.

In diesem Zusammenhang möchte ich Freud zitieren, der in einem Brief an Jung schrieb: „Psychoanalyse ist im wesentlichen eine Heilung durch Liebe." Ich glaube, daß Eros, der Lebenstrieb, dem der Analytiker verbalen Ausdruck zu verleihen sucht, oft den Sog des Thanatos, des Todestriebes, aufhalten kann. Indem ich die Macht des Thanatos kennen und verstehen lernte, wurde ich fähig, meinen Patienten durch verändernde Deutungen das Leben lebenswerter erscheinen zu lassen. Das heißt nicht, daß damit Thanatos keinen Platz mehr in ihrem Leben hat, doch er wird durch den Lebenstrieb gebändigt und beherrscht.

Diese mutativen Deutungen machen im allgemeinen dem Drang, Teile der Vergangenheit der Elterngeneration fragmentarisch zu agieren, und den damit verbundenen Krisen ein Ende. Danach kommt ein Augenblick des Schweigens, der Selbstbesinnung und Erkenntnis, der oft mit einem Gefühl der Abwesenheit und Leere verbunden ist. Der stumme Schrei, die Stimme des Holocaust ist zum Durchbruch gekommen! Angefangen von dem stummen Schrei zu Beginn der Behandlung über die weiteren Phasen des analytischen Prozesses und dem daraus resultierenden intimen Dialog entfaltet sich nun eine verständliche Erzählung. Was sich herausschält, ist der Hergang des wirklichen Geschehens, z. B. die Geschichte von Isaaks Vater, der zusammen mit Isaaks Mutter die Hinrichtung seines eigenen Vaters miterleben mußte. Aus der wiederhergestellten analytischen Beziehung kristallisieren sich der Hergang des traumatischen Geschehens und dessen Verstehen heraus.

In manchen Fällen nimmt die Geschichte nur mühsam Gestalt an, so daß nachgeholfen werden muß. Die haltgebende Zuwendung des Therapeuten hilft dem Patienten bei der Suche nach dem Teil der Vorgeschichte seiner Eltern, der das „Loch" ausfüllen kann, und bei seinen Bemühungen, konkrete Einzelheiten zutage zu fördern (so bittet Kay z. B. um die Aufzeichnungen Ihres Vaters, aus denen sie u. a. von seiner Kastration durch Naziärzte erfährt. Sarah bricht den Schrank ihrer Mutter auf, stiehlt ihr Tagebuch und findet darin Einzelheiten über die Holocaust-Erfahrungen ihrer Mutter als junges Mädchen).

Diese Suche nach Informationen, die bewirken soll, daß der Patient nicht mehr ausschließlich im Schatten der Vergangenheit lebt, ist für die Nachkommen von Überlebenden eine belastende Erfahrung. Das fehlende Glied in der Geschichte der Eltern verbindet sich für sie mit Scham- und Schuldgefühlen, und es kann erst jetzt integriert werden, da das Ich stark genug ist, um den Schmerz und die damit zusammenhängenden unterdrückten Affekte zu ertragen.

Die Informationssuche trägt zur Differenzierung und dem Entstehen eines neuen, separierten Selbst bei. In dieser Phase ist der Prozeß noch von starken Angstgefühlen begleitet. Auf der bewußten Ebene befürchtet der Patient, daß seine Nachforschungen über die Vergangenheit bei dem überlebenden Elternteil schmerzliche, traumatische Erinnerungen wachrufen werden, die sein psychisches Überleben gefährden. Unbewußt erlebt der Nachkomme seinen Wunsch, die Ergründung der elterlichen Vorgeschichte als Ansatz zu einer Differenzierung und Befreiung von der Bürde der Vergangenheit zu benutzen, als einen Vorgang, der seinem Gefühl nach destruktiv für den Elternteil sein könnte. Die Informationssuche wird durchweg durch die Atmosphäre des „holding" in der analytischen Beziehung und durch die Tatsache erleichtert, daß der Patient den Therapeuten als Verbündeten bei dieser Suche betrachtet.

Beide, sowohl der Therapeut als auch der Patient, warten gespannt auf die Geschichte, die sich aus dieser Suche herausschält, und nachdem die Geschichte erzählt und durchgearbeitet wurde, wird es für den Patienten möglich, in einer realen Welt zu leben. Wir haben beide das Gefühl, daß das schreckliche „Loch" mit einer verständlicher gewordenen, wenn auch sehr schmerzhaften Geschichte ausgefüllt und damit der Kreis geschlossen wurde. Die Behandlung ist damit nicht in jedem Fall beendet, doch ein besser integriertes, kohäsiveres Selbst ist geboren.

Man kann also meine Arbeit mit Nachkommen von Holocaust-Überlebenden, wie sie sich in verschiedenen, hier erwähnten Fallstudien reflektiert, als einen fortschreitenden Prozeß ansehen, der von der Deutung fragmentarischer, abwehrender Reinszenierung zu der Bewußtmachung der Realität eines Traumas führt, die eine Integration in das gegenwärtige Leben und somit ein intakteres Leben ermöglicht.

Literatur

Axelrod, S., Schnipper, O. L., Rau, J. H. (1978): Hospitalised offspring of Holocaust survivors: problems and dynamics. Paper presented at the Annual Meeting of the American Psychiatric Association, Atlanta, May 1978.

Barocas, H. A., Barocas, C. B. (1973): Manifestations of concentration camp effects on the second generation. In: Amer. J. of Psychiatry 130, S. 820-821.

–, Barocas, C. B. (1979): Wounds of the fathers: The next generation of Holocaust victims. In: Int. Rev. Psychoanal. 6, S. 331-341.

Bergmann, M. S. (1971): Psychoanalytic observations on the capacity to love. In: Dewitt, J. B., Settlage, C. F. (eds.): Separation – Individuation. New York (Int. Univ. Press), S. 15-40.

Freud, S. (1917): Trauer und Melancholie. GW Bd. X. Frankfurt/M. (Fischer).

– (1920): Jenseits des Lustprinzips. GW Bd. XIII. Frankfurt/M. (Fischer).

Freyberg, S. (1980): Difficulties in separation – individuation, as experienced by offspring of Nazi Holocaust survivors. In: Amer. J. Ortopsychiat. 5, S. 87-95.

Green, A. (1986): The dead mother. In: On Private Madness. London (Hogarth).

Greenacre, P. (1967): The influence of infantile trauma on genitic patterns. In: Furst, S. S.

(ed.): Psychic Trauma. New York, London (Basic Books).
Grinberg, L., Grinberg, R. (1974): The problem of identity and the psychoanalytical process. In: Int. J. Psychoanal. 1, S. 499-507.
Grossmann, D. (1986): See Under Love. Hakobbutz Hameuchad, Tel Aviv.
Grubrich-Simitis, I. (1984): From concretism to metaphor. In: Psychoanal. Study Child 39, S. 301-319.
Joseph, B. (1985): Psychic Equiibrium and Psychic Change, ed. Michael Feldmann & Elisabeth Bott Spillius. London, New York (Tavistock/Routledge, New Library of Psychoanalysis).
– (1982): A metapsychological assessment based on an analysis of a survivor's child. In: Bergmann, M. S., Jucovy, M. E. (eds.): Generations of the Holocaust. New York (Basic Books), S. 137-158.
Kestenberg, J. S. (1972): Psychoanalytical contribution to the problems of children of survivors from Nazi persecution. In: Israel Ann. Psychiat. 10, S. 311-325.
– (1992): Children of survivors and child survivors. In: Echoes of the Holocaust 1, S. 27-50.
Kinston, W., Cohen, J. (1986): Primal regression: clinical and theoretic aspects. In: Int. J. Psychoanal. 67, S. 337-357.
Klein, H. (1971): Families of Holocaust survivors in the kibbutz: psychological studies. In: Krystal, H., Niederland, W. G. (eds.): Psychic Traumatisation: After effects in Individuals and Communities. Boston (Little & Brown).
–, Kogan, I. (1986): Identification and denial in the shadow of Nazism. In: Int. J. Psychoanal. 67, S. 45-52. In: Psychoanalyse im Exil – Texte verfolgter Analytiker, ed. Stephen Brose & Gerda Pagel. Würzburg (Königshausen & Neumann 1987), S. 128-137.
Kris, E. (1956): The personal myth: a problem in psychoanalytic technique. In: J. Amer. Psychoanal. Assn. 4, S. 653-681. In: Selected Papers of Ernst Kris. New Haven (Yale Univ. Press, 1975), S. 201-340.
Kogan, I. (1987): The second skin. In: Int. Rev. Psycho-Anal. 15, S. 251-261. Reprinted in Libro Anual de Psicoanalisis, 1988. In: Die klugen Sinne pflegend – Psychoanalytische und kulturkritische Beiträge. Hermann Beland zu Ehren. ed. Jutta Gutwinsky-Jeggle & Johann Michael Rotmann. Tübingen (Edition diskord), S. 309-326.
– (1989a): Working through the vicissitudes of trauma in the psychoanalyses of Holocaust survivors' offspring. In: Psychotherapeutisch Passpoort 3: 1, S. 53-68. The Sigmund Freud House Bulletin, vol. 13/2 Winter. 1989; in: Psyche, Zeitschrift für Psychoanalyse und ihre Anwendungen (1990) 6, S. 533-545.
– (1989b): The search for self. In: Int. J. Psychoanal. 70, S. 661-671.
– (1990): A Journey to pain. In: Int. J. Psychoanal. 1, S. 629-640. Reprinted in Libry Anual de Psicoanalisis (1991), in: Zeitschrift für psychoanalytische Theorie und Praxis, Jahrgang VI, 1991, 1.
– (1991): From acting out to words and meaning. In: Int. J. Psychoanal. 73, S. 455-467. Psychoanalysis in Europe. Bulletin 39, Autumn 1992, S. 3-21.
– (1993): Curative factors in the psychoanalyses of Holocaust survivors' offspring before and during the Gulf War. In: Int. J. Psychoanal. 74, S. 803-815. Dt.: Spuren der Verfolgung, Gertrud Hardtmann (Hg.), Gerlingen (Bleicher, 1992).
Laub, D. (1993): Discussion of Kogan's paper „Love and the heritage of the past", presented at the IPA Congress, Amsterdam, 1993.
– Auerhahn, N. C. (1984): Reverberations of genocide: its expression in the conscious and

unconscious of post-Holocaust generations. In: Psychoanalytic Reflections on the Holocaust: Selected Essays, ed. Steven A. Luel & Paul Marcus. New York (University of Denver & Ktav Publishing House Inc).

Laufer, M. (1973: The analysis of a child of survivors. In: Anthony, E. J., Koupernik C. (ed.): The Child in His Family: The Impact of Disease and Death. New York (John Wiley) 2, S. 363-373.

Lipkowitz, M. H. (1973): The child of two survivors: the report of an unsuccessful therapy. Israel Annals of Psychiatry and Related Disciplines 11, S. 2.

Moses, R. (1978): Adult psychic trauma: the question of early predisposition and some detailed mechanism. In: Int. J. Psychoanal. 59, S. 353-363.

Rakoff, V. (1966): Long term effects of the concentration camp experience. In: Viewpoints 1, S. 17-21.

Rivière, J. (1955): The unconscious fantasy of an inner world reflected in examples from literature. In: M. Klein et al. (eds.): New Directions in Psychoanalvsis. London (Tavistock Publications Ltd.), S. 346-370.

Sonnenberg, S. M. (1974): Workshop report: Children of survivors. In: JAPA 22, S. 200-204.

Winnicott, D. W. (1965): The Maturational Processes and the Facilitating Environment. New York (Int. Univ. Press).

– (1971): The use of an object and relating through identification. In: Playing and Reality. London (Tavistock Publications).

Anmerkungen

[1] Die „holding"-Funktion des Analytikers (Winnicott 1965) taucht in der Fachliteratur in verschiedenen Formulierungen auf: Balint spricht von einem „Primärobjekt", Hartmann von einer „durchschnittlichen berechenbaren Umgebung", Bion von einem „Behälter", Little von einer „primären Einheit", Klein von einem „Schutzschild", Spitz von einem „Bindeglied zur Umgebung", Mahler von einer „extrauterinen Gebärmutter". Winnicotts Terminus „holding" zur Beschreibung der Bemühungen des Analytikers, zu der Ichwerdung des Patienten beizutragen, erscheint mir deshalb geeignet, weil er den Vergleich mit der mütterlichen Bemühung um die Entfaltung des kindlichen Ichs in der ersten Lebensphase suggeriert.

Das Holocaust-Syndrom in der Praxis der Psychotherapie mit ungarischen Überlebenden

Terez Virág

Die Einladung, bei dieser Konferenz in Deutschland über meine psychotherapeutischen Erfahrungen mit ungarischen Holocaust-Überlebenden zu sprechen, ist für mich aus sehr persönlichen Gründen von ganz besonderer Bedeutung.

Ich war vierzehn, als meine damals siebenunddreißigjährige Mutter von uns getrennt und nach Ravensbrück deportiert wurde. Kurze Zeit später mußte ich zusammen mit meiner jüngeren Schwester ins Budapester Ghetto ziehen. Meine Mutter war sechs Monate weg, eine Zeit, die mir damals wie eine Ewigkeit erschien. Im Mai 1945 kehrte sie zurück. Auf dem Heimweg war es für sie offenbar besonders wichtig zu wissen, wieviel von ihrem früheren Selbst übriggeblieben war – sie wog sich unterwegs, in Prag, und brachte ganze achtunddreißig Kilo auf die Waage. Sie wollte mir oft ihre Geschichte erzählen, wie sie von der SS weggeworfene Knochen gesucht hatte oder von ihrem fortwährenden Kampf gegen die Läuse; aber ich mochte diese Geschichten nicht, sie erschreckten mich, und ich wollte sie nicht hören. „Es ist vorbei, es ist Vergangenheit, hör auf, immer wieder und wieder daran zu denken", sagte ich dann für gewöhnlich zu ihr.

Als sie 1981 starb, nahm sie die Erinnerungen an das Lager mit ins Grab. Und erst danach, als sie nicht mehr da war, begann ich die Wunden bei meinen Patienten zu sehen, jene Wunden, die sie seit vierzig Jahren verborgen und, wenn auch unbewußt und unabsichtlich, an ihre Kinder und Enkelkinder weitergegeben hatten. Seither, seit etwa fünfzehn Jahren, habe ich überwiegend Holocaust-Überlebende und deren Nachkommen behandelt und gelernt, die ihnen eigene besondere psychische Struktur zu erkennen. Oft frage ich mich, ob ich mir die Geschichten meiner Patienten anhöre, um auf diese Weise wiedergutzumachen, daß ich damals nicht bereit war, mir die Geschichten meiner Mutter anzuhören.

Meinen ersten Vortrag über therapeutische Erfahrungen mit Holocaust-Überlebenden habe ich im November 1982 gehalten. Er stieß auf eine bemerkenswerte Resonanz und machte das Holocaust-Syndrom nicht nur in Fachkreisen zu einem Begriff. Im Ergebnis kamen sodann immer mehr Menschen auf mich zu, die eine Lösung für ihre Probleme oder die ihrer Kinder suchten. Dank des Wandels im politischen System in Ungarn wurde die Gründung der Ungarisch-jüdischen kulturellen Gesellschaft ermöglicht, unter deren Dach ich dann auch die erste Holocaust-Gesprächsgruppe organisierte, die nach wie vor die einzige ihrer Art in Ungarn ist. Diese Gruppe, die noch immer besteht und sich regelmäßig einmal im Monat trifft, wurde KUT genannt. KUT bedeutet BRUNNEN und ist ein Akronym für etwas wie „wo die Straßen zusammentreffen." Der Begriff hat jedoch auch einen Bezug zu Thomas Manns tiefem „Brunnen der Vergangenheit" und zu dem hebräischen Ausdruck „kedoshim u techorim", heilig und tugendhaft, was die Bezeichnung für Märtyrer ist, zu denen auch jene sechs Millionen gehören, die im Holocaust ums Leben kamen.

Zu der Gruppe gehörten auch einige Psychiater und Psychologen, und 1993 beschlossen wir zusammen mit meinem Mann, eine ambulante psychotherapeutische Klinik für Überlebende des Holocaust und deren Nachkommen einzurichten. Dank der Unterstützung und Großzügigkeit verschiedener Spender kann die Klinik in Form einer Stiftung betrieben werden, so daß ihre Dienste kostenlos in Anspruch genommen werden können. In den fünfeinhalb Jahren seit Bestehen der Klinik haben sich etwa achthundert Patienten hilfesuchend an uns gewandt, und die Zahl der im Rahmen von Einzel- und Familientherapien in Anspruch genommenen Sitzungen ist inzwischen auf über dreitausend gestiegen.

Die hier vorgestellten Fallgeschichten beziehen sich auf die Therapie von Holocaust-Überlebenden der ersten, zweiten und dritten Generation, und die meisten wurden aus meiner Praxis in der ambulanten Klinik der WELL-Stiftung ausgewählt.

Kaddisch für ungeborene Kinder

Viele Holocaust-Überlebende sind nicht in der Lage, die Elternrolle zu übernehmen. Anhand von zwei Fallgeschichten und einem Beispiel aus der ungarischen Literatur möchte ich meine Beobachtungen veranschaulichen.

Rachel verlor ihre Eltern, als sie acht Jahre alt war. Ihre Mutter kam bei einer Deportation ums Leben, der Vater an der russischen Front. Rachel erlebte zusammen mit ihrem jüdischen Großvater und ihrer nichtjüdischen Großmutter, die ihren Mann und ihre Enkelin nicht allein lassen wollte, das Leid im Budapester Ghetto. Rachel heiratete jung, und das Paar lebte bis zum Tod der Großeltern mit diesen unter einem Dach zusammen. Sie führten ein emotional ausgeglichenes Leben und hatten keine finanziellen Sorgen, wollten aber dennoch keine Kinder haben. In ihren Memoiren erklärte sie dazu:

> „Ich beschloß, nie ein Kind zu bekommen, weil ich es nicht beschützen könnte. Meine Eltern konnten nicht wissen, als sie mich zur Welt kommen ließen, was einem Juden widerfahren kann; aber ich weiß es, und wie könnte ich es meinem Kind erklären, ich könnte ihm doch keine Sicherheit geben. Und Gott gibt es entweder nicht, oder er ist es in Anbetracht seiner Bosheit nicht wert, daß man an ihn glaubt."

Bei Rachels Symptom handelt es sich um einen schweren Fall von Agoraphobie. Es ist eine große Qual für sie, selbst in Begleitung das Haus zu verlassen. „Ich wurde von der Entbindungsklinik direkt hierher gebracht, in diese Wohnung, in der ich seither lebe", schreibt sie. Es gibt nur einen sicheren Ort in ihrer zerfallenen Welt, ihr Zuhause. Deshalb muß sie dort bleiben.

Janos wurde 1950 geboren. Sein Vater wurde zusammen mit seiner Frau und einem zweijährigen Sohn nach Auschwitz deportiert; nur der Vater kam zurück. Er heiratete wieder, eine Frau, die das gleiche Martyrium durchgemacht hatte. Janos war ein Kind aus dieser Ehe.

Er sei im Schatten seines ermordeten Bruders aufgewachsen, sagt er, und mit den Bildern von den ermordeten Verwandten großgeworden, die in seiner Kindheit zu Hause an der Wand hingen, darunter auch ein Bild von seinem „Schatten-Bruder". Als er heiratete, wählte Janos eine Frau mit einer ähnlichen Vergangenheit. Sie haben keine Kinder, und zwar aus ähnlichen Gründen, wie Rachel sie anführte.

Der ungarische Schriftsteller Imre Kertész erzählt in seinem in der Ich-Form geschriebenen Werk „Kaddisch für ein nicht geborenes Kind", warum er sich außerstande sieht, die Vaterrolle zu übernehmen. In seinem früheren Buch „Roman eines Schicksallosen" schilderte er, wie er dem Kaddisch, dem Trauergebet der Juden für ihre Toten begegnete: Drei seiner KZ-Mitinsassen hatten einen Fluchtversuch unternommen und waren gefaßt und gehängt worden. Alle übrigen Gefangenen hatten der Hinrichtung mit beiwohnen müssen. Er habe „gar nicht hingeschaut", schreibt er. „Ich horchte eher nach links, woher plötzlich die Stimme kam, ein Gemurmel, eine Art Melodie ... nur eben knapp hörbar, dafür aber andauernd, wie ein unterirdisches Grollen: ‚Jiskadal, wöjiskadal', erklang es in einem fort, und soviel weiß sogar ich, daß es das sogenannte ‚Kaddisch' ist, das Gebet der Juden zu Ehren der Toten." Seither war das Kaddisch für Kertesz das Schlüsselwort, das die Greuel von Auschwitz wachrief. Fünfzehn Jahre nach seinem „Roman eines Schicksallosen" schrieb er die Geschichte von seinem ungeborenen Kind, das nicht zur Welt kommen kann, weil Auschwitz ihm, Kertesz, wie eine Vaterfigur erscheint: „... die Worte Vater und Auschwitz erzeugen in mir das gleiche Echo", schrieb er. „Und wenn es stimmt, daß Gott ein glorifizierter Vater ist, dann hat Gott sich mir im Bild von Auschwitz offenbart."

Mit diesen Beispielen versuche ich zu zeigen, daß Mißtrauen gegenüber der Außenwelt, mit anderen Worten, der Verlust von Vertrauen, für diese Überlebenden die entscheidende Erfahrung war. Obwohl Rachel die Greuel des Ghettos überlebte und Janos erst fünf

Jahre später geboren wurde, waren sie nicht in der Lage, selbst eine neue Generation zu zeugen. Alle diese Beispiele lassen mich zu der Schlußfolgerung gelangen, daß das Bild von der „Außenwelt-Mutter", daß die äußere, reale Welt, von der das Kind umgeben ist, bei der Entwicklung des Mutter-, Vater- und Gottesbildes eine entscheidende Rolle spielt.

Im Falle Rachels wurde das gemarterte Mutterbild überidealisiert, aber auf der Ebene des Unbewußten warf sie ihr, wie sie es formulierte, insgeheim vor, sie auf die Welt gebracht zu haben, um dieses schreckliche Schicksal zu erleiden. Die Mutterschaft wird so sehr mit Märtyrertum und dem Leiden und der Einsamkeit des Kindes verknüpft, daß eine Identifikation mit der Mutterrolle unmöglich wird. Ähnlich bewirken die Umstände, die es Vätern unmöglich machen, ihre Familie und Kinder zu beschützen – und, ich möchte hinzufügen, die Enttäuschung über den Staat, der seinen Bürgern keine Sicherheit gewährt –, daß die Söhne sich außerstande sehen, die Vaterrolle zu übernehmen. All dies scheint nahezulegen, daß die emotionale Verbindung zwischen Mutter und Kind in einem breiteren Sinne interpretiert werden muß. Aufgrund meiner Erfahrungen bin ich zu der Schlußfolgerung gelangt, daß es nicht nur der Konflikt mit dem konkreten Vater oder der konkreten Mutter, sondern die verzweifelte Enttäuschung über die „Außenwelt-Mutter" oder, wie Kertesz es ausdrückte, über die „Außenwelt-Auschwitz-Vater-Gott"-Figur ist, die zur Ablehnung der Vaterrolle führt. Der Holocaust verzerrt bei beiden Beteiligten der dualen Mutter-Kind-Verbindung das Vertrauen in die Zukunft. Die Mütter sind nicht sicher, ob sie tatsächlich in der Lage sein werden, ihre Kinder großzuziehen, und die heranwachsenden Kinder gehen davon aus, daß ihnen das Schicksal ihrer Eltern beschieden sein wird, so daß sie ihr Verwaistsein erweitern und kinderlos bleiben.

Terez Virág

Nach dem Holocaust geboren ...

Mit folgenden Fallgeschichten möchte ich die Übereinstimmungen zwischen den Symptomen von Kindern, die nach dem Krieg geboren wurden, und den Erfahrungen ihrer Eltern demonstrieren. Das erste Beispiel zeigt, wie die Geschichte eines jungen Mädchens, bei dem sich das Schicksal seiner Großmutter wiederholt, ein tragisches Endes nehmen kann.
Tanja
wurde 1942 geboren. Sie war zwei, als ihre dreiundzwanzigjährige Mutter zusammen mit ihrem Schwiegervater und ihrer Schwiegermutter am Abend des 31. Dezember 1944 am Ufer der Donau erschossen wurde. Tanjas Vater kehrte von Auschwitz zurück und heiratete sodann wieder. Tanja mochte ihre Stiefmutter jedoch nicht und heiratete selbst in jungen Jahren. Ihr Mann war nichtjüdisch. Sie hatten drei Kinder, und das zweite trug ihren Namen. Die kleine Tanja fühlte sich ungeliebt und beging in ihrer Verzweiflung Selbstmord. Die Mutter kam in ihrer verzweifelten Trauer ein Jahr später hilfesuchend zu mir. In ihrem Bewußtsein waren die beiden Ereignisse durch die Worte miteinander verbunden, die treffend die Realität widerspiegelten: gewaltsamer Tod. Mit dem Tod ihrer achtundzwanzigjährigen Tochter wiederholte sich die unerträgliche Vergangenheit und wurde in die Gegenwart übertragen.

Das Schicksal der Großmutter, die mit dreiundzwanzig Jahren ums Leben gekommen war, hatte die Enkelin tief bewegt. Oft hatte die kleine Tanja unter Tränen das Tagebuch der Großmutter gelesen, das von der Familie aufbewahrt wurde. Sie hatte das Tagebuch kopiert und es nach Israel geschickt, da dies in ihren Augen der richtige Ort war, an dem es aufbewahrt werden sollte. Für die inzwischen zweiundfünfzigjährige Mutter war es sehr wichtig, daß Tanja in einem schönen Kleid beerdigt wurde, auch wenn sie nicht genau sagen konnte, warum. Aber jedesmal, wenn sie von diesem unbegreiflichen Wunsch erzählte, fügte sie weinend hinzu, ihre Mutter und ihre Großeltern hätten schließlich keine Beerdigung gehabt und seien – wahrscheinlich nackt – erschossen worden, ehe sie in das eisige Wasser fielen. Bis zu unserem Gespräch hatte sie keine Träne hervorbringen können, nicht einmal bei der Beerdigung. Die zurückgehaltenen Tränen riefen auch die Erinnerung an die Vergangenheit wach. Ihre Großmutter hatte ihr nie erlaubt zu weinen. Sie hatte Tanja – und sich selbst – stets damit zu trösten versucht, daß sie sagte, ihre Tochter sei eine ausgezeichnete Schwimmerin gewesen und wahrscheinlich, ehe sie erschossen wurde, ins Wasser gesprungen und bis nach Jugoslawien geschwommen, von wo sie sicher bald zurückkommen werde. Für die ganze Familie wurde die Trauer durch Tanjas zurückgehaltene Tränen genauso erschwert, wie sie ihr seinerzeit durch ihre Großmutter erschwert worden war.

Es half der Mutter, die sich die Schuld am Tod ihrer Tochter gab, und linderte ihre psychische Belastung, eine Verbindung zwischen dem Schicksal ihrer damals dreiundzwanzigjährigen Mutter, die unter so grausamen Umständen ums Leben gekommen war, und dem ihrer Tochter Tanja herzustellen, die mit achtundzwanzig Jahren Selbstmord beging. Auf ihre Frage, wann und wo die Tragödie ihrer Tochter begonnen habe, antwortete ich ihr, was ich noch immer für zutreffend halte: am 31. Dezember 1944 am Ufer der Donau. Es wäre ein schwerwiegender Fehler und käme einem Verkennen der Realität gleich, wenn wir in der Tragödie, die sich 1994 ereignete, nicht eine Wiederholung der schicksalhaften Ereignisse erkennen würden, die sich fünfzig Jahre früher zugetragen hatten.

Ich habe oft beobachtet, daß dem Leiden von Müttern und Vätern in Zusammenhang mit der Symptomentwicklung eine sehr unterschiedliche Bedeutung beigemessen wird. Die Prüfungen der Väter werden vielfach in den Hintergrund gerückt, während dem Leid der Mütter bei der Symptombildung eine vorherrschende Rolle zugeschrieben wird. Die nachfolgende Fallgeschichte zeigt ähnlich wie im vorhergehenden Fall, wie die Symptombildung bei den Nachkommen die Erfahrungen der früheren Generation widerspiegelt, und sie dürfte zudem auch die grundlegende Bedeutung der Vergangenheit der Mütter bei der Symptombildung veranschaulichen.

Anna

ist vierundzwanzig und leidet unter Agoraphobie. Nachdem sie die höhere Schule verlassen hatte, bekam sie zunehmend Schwierigkeiten, aus dem Haus zu gehen, bis sie es schließlich gar nicht mehr verlassen konnte. Sie lebt seit vier Jahren zu Hause in einer sechs Quadratmeter großen Dienstmädchenkammer.

Bei der Suche nach der Ursache ihrer Agoraphobie kam die Tragödie ihrer halbjüdischen Großmutter ans Licht. Sie wurde von ihrer Heimatstadt aufs Land deportiert und kam nie wieder zurück. Zu Beginn der Therapie wußte ich nichts von Annas Berührungspunkten mit dem Holocaust. Als die Großmutter deportiert wurde, war Annas Mutter vierzehn Jahre alt, und ihre nichtjüdischen Großeltern hatten sie bei sich zu Hause in einem kleinen Zimmer versteckt. Erst gegen Ende von Annas Therapie, als wir glaubten, die Ursache ihres Symptom verstanden zu haben, kam die Tragödie von Annas Großvater väterlicherseits zur Sprache. Er war immer ein angesehener Bürger der Stadt gewesen, bis er nach dem Krieg schließlich als Kulak tituliert und sein Grundbesitz samt seinem Haus konfisziert worden war. Frühere Freunde hatten ihm dann den Rücken zugedreht. Die Demütigungen, die er ertragen mußte, hatten schließlich zu einer schweren Depression und dazu geführt, daß er sich immer mehr in sich zurückgezogen hatte und ausgesprochen schweigsam geworden war. Eines Tages, als der stalinistische Terror in den fünfziger Jahren auf dem Höhepunkt war, war er unerwartet zusammengebrochen. Die zu Hilfe gerufene und ganz in der Nähe wohnende Ärztin, die im übrigen eine enge Verwandte war, hatte sich jedoch geweigert, wie sie erklärte, das Haus eines Kulaken zu betreten. So blieb der Großvater ohne medizinische Hilfe. Die Todesursache war laut Autopsie ein Herzanfall. Annas Vater, der damals etwa achtzehn war, litt in seiner Adoleszenz unter der Verfolgung, der die Familie ausgesetzt war. Verblüffend ist, daß Anna sich erst in der letzten Phase ihrer Therapie an das Martyrium ihres Vaters und ihres Großvaters erinnerte. Die schmerzliche Vergangenheit der Familie mütterlicherseits, das Verstecken vor dem Feind, die Vertreibung aus dem eigenen Haus hatten jedoch einen maßgebenderen, tatsächlich entscheidenden Einfluß auf ihre Symptombildung.

Daß das Martyrium des Vaters einen geringeren Effekt hatte, läßt sich vielleicht mit der menschlichen Ethologie erklären. Wir sind an die Tatsache gewöhnt, daß Männer im Krieg getötet werden. Der Verlust, der Tod des Soldaten ist mit Pathos verbunden: Er ist ein Kriegsheld, seine Frau eine Kriegerwitwe, sein Kind ein Kriegswaise, der sich auf die Unterstützung des Staates verlassen kann. Das Massaker an Müttern und Kindern ist in dem Ausmaß, wie es im Holocaust geschah, beispiellos in der Geschichte. Der Tod im KZ hat nichts Erhabenes. In den zurückliegenden fünfzig Jahren gab es in Ungarn nicht ein einziges Zeichen des Mitgefühls, das seitens der Gesellschaft zum Ausdruck gebracht worden wäre.

Ich möchte an diesem Punkt auch ein paar Worte über die Auswirkungen von Mischehen bei den ungarischen Holocaust-Überlebenden sagen. Nach dem Krieg vervielfachte sich die Zahl von Mischehen und erreichte mit dem Stand von schätzungsweise 50 Prozent einen Höhepunkt. In meiner Praxis liegt der Anteil der Patienten, die in Mischehen leben oder geboren wurden, jedoch wesentlich höher. Dies beweist, daß die Gefahr der Traumatisierung durch Mischehen nicht verringert wird. In einem gewissen Sinne können sie die Gefahr tatsächlich sogar erhöhen, da sie die Entwicklung eines eindeutigen Identitätsbewußtseins erschweren. Dies gilt sogar in solchen Fällen, wenn wie bei Tanja und Anna nur ein oder zwei Großelternteile jüdisch sind.

Terez Virág

Peter

Die Hauptfigur in dem nachfolgenden Fall, den ich jetzt vorstellen möchte, ist der achtjährige Peter. Angesichts der Tatsache, daß die Eltern und Großeltern ständig Auslöser der neurotischen Symptome bei Peter waren, wäre es ein schwerer Fehler gewesen, die Eltern nicht auch in die Therapie mit einzubeziehen. Statt die klassischen analytischen Techniken zu nutzen, entschied ich mich für eine sogenannte „kindorientierte Familientherapie". Die Therapie konzentriert sich auf die neurotischen Symptome des Kindes, und das Maß an Aufmerksamkeit, das ich den Eltern schenke, hängt davon ab, inwieweit sie zu den Symptomen des Kindes beitragen.

Peter kam wegen seiner Schlaflosigkeit zur Psychotherapie. In der ersten Sitzung klagten sowohl der Vater als auch der Sohn über die Kinder, die Peter wegen seines Klumpfußes und seiner entsprechenden Gangart hänselten. Sie hatten wegen des Fußes einen höchst renommierten Orthopäden, einen Professor, konsultiert, der Peter in einem Jahr dringend angeraten hatte, Gymnastik zu machen, um sie ihm im nächsten Jahr dann im Gegenteil zu verbieten, und im dritten Jahr schließlich von einer Operation gesprochen hatte. „Aber ich habe Angst vor einer Operation", sagte Peter. „Denn ich habe gehört, daß ich dann erst ein Jahr nach der Operation wieder gehen kann. Zuerst, glaube ich, werde ich mich nur herumrollen und herumkriechen können und mich später dann auf Händen und Knien fortbewegen können und so weiter."

Bei der Untersuchung wurde klar, daß seine Schlaflosigkeit auf seine Angst vor dem Einschlafen zurückzuführen war. Einmal erzählte er von seinem Traum: Er wurde operiert und mit „Gas" eingeschläfert. „Sie legten die Maske über meine Nase und mein Gesicht und ließen das Gas darauf strömen. Zuerst geschah nichts, dann flog ich durch die Luft, und um mich herum waren rote und schwarze Kieselsteine. Sie benutzen entweder eine Spritze oder Gas, um jemanden einzuschläfern", sagte Peter. Er hatte von „der Kammer" gehört, „in die Leute gestoßen und dann mit Gas getötet werden. Ich habe gehört, wie sich eine alte Dame und ein älterer Herr auf der Straße darüber unterhielten, und er sagte: ‚Gaskammer'. Den Rest habe ich selbst herausgefunden."

In den Sitzungen kam das gestörte Leben der Familie langsam ans Licht. Peters jüngerer Bruder Balazs bekam mit einemmal völlig unerwartet Diabetes. Eine Folgewirkung war, daß danach auch das Magengeschwür des Vaters wiederum reaktiviert wurde.

Peters Schlaflosigkeit kaschierte seine wirklichen Probleme, seine Einsamkeit, da er keine Freunde hatte, und daß die Kinder ihn wegen seines Klumpfußes hänselten. Dies schien seit seiner Kindergartenzeit ein zentrales Problem der Familie zu sein. Der Kindergartenarzt war der erste, der Peter stigmatisiert hatte, und zwar mit der Bemerkung: „Alle jüdischen Kinder haben Klumpfüße." Nach diesem „Satz" hatte sich die Familie dann an den zuvor erwähnten Orthopäden, jenen Professor, gewandt, der die ganze Familie, vor allem Peter, nolens volens in Angst und Schrecken versetzt hatte. Bei seiner Behinderung hatte man natürlich mit Stützen Abhilfe schaffen können, so daß eine Operation nicht notwendig war. Es war nicht schwer, hinter Peters Traum von der Narkose mit Gas das Überlebenssyndrom zu erkennen, das in der Familie selbst noch in der dritten Generation neurotische Probleme verursachte.

Der Vater war 1950 geboren. Seine Eltern hatten während des Zweiten Weltkrieges beide unter Verfolgung zu leiden. Seine Mutter hatte gerade ihren achtzehnten Geburtstag begangen, als sie deportiert wurde. Von den vier Familienmitgliedern durften nur drei zusammenbleiben. Das achtzehnjährige Mädchen hatte es auf sich genommen zu gehen, damit ihr elfjähriger Bruder bei den Eltern bleiben konnte. Sie wurde nach Bergen-Belsen gebracht. Als sie nach Hause zurückkehrte, hatte sie ein Stigma: Wenn sie in schlechter psychischer Verfassung war, verdrehte sie wie bei einem leichten epileptischen Anfall die Augen. Sie führte dies selbst darauf zurück, daß sie im Lager angesichts all des irdischen Leids stets hilfesuchend zum Himmel hochgeblickt hatte.

Sein Vater (Peters Großvater) war im Arbeitslager gewesen; er kam mit einer tiefen Narbe auf dem Rücken zurück, die Beweis für die Gewalt war, die man ihm angetan hatte.

Was Peters Vater selbst anging, so erzählte er mir, er habe, während er für die Abschlußprüfungen an der höheren Schule gelernt habe, Unmengen von kaltem schwarzen Kaffee getrunken. Auf diese Weise habe er nie ein Hungergefühl, nur Schmerzen gehabt, bemerkte er in einem beiläufigen Ton. Parallel dazu hatte er sich in dieser Zeit auch zu einem starken Raucher entwickelt. Als ich ihn fragte, ob ihm bekannt sei, was die Insassen in den Konzentrationslagern zum Frühstück bekommen hätten, antwortete er prompt: „Irgendeine schwarze Brühe, wie Kaffee."

Kurze Zeit später bekam er ein Magengeschwür. Nachdem er geheiratet hatte, sorgte seine Frau dafür, daß er ein ordentliches Frühstück zu sich nahm. Er hörte auch mit dem Rauchen auf, und damit verschwanden dann auch seine Magenprobleme. Als Balazs krank wurde, fing er dann allerdings wieder zu rauchen an und wurde erneut ein starker Raucher. Und damit wurde dann auch sein Magengeschwür neuerlich reaktiviert. Durch Balazs' Krankheit wurden die Überlebensanstrengungen der Familie aufs Spiel gesetzt.

Obwohl Peter nicht dick war, wurde er den Sommer über zur Gewichtsabnahme in ein Ferienlager an der Donau gesteckt. Auch darin zeigen sich die unbewußten Ängste des Vaters, die Greuel der Vergangenheit könnten sich wiederholen. Der kalte schwarze Kaffee und das Ferienlager zur Gewichtsabnahme waren nach meiner Deutung ein klares Indiz, daß er noch immer von der Vergangenheit verfolgt wurde.

Peters Mutter war 1951 geboren. Ihr Vater hatte während des Zweiten Weltkrieges in der britischen Armee gegen die Faschisten gekämpft. Ihre Mutter war als kleines Mädchen deportiert worden. Sie spricht nicht gerne über die Vergangenheit, da sie „die Wunden nicht aufreißen" möchte, wie sie sagt. Die jüdische Abstammung ist in der Familie kein Geheimnis. Der Großvater erzählt den Enkelkindern oft heroische Geschichten aus seiner Vergangenheit.

Ein Zeichen der Besserung war, daß der einsame Peter schließlich einen wahren Freund fand. Im muttersprachlichen Unterricht mußten sie in der Schule einen Aufsatz über das Thema „Mein Freund" schreiben. Obwohl die beiden Jungen weit auseinander saßen, schrieben sie unabhängig voneinander über den jeweils anderen. Peter war ganz glücklich, als er mir davon erzählte. Und glücklich waren auch die Eltern; so glücklich, daß sie meinten: „Wir haben unseren Sohn zurückbekommen."

Im nächsten Sommer sollte Peter in ein Pfadfinderlager gehen, aber die Eltern erzählten mir, daß er sich nicht so recht entscheiden konnte. Sie hatten ihn dann, wenn auch nur halbherzig, überredet und mit ihm für alle Fälle einen geheimen Verständigungscode vereinbart. Wenn Peter in einem Brief seinen Namen zweimal unterstrich, bedeutete dies, daß sie ihn sofort aus dem Lager abholen sollten. Und ein Strich unter seinem Namen hieß nur, daß es ihm nicht allzu sehr gefiel.

Zu jedermanns Überraschung gab es überhaupt keine Striche, seine Briefe zeugten davon, daß er glücklich und zufrieden war. Das Lager war ein Erfolg. Als der Vater mich nach Peters Rückkehr aufsuchte, um mir diese gute Neuigkeit zu erzählen, fügte er lachend hinzu: „Wir haben nicht erwartet, daß er lebend zurückkäme." Dieser vielsagende Satz rutschte ihm einfach so heraus, ohne daß ihm bewußt war, was er wirklich bedeutete. Aber nachdem ich ihn vor ihm wiederholt hatte, stand er ihm so klar vor Augen, daß er sofort verstand, daß hinter ihrer antizipierten Angst die Erinnerungen und das Leid der noch immer unaufgearbeiteten Vergangenheit standen.

Selbst fünfzig Jahre nach der Ermordung von 600.000 ungarischen Juden in den Lagern von Auschwitz, Bergen-Belsen usw. weckt die Erwähnung des Wortes „Lager" – selbst in einem völlig friedfertigen Zusammenhang – vergangene Ängste.

Im Falle Peters entstand die kritische Situation höchstwahrscheinlich durch das widersprüchliche Verhalten, das die beiden Großelternpaare bezüglich ihrer Kriegserfahrungen an den Tag legten. Ein Großvater war ein Held in der britischen Armee, während der andere ein geschlagener, leidgeprüfter Häftling in einem Arbeitslager war. Der eine akzeptierte stolz seine Identität, während der andere seine Wunden mit Scham verdeckte.

Nach Aussage der Eltern hatten sich die Kinder immer erschreckt, wenn die Großmutter väterlicherseits die Augen so seltsam himmelwärts verdreht hatte. Wahrscheinlich hatte es auf den Vater in seiner Kindheit den gleichen Effekt. Vor der Therapie hatte er mit niemandem über seine Kindheitserinnerungen sprechen können. Aber nachdem die unterdrückten Ängste der Familie ans Licht gekommen waren, konnten Peter und die Familie genesen.

Mit den vorgenannten Fallgeschichten wollte ich demonstrieren, daß meine Patienten in ihrer psychischen Entwicklung durch die realen Widersprüche in ihrer unmittelbaren Umwelt gestört waren. Es wird deutlich, daß sowohl Peter als auch seine Eltern und Großeltern geschädigt waren. Peters Fall hat klar gezeigt, daß sowohl seine Schlaflosigkeit als auch das Magengeschwür seines Vaters eng mit dem Leid der Familie zusammenhingen. Hinter Peters Angst vor dem Einschlafen stand seine Furcht vor dem Krematorium in Auschwitz.

Bei Tanja, Anna und Peter kann die Pathologie weder einzig auf die Mutter-Kind-Beziehung noch auf die Probleme der ödipalen Phase zurückgeführt werden. Hinter ihren neurotischen Symptomen stehen die Folgewirkungen der schweren Verfolgung, der sie ausgesetzt waren. Der pathologische Faktor entspringt der Realität. Bei Familien von Holocaust-Überlebenden untersuche ich die Geschichte der pathogenen Mutter, um ihr Leid verstehen zu können, das dem Aufbau einer liebevollen Beziehung mit ihrem Kind im Wege stand. Wie könnten wir die psychischen Abläufe verstehen, ohne uns an Auschwitz zu erinnern?

Das Bindeglied der Weitergabe

Über welche Mechanismen geben Eltern die Ängste, die sie erlebt haben, an ihre Kinder weiter?

Es ist hinlänglich bekannt, daß ein Ausdruck eine signifikante Komponente hat, die eine bestimmte Assoziation heraufbeschwören kann. Wallon sprach in diesem Zusammenhang von einem Scheinbild und sein Schüler, der ungarische Psychologe Merei, von einer Anspielung, einer Komponente, „die das Ganze vermittelt und heraufbeschwört, mit der ganzen emotionalen und stimmungsmäßigen Temperatur, und willkürliche Episoden bewahrt." Es ist nur natürlich, daß sich innerhalb der Familie im Laufe der Zeit ein ganzes System von Anspielungen entwickelt. Aber was geschieht, wenn die Mitglieder der Familie ihre Vergangenheit nicht offenlegen möchten und versuchen, ihre beschämenden oder schmerzhaften Erfahrungen zu verbergen? Fest steht, daß sich die psychische Spannung, die hinter diesen verborgenen und geheimen Erfahrungen steckt, in solchen Fällen dennoch von selbst verrät.

Die Nachkommen von Holocaust-Überlebenden begegnen in ihrem Alltagsleben häufig scheinbar wertneutralen Phänomenen, die für ihre Eltern jedoch assoziativ mit den verdrängten furchtbaren Erinnerungen verbunden sind.

Für die Familien der Überlebenden – wie im Falle von Peter und seiner Familie – haben Worte wie Gas und Lager, Stacheldraht, Eisenbahnwaggon, Seife oder – für Kertész – Kaddisch eine vom ursprünglichen Sinn des Wortes losgelöste Bedeutung, und die durch diese Worte übertragene emotionale Spannung übermittelt dem Kind die Erinnerungen an die geheimgehaltene Vergangenheit. Und all das wird dann damit vermischt, was in der Schule gesagt, durch die Medien vermittelt, aus den von den Großeltern erzählten Geschichten aufgenommen oder, wie bei Peter, zufällig auf der Straße aufgeschnappt wird. Die Substanz dieser Andeutungen stellt das Vehikel dar, durch das die Erinnerungen, Befürchtungen und

Ängste in Verbindung mit der geheimgehaltenen Vergangenheit an die nächste Generation weitergegeben werden.

Solidarität und Mitgefühl als Überlebensstrategie

Während Judith Kestenberg und andere Autoren die Identifikation mit dem Angreifer betonen, habe ich in meiner therapeutischen Praxis beobachtet, daß es selbst unter den schrecklichsten, unter extrem unmenschlichen Umständen den Aspekt der gegenseitigen Fürsorge und der Solidarität gab. Ein Aspekt, der auch in den Memoiren von Holocaust-Überlebenden widergespiegelt wird.

Das Leben von Primo Levi und Imre Kertész wurde dank der gegenseitigen Hilfe und Unterstützung von Mitgefangenen gerettet. In seinem Buch „Ist das ein Mensch?" erinnert sich Primo Levi an seinen Kameraden Alberto, der in den letzten Kriegstagen ums Leben kam. „Seit sechs Monaten teilten wir das Bett und jedes außerhalb der Ration organisierte Gramm Essen", schreibt er. Und dann von einem anderen Kameraden: „Lorenzo bringt uns jeden Abend drei oder vier Liter Suppe von den italienischen Zivilarbeitern." Imre Kertész konnte nach einem Unfall kaum noch gehen, als ihm im Krankenhaus ein tschechischer Pfleger, mit dem er kein einziges Wort wechseln konnte, zusätzliches Essen zukommen ließ. „... und auf einmal hatte ich ein viertel Brot und eine kleine, hübsche Konservendose mit schon hochgebogenem Deckel in der Hand, eine Dose mit noch unberührtem, haschiertem rosarotem Fleisch." Gyorgy Gypri, ein ungarischer Journalist, erzählt in seinen Memoiren, wie er bei der Selektion für die Gaskammer davonkam. Er tat so, als sei er ein Turner, und sein deutscher Aufseher hatte ihm nicht nur die wesentlichen Tricks beigebracht, die er brauchte, sondern auch sein tägliches Mittagessen aus dem Henkelmann mit ihm geteilt. Ibolya, ein Überlebender von Auschwitz, berichtete bei einem Treffen unseres Holocaust-Gesprächskreises:

„Ich konnte meine Furcht im Lager vorübergehend überwinden, wenn ich anderen irgendwie helfen konnte. Ich hielt ständig Ausschau, ob es etwas zu ‚organisieren', das heißt zu beschaffen, gab: ein paar Kartoffeln, etwas Gemüse. Wenn ich mir die anderen anschaute, sah ich, daß wir verhungern würden, wenn es uns nicht gelang."

Eine ähnlich altruistische Einstellung kennzeichnete Viktor Frankls Verhalten in Auschwitz. Diese Beispiele sind der Beweis, daß das Bedürfnis, unseren Mitmenschen zu helfen, selbst unter den grausamsten Umständen nicht auszumerzen war.

Im Holocaust erreichte der Haß seine denkbar extremste Form. Er ließ die Urängste der Menschheit, den Hungertod und gewaltsamen Tod Wirklichkeit werden, und damit kamen die während des Zivilisationsprozesses ins Unbewußte verbannten Alpträume in der Realität ans Tageslicht.

Durch die Einsichten, die ich in das Leben der Familien von Holocaust-Überlebenden gewonnen habe, konnte ich das Verhalten der Mütter vor dem Hintergrund sozialer Faktoren zurückverfolgen. Es half mir, die pathogenen Mütter, die Mütter von Tanja, Anna wie auch Peters Großmutter, und deren unermeßliches Leid zu verstehen.

Diese therapeutische Einstellung setzt eine andere Reihe von Metaphern als jene voraus, die die griechische Mythologie zu bieten hat. Dieser Ansatz muß die Fähigkeit zur Selbstheilung wie auch die Fähigkeit zu Liebe und Verständnis stärken.

(Übersetzt von Anni Pott)

Literatur

Bergmann, M. S., Jucovy, M. E., Kestenberg, J. S. (1998): Kinder der Opfer. Kinder der Täter. Psychoanalyse und Holocaust. Frankfurt/M. (Fischer).
Bettelheim, B. (1976): Surviving and Other Essays. New York (Alfred A. Knopf).
– (1992): Erziehung zum Überleben. Göttingen (LAMUV-Verlag).
Frankl, V. E. (1998): Trotzdem Ja zum Leben sagen. Ein Psychologe erlebt das Konzentrationslager. München (DTV).
Kertész, I. (1999): Roman eines Schicksallosen. Reinbek (Rowohlt).
– (1999): Kaddisch für ein nicht geborenes Kind. Reinbek (Rowohlt).

Kestenberg, J. S. (1980): Psychoanalyses of children of survivors from Holocaust: Case presentation and assessment. In: Journal of the American Psychoanalytic Association 4, S. 775-804.
– (1984): Kinder von Nazi-Verfolgten. In: Psyche 28, 3.
– Koorland, V. (1993): Als Eure Großeltern jung waren. Mit Kindern über den Holocaust sprechen. Hamburg (Krämer).
Levi, P. (1992): Ist das ein Mensch? Ein autobiographischer Bericht. München (DTV), S. 173, 185.
Virág, T. (1983): Kinder des Holocaust und ihre Kindeskinder. In: Studien zur Kinderpsychoanalyse, Jahrbuch III, S. 43-66.
– (1996): Emlékezés egy szederfára. (Erinnerung an einen Maulbeerbaum). Budapest (Animula). Engl.: Children of Social Trauma: Hungarian Psychoanalytic Case Studies. London (Jessica Kingsley Publishers, 1999 (im Druck)).

Bruch in der Geschichte und Freudianische Lektüre des Aktuellen

Jean-Jacques Moscovitz

Humanität, Inhumanität, A-Humanität

Es wird behauptet, daß die – vor allem jüdischen – Opfer nicht entmenschlicht wurden im Gegensatz zu den "Tätern", die ihre Menschlichkeit verloren haben. Und aus diesem Grund wird den Juden nahegelegt, zu versuchen, einen Schritt zur Seite zu machen, um anzuerkennen, daß der Sinn dessen, was sich während der Shoah ereignet hat, nicht die Opfer, sondern die Täter betrifft, die ihrerseits zu erklären haben, warum das geschehen ist.

Seit Claude Lanzmanns Film "Shoah" begreifen wir klar, worum es geht: Es gibt keine Antwort auf die Frage warum das jüdische Volk, das Wort ‚jüdisch', angegriffen wurden, um massenweise zerstört zu werden; keine Antwort, ohne jener Obszönität zu verfallen, angesichts derer – ob man nun diesem Volk angehört oder nicht, da man grundsätzlich der gesamten Menschheit angehört – wir alle mit einem Aussetzen, wenn nicht mit einem Stillstand des Denkens konfrontiert sind.

Jeder ist unausweichlich vom Sinn/Un-Sinn der Shoah ergriffen. Dieser Sinn ist nicht derjenige einer kausalen Erklärung, der sich die Täter widmen müßten, indem sie ruhigen Gewissens vorschlagen, daß die Juden, die sozusagen gegen die Erklärungsnotwendigkeit abgeschirmt sind, de facto ganz einfach ferngehalten werden müßten bei dem, was hier grundsätzlich und beispiellos auf dem Spiel steht.

Es ist unmöglich, nicht nach einem Sinn zu suchen, ja, nach dem Sinn dessen, was aus dem Leben, der Liebe, dem Wunsch, dem Tod, dem Lusterleben, der Filiation, der Bindung der Menschen untereinander geworden ist. Jeglicher Sinn eines solchen Verbrechens implodiert auf Grund des Un-Sinns der kraft mangelnden Sinns agiert.

Nein, die Mörder wurden nicht durch eine aus dem Nirgendwo aufgetauchte Katastrophe entmenschlicht, die sie sozusagen heimgesucht hätte, bevor sie zu Kriminellen wurden. Sie haben vielmehr aktiv, gewollt, vorsätzlich, vor allem auf politischer Ebene, die Humanität verlassen.

Vertritt man die Idee einer Entmenschlichung der Mörder, wird das *Verbrechen gegen die Menschheit* ganz einfach ein *Verbrechen der Menschheit*. Hier gibt es nur Verweigerung, denn der Massenmord kommt der Entmenschlichung des Todes gleich, der in der Gaskammer und im Verbrennungsofen stattgefunden hat, um die Spuren der Verbrechen und das Verwischen der Spuren zu beseitigen. Den Tod töten: Jeder muß sterben, aber so, nein und abermals nein.

Um nicht in der Gegenüberstellung human/inhuman zu verharren, die das, was passiert ist *negiert*, hat uns Vladimir Jankelevich das Wort a-human gegeben, das in Hannah Arendt plastische Vorstellungen erweckt, wenn sie davon ausgeht, daß Humanität und Inhumanität sich solcherart verschoben haben, daß sie sich gegenseitig keinen Platz mehr lassen.

Es geht um das, was Sigmund Freud nicht wissen konnte, als er in "Das Unbehagen in der Kultur" von 1929 so kraftvoll lehrt, daß in den menschlichen Gemeinschaften, so menschlich ihre Mitglieder auch sein mögen, ein Teil existiert, der sie bis zum Letzten vernichten könnte. Aber für Freud bleibt dies außerhalb des Politischen, denn es handelt sich nur um eine Rückkehr zum Leblosen, einem Vor-der-Sprache.

Eine Frage der Methode

Faktisch geht es hier um die zu findende Methode für den heutigen Umgang mit solchen Fragen. Spricht man nicht von einer "für die Humanität neuen Erfahrung", die dem jüdischen Volk die Rolle zuweist, seit der Shoah ein Wiederaufleben der Marter Christi am Kreuz zu erhellen? Dies hat etwas von dem, was "christliche Eifersüchte auf jüdisches Leiden" genannt wurde (in der Zeitschrift: Les Temps Modernes, November 1993).

Nein, die Shoah läßt nichts wieder aufleben. Für die Opfer war sie nicht notwendig und auch nicht für die Rückkehr zu den Wurzeln der jüdischen Tradition. Wenn man den Juden einen solchen Platz außerhalb von Sinn/Un-Sinn zuweist, bedeutet dies nicht, sie von neuem in einem Außerhalb-von-Welt zu situieren, so daß sie nicht einräumen können, daß das, was geschehen ist, es unmöglich macht, wie früher, wie vorher, Jude zu sein, sei es auf politischer, religiöser oder gemeinschaftlicher Ebene.

Erklärt uns Yeshayhaou Leibowitz nicht, daß die Shoah die Juden nichts lehrt, daß sie lediglich zeigt, wohin der Antisemitismus der Nationen führt: Nämlich zu dem, das ich gewagt mit dem Wort "A-Semitismus" bezeichne.

Auch die Juden vermochten diesen Übergang zum A-Semitismus nicht vorherzusehen, genausowenig wie sie eine Vorstellung davon hatten, welche Maßnahmen zu ergreifen gewesen wären, da ja alles noch nie dagewesen war. Wenn es eine Notwendigkeit gibt, so liegt sie in der universellen Suche nach Wörtern, um diesen Bruch in der Geschichte, der auch ein Bruch in der Sprache ist, zum Ausdruck zu bringen.

Wie Adorno bemerkt, bekundet die Poesie von Rachel Ertel und von Paul Celan diesen Bruch durch eine in sich selbst gebrochene Sprache. Und dadurch wird der Beginn einer Transmission möglich.

Die Methode geht also wesentlich von dieser Unmöglichkeit aus, sagen zu können, warum sich die Shoah auf die Juden niedergeschlagen hat. Denn eine Verneinung dieser Unmöglichkeit würde soviel bedeuten wie die Sprache des Feindes sprechen und sich als Mittäter des Verbrechens einzuordnen. Diese Unmöglichkeit anzunehmen ist ethisch, sie ist ebenfalls ästhetisch. Es ist unmöglich, die Ursache zu denken oder zu nennen, denn die Shoah hat stattgefunden und wir leben nach ihr. Jeder Gedanke über den Grund versetzt uns in die Folgen. Mit vergeblicher Mühe die Ursache nennen zu wollen bedeutet so viel, wie sich in die Zeit vor der Vernichtung zu versetzen. Hier beginnt ein ungewollter und impliziter *Revisionismus*, der, obgleich er noch nicht politisch ist, andere zum *Negationismus* verleiten kann.

Ungeschicktheit[1]

Der Ansatz meiner Methode ist also der einer Ungeschicktheit, die diesen Fragen innewohnt. Eine Ungeschicktheit, die ich begangen habe, ermöglicht mir, den Gedanken zu präzisieren.

Als ich ein einflußreiches Mitglied der Gesellschaft für christlich-jüdische Freundschaft erwähnen hörte, die Shoah gäbe (sic!) den Nachkommen jüdischer Opfer die Möglichkeit zu einer neuen Erfahrung, ging mir selbstverständlich in dem Augenblick der Gedanke durch den Kopf, daß die Vernichtung für niemanden notwendig gewesen sei. Für niemanden, fügte ich hinzu, außer für die Mörder, die das Warum des Geschehenen zu erklären haben. Und damit sagte ich, die Shoah sei notwendig gewesen! Das ist die Ungeschicktheit, die sogar in mein Buch "D'où viennent les parents" (Woher kommen die Eltern?) eingeflossen ist, in dem ich Wörter und Begriffe vorschlage, um gegen genau dieses Risiko der Ungeschicktheit und Taktlosigkeit anzugehen.

Von diesen Begriffen ist derjenige der *unbewußten Lust* (*jouissance inconsciente*) von größter Bedeutung, denn er ist den Begriffen Sinn und Wissen entgegengesetzt. Genauer gesagt, Sinn und Lust sind mit einander verbunden, wobei sie sich zugleich so ausschließen, daß das, was auf der Seite des Sinns ist, für die Lust verloren geht und umgekehrt. Lust und Wissen – der Terminus Wissen ist dem Terminus Sinn vorzuziehen, insofern Sinn auch Un-Sinn beinhaltet – sind in dem, was die Psychoanalyse Über-Ich nennt, miteinander verbunden.

Unbewußte Lust und Stillstand des Denkens

Der Begriff *unbewußte Lust* kann hier freilich ein wenig schockieren. Versuchen wir eine Erklärung: Nach dem Krieg von 1914-18 arbeitet Freud diesen Begriff der Lust (in "Jenseits des Lustprinzips" und in "Das Unbehagen in der Kultur") nicht sehr ausführlich aus.

Jacques Lacan hingegen wird diese Ausführung vermutlich mit Bezug auf den Zweiten Weltkrieg und die Lager gründlich und äußerst anspruchsvoll entwickeln.[2]

Unbewußte Lust zeigt sich als das, was Freud Libido genannt hat. Sie unterliegt der Wiederholung, einer Kraft, die sie auf strukturierende Weise fixiert. Diese Struktur verbindet sich mit dem Gedächtnis, dem Körper, der Sprache des Subjekts.

In einer gewöhnlichen Situation befinden sich Sinn und Lust mehr oder weniger im Gleichgewicht. Im Fall der Neurose bewirkt diese mehr oder weniger versagende Verbindung von Sinn und Lust einen Schmerz, der zunächst ohne Angst ist. Dies zeigt uns, wie leicht Schmerz und Lust austauschbar sind. Der Schmerz wird fixiert und organisiert sich fortan als Symptom und in Form von Angst. Dies ist die Wirkung eines gewöhnlichen Traumas.

Wenn jedoch die Wirkung des Traumas eine Terrorsituation hervorruft, wird das Trauma ausgelöscht. In dem Fall, der uns hier interessiert, dem Fall der Shoah und ihren in den psychoanalytischen Therapien erkennbaren heutigen Auswirkungen, ist das so ausgelöschte Trauma, gerade wegen dieser Auslöschung, unmöglich zu denken. Es ist unmöglich, den Terror zu denken. Man kann zweifellos an die Shoah denken, aber sie läßt sich nicht denken.

Es gibt keinen Sinn. Alles haftet auf der Seite Lust/Schmerz, und zwar am äußersten Punkt, der Horror heißt. Die Äußerungen der zurückgekehrten Opfer bezeugen in erster Linie diesen Stillstand des Denkens, den Bruch im Denken, den Horror angesichts des kollektiven Verschwindens des Denkens während der Shoah. Aber jeder von uns ist der Ort eines solchen Stillstands von Denken sowie zugleich seiner unbewußten Verweigerung. Es ist wirklich nicht möglich, das "Ereignis" (für sich) einzuordnen, ohne zugleich die Gewißheit zu haben, daß die eigene Subjektivität kein Wissen ermöglichen, keinen Sinn zu verleihen vermag. Der Mensch kann nicht umhin, bei der Wahrnehmung der Realität und dessen, was in ihm denkt, völlig einbezogen zu sein. Dies geht so weit, daß er sich für diese Realität schuldig fühlt, auf die er sich jedoch stützt, um nicht den Verstand zu verlieren und um sein Denken zu retten.

Die schreckliche, außerhalb seines Kopfes stattfindende Realität, läßt sich durch die menschlichen, allzumenschlichen Mechanismen der Schuld in seinem Kopf nieder.

Und trotzdem weiß jeder von uns einigermaßen, wie sehr der Horror des kollektiven Verschwindens das Subjekt durch diesen außerhalb seines Kopfes stattfindenden Wahnsinn aus seinem Denken herauskatapultiert und das Subjekt ins Außen schleudert, ins Kollektiv, wo es in der Masse untergeht, zur Masse wird.

Hier vermischen sich individuelles und von außen kommendes Trauma. Individuelles Trauma, das beim Kleinkind die Innerlichkeit des Subjekts bildet und von außen kommendes Trauma, welches das bereits konstituierte Subjekt weder vorhersehen, erwarten, noch denken kann.

Aus genau dieser Unklarheit geht das Aussetzen des Denkens hervor. Durch diese Verwirrung kann das Subjekt nicht die Einschreibung seines persönlichen Traumas in bezug auf das undenkbare Trauma vom Horror des kollektiven Verschwindens kennen.

Das Aussetzen des Denkens, der Terror im Denken, hängt damit zusammen, daß das Trauma auf sozusagen privater Ebene im Kollektiv, in der Öffentlichkeit untergeht. Auf der Ebene der Sprache resultiert daraus die Abwesenheit von signifikanter Doppelsinnigkeit in den Wörtern.

Angriff auf die Sprache

Es ist deshalb von Interesse hier, diese Begriffe zu evozieren, weil sie die Frage aufwerfen, welchen Rahmen man dieser vom Sinn losgelösten Lust geben kann, und zwar so, daß sie heutzutage bei der Konstitution einer Subjektivität weniger zerstörerisch ist – und dies unabhängig von der jüdischen, nicht-jüdischen oder anderen Identität der Person.

Diese nicht dem Imperativ der Sprache, dem Über-Ich, dem Signifikanten unterworfene unbewußte Lust zirkuliert erratisch, unterirdisch und besiegelt den Bruch in der Humanität. De-Humanität entspricht dieser Loslösung, dem Bruch dessen, was beim Menschen Wissen (Sinn) und Lust verbindet. Eine Bindung gegenseitiger Verarbeitung, die Humanität, Menschlichkeit, schafft. Wenn diese Bindung zerstört ist, erfolgt "A-Humanität". Ist diese Verbindung gegenwärtig, ungebrochen, die Lust dem Sinn untergeordnet, so ergibt sich Humanität und die unbewußte Verknüpfung Lust/Schmerz ist dann weniger zerstörerisch.

So schreibt Rachel Ertel *Die Niemandssprache* (*La langue de personne*), um die seit der Ausrottung fehlende Adresse von jiddisch sprechenden Leuten in Europa zum Ausdruck zu bringen.

Sie bewirkt einen Akt der Nominierung eines Erlebnisses, das noch kein Erlebnis sein kann, dermaßen ist die Sprache vom Tod heimgesucht. Und trotzdem werden die Brüche in der Sprache vermittelt und bringen somit die Sprache zum Sprechen.

Diejenigen, die versuchen, das jüdische Volk seiner Geschichte und seines Sinns zu berauben, liefern es von neuem der zerstörerischen, namenlosen Lust aus.

Jemanden des Sinns zu berauben kommt einem Angriff auf die Sprache gleich und bedeutet, Person und Sprache zu entmenschlichen.

Diese Entmenschlichung impliziert einen Bruch in der Geschichte der Humanität. Das nennt sich *Verbrechen gegen die Menschheit* oder "Überschreitung der imperativen Normen", um es mit den Worten derer zu sagen, die die internationalen Rechte (cf. die Konferenz von Wien 1969) ausarbeiten. Als der Psychoanalytiker, der ich bin, fordere ich dazu auf, auf der Ebene der modernen Politik, Möglichkeiten für einen aufrichtigen Umgang mit dieser unbewußten Lust zu hinterfragen, d. h. Möglichkeiten einer Haltung gegen das Biopolitische, das den Körper durch die Wissenschaft dermaßen zur *technischen Spielerei*[3] macht. Denn der Angriff auf den Menschen war ein Angriff auf den Körper. Die Judenvernichtung war biologisch.

Auswirkungen in der Gegenwart

Die Methode stützt sich auf die Ortung und Wahrnehmung der Auswirkungen der Shoah in unserer Gegenwart.

Die Methode ist allerdings implizit, da sie von der Ungeschicktheit und Taktlosigkeit ausgeht. Wenn diese unerkannt bleiben und deshalb fortbestehen, werden sie zum Symptom. Wenn das Symptom fortbesteht, wird daraus Perversion. Perversion, die von der Politik der äußersten Rechten aufgegriffen wird und direkt in den Negationismus mündet. Aus diesem Grund ist ein politischer Umgang mit der Lust innerhalb der Demokratie notwendig. Und dies insbesondere, um gegen die Beschlagnahmung vom Wunsch nach Veränderung anzukämpfen. Beispielsweise nutzt der Front National in Frankreich diese erratische, nicht dem Imperativ der Sprache untergeordnete Lust für sich aus, um das soziale Gefüge zu zerstören.

Wirklich und gegenwärtig, leben wir alle nach der Vernichtung, und wir sind alle auf der Suche nach einem Sinn für das, was geschehen ist. Denn das Geschehene hat Wirkungen und Konsequenzen für jeden von uns, und dies unabhängig von unserer Identität und von unserer Beziehung zur Frage vom Ursprung.

Im Folgenden möchte ich einige Bemerkungen zu den Konsequenzen machen.

– Wir hätten gerne, daß unsere Institutionen vom Bruch in der Geschichte verschont wären. In den psychoanalytischen Vereinigungen kann man einen versteckten Haß wahrnehmen, sobald die Frage nach den Lagern aufgeworfen wird, nach dem "Dort", wie Anne-Lise Stern es formuliert, selbst Deportierte, die Psychoanalytikerin geworden ist.

– Alles verläuft so, als müßte sich das psychoanalytische Wissen, da es die Vernichtung nicht interpretieren kann, dennoch unangetastet zeigen, während es völlig vom Geschehen eingeholt ist, dadurch, daß das Menschliche angegriffen ist.

– Die Annäherung an solche Fragen läßt kein globales oder pauschales Verstehen zu, sondern erfordert, jedes Detail zu berücksichtigen. Möglicherweise kann auf diese Weise jeder Einzelne der Verschwundenen seinen Maßstab von Humanität wiedererlangen, und zwar gegen die Masse der Verbrechen, die in der Anonymität der Körper, der Namen, der Gedächtnisse begangen wurde.

– Es muß noch einmal gesagt werden, wie sehr das Aktuelle, die Tatsache *danach zu leben*, die Frage nach dem Grund unmöglich macht. Denn vor dem Eingang in die Gaskammer setzte jedes Fragen nach dem Grund aus, weil hier Rationalität und Denken zusammenstürzten.

– Denn, und das ist die letzte Bemerkung, bevor ich einige Konsequenzen im Aktuellen anführe: Kein Wissen darüber kann sich halten, denn niemand ist von diesem Ort, dem absoluten Nicht-Ort, zurückgekehrt.

Ich möchte Binjamin Wilkomirski zitieren, Autor des Buches "Bruchstücke. Aus einer Kindheit 1939-1948" der im Alter von vier

Jahren nach Majdanek deportiert wurde. Sein Buch ist ein Zeugnis, bei dem sich dieser absolute Nicht-Ort heraushören läßt. Bei einer gemeinsamen Begegnung hat er mich wissen lassen, daß ihm nach der Veröffentlichung seines Buches eine "Erinnerung" hochgekommen ist. Dieser psychische Vorfall ist plötzlich außerhalb jeder psychischen Realität eingetreten. Solche Erlebnisse dringen in die Innerlichkeit des Subjekts ein oder auch nicht. Es geht um folgendes Beispiel: Binjamin Wilkomirski, der nach dem Krieg ein Kind ist, wird von einer Familie in der Schweiz aufgenommen, die ihn zum Skilaufen schickt. Am Skilift, so kann man am Ende seines Buches lesen, "antizipiert" er mit einem schrecklichen Angstanfall sein unmittelbar bevorstehendes Verschwinden, eine Situation, die er so häufig im Lager gesehen hat. Die Erinnerung oder eher die Hypothese, die ihm in dem Moment einfällt, ist die, daß das Geräusch des Skilifts das Geräusch des Saurer-Motors ist, genau der gleiche wie der der Saurer-Lastwagen, die benutzt wurden, um Kinder – wie ihn – zu vergasen, und die in Majdanek umgebracht worden sind.

Ja, die schreckliche Besonderheit ist die, daß vermutlich fünf Kinder von fünfzehn davonkamen, als wäre der Kindermord ohne allzugroße Gründlichkeit durchgeführt worden! Binjamin Wilkomirski vermutet, daß dies sein Fall war, denn während sechs Monaten konnte er diese Erinnerung nicht rekonstruieren. Während dieser Zeitspanne waren Kopfschmerzen das Zeichen für diesen Angriff auf sein Leben durch das Kohlendioxyd des Saurer-Lastwagens. Absoluter Nicht-Ort.

Freudianische Lektüre des Aktuellen

Auch die Psychoanalyse ist auf klinischer, praktischer, theoretischer Ebene vom Bruch in der Geschichte erschüttert.

Der Wunsch, eine Psychoanalyse zu machen, ergibt sich heutzutage häufig aus der Notwendigkeit für wenigstens ein Mitglied einer

Familie – sei sie von der Shoah oder einer anderen vom Kollektiv zugefügten Beschädigung getroffen –, die Leerstellen der Familiengeschichte an den Tag zu bringen, als würde eine solche Beschädigung jegliche Frage vom Ursprung versperren. Diese Frage muß "sprechbar", symbolisch werden, damit sie weniger belastet, gelindert wird und sich das Subjekt auf den Ursprung stützen kann, damit es eine Zukunft sieht, ins Leben geht.

Die Entzweiung von Humanität und Inhumanität, auf die Hannah Arendt hinweist, bringt gleichzeitig den Analytiker in seiner Position der Übertragung in Schwierigkeiten. Denn eine andere soziale Aggressivität ist aufgekommen, existiert und wohnt fortan der Sprache inne. Die Sprache hat einen strukturellen Bezug zur kollektiven Lüge. Und das aktuelle Kollektiv ist der Ort dieses Einsturzes der Werte, die dem Leben, dem Tod, dem Wunsch, dem Genuß, der Liebe beigemessen werden. Der Bezug human/inhuman wird also auf die Bindung, die das Subjekt mit diesem Kollektiv unterhält, überschrieben. Und das Individuum kann im Tiefsten seiner selbst fortan nur sehr schwierig einem Kollektiv vertrauen, das für die menschliche Subjektivität potentiell zerstörerisch ist.

Hieraus ergibt sich heutzutage für den Psychoanalytiker die Notwendigkeit, das Subjekt zu unterstützen, "wiedergutzumachen", ja, sogar den Platz des Kollektivs einzunehmen, während die Psychoanalyse bisher Träger einer Subversion des Sozialen und Erzieherischen war.

Der Analytiker läuft Gefahr, daß dadurch das Hören des Analysanden in seinem Phantasieren aleatorisch, ungewiß, wird, wenn dieser beispielsweise davon ausgeht, daß der Analytiker "unmenschlich" ist, so wie Vaterfiguren, Mutterfiguren und andere Figuren in seiner Kindheit erscheinen konnten. Wenn das A-Humane also implizit mit der Begleiterscheinung unbewußter Lust, die sich der Sprache widersetzt, zutage tritt und also für das analytische Ohr nicht hörbar ist, wie kann der Analytiker diese buchstäblich unerträgliche Position einnehmen, da sie ihn in ein Außerhalb-von-Welt wirft, ihn mit einem nicht (mit)teilbaren Sinn konfrontiert, dem vom Massenmord in der Gaskammer. Die Psychoanalyse läuft Gefahr, sich auf ein Adjuvans, ein unterstützendes Mittel für das tägliche Überleben zu reduzieren, damit der Patient den "Schweinereien" des Lebens standzuhalten vermag, wobei sich die "Schweinereien"[4] des Durchschnittsmenschen noch als zu sehr auf den Horror der Nazi-Lager bezogen erweisen.

Ein solcher Bruch zwischen Subjekt und Kollektiv hat uns dazu geführt anläßlich des fünfzigsten Jahrestages der Menschen- und Bürgerrechte für Dezember diesen Jahres in Paris ein Forum *Mémoire freudienne, mémoire citoyenne* (*Freudianisches Gedenken, Staatsbürgerliches Gedenken*) zu organisieren, das Vertreter aus den Bereichen Geschichte, Politik, Philosophie, Internationales Recht, Bildende Kunst, Medizin und Psychoanalyse zusammenführt.

Veränderung des Menschlichen

Hier stellt sich eine schwerwiegende Frage, die nicht verschwiegen werden kann: Bewirkt die Shoah eine Veränderung des Menschlichen? Sagen wir, es gibt eine Veränderung in der Beziehung des Menschen zum Leben, zur Liebe, zum Lusterleben, zum Tod, was zahlreiche künstlerische, namentlich filmische Produktionen (Merci la vie, La sentielle ...) bezeugen. Sie zeigen uns diese Beschädigung des inter-humanen Bandes, der Sprache, sowie den Einsturz des Glaubens an unsere Kultur und der Zuverlässigkeit unserer Kultur.

Die zurückgekehrten Deportierten vermitteln uns, wie sehr das, was *dort* stattgefunden hat, den Ursprung des Umgangs mit sich selbst, den Ursprung der intimen Beziehung zu sich selbst zerbrochen hat. Und wie durch eine grauenerregende Hetze in dieser tiefsten Intimität, die uns mit der Vorstellung von unserem eigenen Tod in Berührung bringt, ein anderer konkreter Ursprung, eine monströse Prothese eingesetzt wurde.

Der Tod, einer nach dem anderen, in der Masse untergegangen. Ein vom Feind übernommener Tod. Tod, der Mord, der Objekt geworden ist. Tod des Todes. Massentod. "Nazifizierter Tod".

Ja, der Angriff auf den Menschen und das Menschliche während der Shoah bezieht sich nicht nur auf das Leben, sondern auch auf den Tod, der auf einen Objektstatus reduziert worden ist und nicht mehr Träger seines heuristischen Wertes ist, Rätsel der im Leben nicht gekannten subjektiven Grenze zu sein. Wie vermag man das anzuerkennen, wie kann man sich dem annähern, um die Folgen zu vermindern, damit nicht hier der Ursprung unserer Zeit liegt? Es ist nicht möglich, mit Entschiedenheit zu beweisen, daß die psychische Struktur Schaden genommen hat. Es ist vielmehr so, daß an die Sensibilität eines jeden appelliert ist und daß man ihr – nach Art des Künstlers – vertrauen sollte. Man sollte der Sensibilität sowie ihren Ungeschicktheiten vertrauen, insofern sie, ich sage es noch einmal, die wesentlichen Methoden für diese schwierigen Fragen sind.

Die Unmöglichkeit, die Verweigerung die Unerträglichkeit, sich eine solche Veränderung vorzustellen, ist natürlich nicht ohne aktuelle Auswirkungen. Den Tod angegriffen und ihm einen Objektstatus verliehen zu haben, heißt Bruch mit der Geschichte. Denn der Ursprung der Geschichte gründet in der Möglichkeit, vom Tod, vom Sterben der Leute, die einst gelebt haben, erzählen zu können. Eine solche Erzählung kann nur durch den unveränderten, also abstrakten Status des Todes stattfinden. Wenn dieses Erzählen nicht mehr möglich ist, weil das Verschwinden ein nie dagewesenes Ausmaß erreicht, kann der Tod nicht mehr außerhalb der Geschichte verbleiben, und das Erzählen vom Tod ist nicht mehr notwendig. Er ist nicht mehr einschreibbar, sondern verfällt in den Status eines konkreten Objekts und wird zuweisbar. Dies ist der Bruch in der Geschichte.

Auschwitz ist der Eintritt des Todes in die Geschichte. Und zwar des Todes als konkretes Objekt, das seine Eigenschaft des Abstrakten verloren hat, d. h. seine Eigenschaft als Repräsentation dessen, das nicht da ist, das abwesend ist. Eine solche Unmöglichkeit, das Abwesende zu repräsentieren, untergräbt die Sprache, ihre negierende Funktion, die Möglichkeit, das Schwanken von Anwesenheit/ Abwesenheit einzuschreiben. Genau das aber ist dem Funktionieren des Unbewußten eigen. Wie vermittelt sich das Unbewußte trotz der Vernichtung? Es vermittelt sich, auch wenn ganze Gedächtnisblöcke, Wortblöcke gegenseitig hermetisch abgeschlossen bleiben und sich somit einer analytischen Arbeit entziehen. Der Ansatz, den ich hier versucht habe darzulegen, nämlich die unbewußte Lust, die dem Imperativ des Signifikanten unterzuordnen ist, in Betracht zu ziehen, kann die Symptome erträglicher machen.

Israel 1998

Wir haben den fünfzigsten Jahrestag des Bestehens des Staates Israel. Dieses Land, das ich liebe und in dem ich zahlreiche, sehr gute Freunde habe, ist keine Nation von fünf Millionen Einwohnern, die in sich selbst zurückgezogen leben, um sich mit dem Problem der Vernichtung auseinanderzusetzen. Doch bisweilen muß das Land den schwierigen Platz, den es der Shoah verleiht, hinterfragen, um kein Konsumobjekt aus ihr zu machen. Wie ist akzeptierbar, daß vor Rabins Ermordung, aus wahlpolitischen Zwecken aus seinem Bild das eines Nazi-Würdenträgers gemacht wurde? Weder der oberste Gerichtshof des Staates Israel noch die politischen Parteien oder eine einflußreiche Persönlichkeit haben einem solchen Abdriften Einhalt geboten. Welche Erklärung kann man geben außer derjenigen, daß der Shoah der Stellenwert eines "Dings" (gadjet), wenn nicht der einer Waffe des Hasses gegen seinen Nächsten gegeben wird.

Dies hat jedenfalls nichts mit einer simplen Ungeschicktheit zu tun, sondern zeigt die Ablehnung aller israelischen Politiker jeder historischen Sichtweise des *Verbrechens gegen die Menschheit*.

Alle hätten jedoch alarmiert sein müssen, als Barukh Goldstein, Arzt in den besetzten Gebieten, das Irreparable begeht, als er sein Maschinengewehr auf betende Männer in ihrer Moschee richtet und leerschießt. Er hat selber den Davidstern getragen und war vermutlich mit dem Nazifeind identifiziert, ebenso wie mit seinem "natürlichen Opfer", dem zu vernichtenden Juden. Genau der wird er, denn eine israelische Kugel stoppt seinen mörderischen Wahnsinn. Und für einige wird er ein Anti-Nazi-Held. Die fehlgeleitete Benutzung der Vernichtung, die in sich selbst gleichermaßen Haß wie Zerstörung birgt, kann nur zum Verbrechen führen.

Von der Shoah sprechen bringt leicht die Gefahr in sich, leicht einen psychischen Angriff gegen den anderen, gegen den Mitmenschen und auch gegen den anderen in sich selbst zu führen, und zwar für jeden von uns. Und das stellt sich ein, sobald das Recht, die Justiz, einen Verbrecher gegen die Menschheit verurteilt. Denn im Fall der Shoah, auch wenn das Verbrechen einmal verurteilt, gewissermaßen humanisiert ist, bleibt weiterhin dieser Teil bestehen, der *keiner Gerichtsbarkeit untersteht* und der uns zu verstehen gibt, daß das Gesetz hier nicht strafen kann, weil es wie die Sprache beschädigt ist, zu der es strukturell gehört.

Gehorcht weltweit die öffentliche Meinung diesem Bruch im Gesetz, wenn sie Israel gegenüber immerzu vom zeitlosesten und lobrednerischsten Wohlwollen zu einer Verfluchung übergeht, die es definitiv und gleichsam für immer zurückweist, wodurch jegliche politische Kritik aufgegeben wird, obgleich sie manchmal so willkommen wäre.

Antisemitismus, A-Semitismus

Mit der Vernichtung der europäischen Juden ist die Geschichte vom Antisemitismus zum A-Semitismus übergegangen. Dagegen haben wir zu kämpfen. Auf transgenerationelle Weise, innerhalb jeder

Generation, sowie von einer Generation zur nächsten muß jeder Mensch weitergeben, daß ein Trauma ohnegleichen den Juden, das Jüdische, ausstaffiert. Man kann ihn mit diesem Trauma nicht alleine lassen. Auch hat er keinen Platz außerhalb vom Sinn einzunehmen, denn wie wird er von hier aus kämpfen?

Ja, das Wort ‚Jude', ‚jüdisch' wurde mit einem grauenerregendem Attribut ausstaffiert: Sein Tod wurde durch das Zyklon-B-Gas im Verbrennungsofen ausgelöscht. Es handelt sich um die Vernichtung des Wortes ‚Jude', ‚jüdisch', sei es von einem Schuster, Baby oder Finanzmann getragen. Der Angriff bezieht sich auf das Wort, um die Verknüpfung von Körper, Gedächtnis und Sprache zu zerstören; um den Signifikanten, das Lebendige in der Sprache auszuradieren, damit alles zurückkehrt, wieder Kompaktheit des Realen vom Tod vor dem Leben wird. Die Shoah ist Zerstörung allen Lebens, so daß nichts als Steine bleiben.

Dort sind Leben und Tod der Juden gleichbedeutend.

Zusammengequetschte Körper, zunichtegemachte Gestalten, bevor sie in der Welt aufgehender Rauch werden, Gestalten, die durch das, was den Körperöffnungen der Leichen entströmt, gekennzeichnet sind und denen verboten ist, Leichen von Gestorbenen zu sein.

Wie groß auch das Ausmaß der Vernichtung ist, das Unsagbare ihrer Auswirkungen, die Beharrlichkeit unserer Fragen, die Unmöglichkeit, sich mit dem, was geschehen ist, zu identifizieren – denn unsere alltäglichen Gefühle halten uns davon ab – wir müssen die Zurückhaltung, die geboten ist, akzeptieren. Es ist die eines Schweigens.

(Aus dem Französischen übersetzt von Petra Menzel.)

Literatur

Celan, P. (1997): Die Niemandsrose. Frankfurt/M. (Fischer), 8. Aufl.
Ertel, R. (1995): La langue de personne. Verdier.
Freud, S.: Das Unbehagen in der Kultur. GW XIV, H 419-506
Freud, S.: Jenseits des Lustprinzips. GW XIII, 1-69
Ginestet-Debreil, S. (1998): La terreur de penser. Pan (Ed. de l'Aube).
Hilberg, R. (1994): Die Vernichtung der europäischen Juden. 3 Bde.; Frankfurt/M. (Fischer), 6. Aufl.
Lacan, J. (1995): Die Ethik der Psychoanalyse. Weinheim.
Lanzmann, C. (1995): Shoah: The complete Text of the acclaimed Holocaust Film.
Leibovici, M. (1998): Hannah Arendt, une juive. Paris.
Leibowitz, Y. (1996): Ma part de vérité. Paris (Ed. Desclé de Brower.).
Moscovitz, J.-J.: D'où viennent les parents? Essai sur la Memoire brisée.
Stern, A.-L. (1998): Un lieu pour le dire (L'infini No. 61).
Wilkomirski, B. (1998): Bruchstücke. Aus einer Kindheit 1939-1948. Frankfurt/M. (Suhrkamp).

Anmerkungen

[1] Anm. der Übersetzerin: maladresse: Ungeschicktheit, Ungeschicklichkeit, Unbeholfenheit, Ungewandtheit, Taktlosigkeit.

[2] Anm. der Übersetzerin: Das Konzept "jouissance" (dt.: Lust, Lusterleben, Genuß) ist mit sexueller Lust verbunden, impliziert aber auch die Vorstellung einer Überschreitung des Gesetzes: Herausforderung, Unterwerfung oder Spott. "Jouissance" – im Folgenden mit "Lust" übersetzt – trägt somit Merkmale der Perversion, die Lacan als eine der strukturellen Komponenten des psychischen Geschehens theoretisiert und von sexuellen Perversionen unterscheidet (Zit. nach: E. Roudinesco et M. Plon: Dictionnaire de la Psychanalyse, Paris 1997).

[3] Anm. der Übersetzerin: im Französischen Neuschöpfung des Verbs: "gadgetiser", aus dem Englischen: gadget: Apparat, Vorrichtung, Kinkerlitzchen, technische Spielerei.

[4] Deutsch im Original.

Psychoanalyse im „Dritten Reich" und die Folgen für die psychoanalytische Geschichtsschreibung nach 1945

Bernd Nitzschke

1.

Dient Geschichtsschreibung der Re-Konstruktion vergangener Ereignisse? Oder dient Geschichtsschreibung der Konstruktion eines Bildes von der Vergangenheit? Beides trifft wohl zu – wobei die Konstruktion eines Bildes von der Vergangenheit auf der Re-Konstruktion der Daten über die Vergangenheit beruht. Doch selbst dann, wenn man alle Daten zur Verfügung hätte (was nie der Fall sein kann), wären die Einzelheiten noch zu verknüpfen – ein Vorgang, der schon Interpretation ist und durch den eine Ordnung hergestellt wird, aus der dann weitere (interpretative) Schlüsse gezogen werden können.

Auswahl, Anordnung und Interpretation der Daten folgen dabei bestimmten Regeln. Doch sie werden auch durch Interessen bestimmt. Und dabei spielt das Interesse, Identität historisch zu begründen und abzusichern, eine besondere Rolle. Womöglich gäbe es ohne dieses Interesse überhaupt keine Geschichtsschreibung – und keine Psychoanalyse? Psychoanalytiker sind nämlich auch Historiker. Auch sie re-konstruieren und konstruieren (Lebens-Geschichte), wenn sie Daten so verknüpfen, daß ein Zusammenhang entsteht, in dem dann jedes Datum seinen sinn- und bedeutungsvollen Platz einnehmen kann.

Auf diese Weise wird das Disparate in kognitiven Strukturen gebunden, die ein Netzwerk ergeben, dem eine Lebensgeschichte entspricht, die es dem „Helden" gestattet, sich als eine nach außen abgegrenzte und nach innen strukturierte Einheit wahrzunehmen –

vorausgesetzt er kann sich in den Geschichten, die er über sich selbst erzählt hat, wiedererkennen und sich mit der daraus konstruierten Gesamtgeschichte identifizieren. Die psychoanalytische Recherche nach der verlorenen Zeit dient also einem bestimmten Zweck: der (Wieder-)Herstellung einer kohärenten Lebens-Geschichte. Sie verleiht dem „Helden" dieser Geschichte Identität, Sinn und Bedeutung.

Um dieses Ziel zu erreichen, wird der Analysand aufgefordert, eine Methode (die Methode der freien Assoziation) anzuwenden, die zunächst eher identitäts-auflösend als identitäts-stiftend wirkt. Auch die Interventionen (Deutungen) des Analytikers passen zunächst nicht ohne weiteres zu der Lebens-Geschichte, die der Analysand im Dienste seines Wunschdenkens und seiner Abwehrbedürfnisse erzählt. Vielmehr stellen sie diese Geschichte zur Diskussion. Im Verlauf dieser Diskussion – dieses Austauschs von Worten zwischen dem Analytiker und dem Analysanden, dem ein emotionaler Austauschprozeß zugrunde liegt (vgl. Nitzschke 1985) – werden die vergangenen Diskurse, die sich in den psychischen Strukturen des Analysanden niedergeschlagen und in seinem Innerem zu anhaltenden Konflikten geführt haben, in einen gegenwärtigen Diskurs übertragen. Auf diese Weise werden alte Identifizierungen „durchgearbeitet" und neue Identifizierungen (mit dem Analytiker, aber auch mit bisher abgewehrten Anteilen des Analysanden) ermöglicht. Am Ende dieses Prozesses ist Ich geworden, wo Es (das Unbekannte, das Ausgeschlossene, das Unbewußte) war. Und so ist Ich, diese Komposition aus Identifizierungen mit anderen, kein anderer mehr.

Man könnte es auch so sagen: Es geht beim psychoanalytischen Prozeß um eine Sinngebung des (bisher) Sinnlosen. So ist die Arbeit des Historikers aber auch schon charakterisiert worden – als Sinngebung des Sinnlosen (Lessing 1919). Sind Historiker also auch Therapeuten?

Sie werden jedenfalls oft so angesprochen, als könnten sie therapeutische Hilfe leisten. Geschätzt werden sie deshalb immer dann, wenn ihre „Forschungsergebnisse und Interpretationen" den „Sehnsüchten, Träumen und Erlösungswünschen" (Benz 1998, S. 12) ihrer Zeitgenossen entsprechen. Historiker werden deshalb auch als Ideologie- und Mythenlieferanten geschätzt, die zur Legitimation und Absicherung von Herrschaft beitragen sollen (vgl. Hobsbawm 1998). So waren, um nur dieses eine Beispiel zu nennen, Historiker im 19. und 20. Jahrhundert bereit, an der Konstruktion nationaler Mythen (vgl. Flacke 1998) und an der Ethnisierung dieser Mythen (vgl. Geulen 1998) mitzuwirken. Diese Angebote griffen Menschen begierig auf, die den Boden unter den Füßen – die Heimat, althergebrachte Identitäten (als Bauern, Handwerker, Männer oder Frauen) verloren hatten. Sie suchten nach neuer Orientierung, nachdem die alten (religiös verankerten) Geschichts- und Identitätskonstruktionen zerbrochen waren. Und auch die Propheten neuer (politischer) Religionen versprachen neue Formen der Verankerung – zum Beispiel in „Blut und Boden" (Rasse und Nation).

Historiker unterfütterten diese und andere Mythen mit den gewünschten „Beweisen". Mit Hilfe historischer Re-Konstruktion wurden identitätsstiftende Konstrukte legitimiert, die unter Opfern, ja sogar mit Hilfe von Menschenopfern (vgl. Nitzschke 1995), als vermeintlich historisch begründete Entitäten durchgesetzt werden sollten – wie jüngst wieder in den Kriegen auf dem Balkan. So konnte die Gegenwart wieder mit der Vergangenheit und jeder einzelne wieder mit dem Großen und Ganzen, mit dem „Volk" oder der „Nation", verbunden werden.

2.

Ich will an dieser Stelle meine allgemeinen Vorbemerkungen über Geschichte und Geschichtsschreibung beenden und im folgenden auf eine besondere Geschichte – auf die Geschichte der Psychoanalyse im NS-Staat – und auf die Auseinandersetzung mit dieser

Geschichte eingehen. Ich beginne mit einer Erzählung über Psychoanalyse, deren Autor die „Freud-Doktrin von den verdrängten Wünschen und Trieben" scharf kritisiert. Er schreibt: „Nur zum Schein und um seiner Lehre Respekt zu verschaffen, vermuten manche Freud-Kenner, habe der Wiener Neurologie-Professor seiner Arbeit einen wissenschaftlichen Mantel umgehängt." In Wahrheit sei Freud jedoch kein Wissenschaftler, sondern das „Oberhaupt einer quasi-religiösen Erweckungsbewegung" gewesen. Freud habe eine „weltliche Heilslehre" begründet, die auf die „jüdisch-christliche Tradition" zurückgehe. Dieser Irrglaube wäre inzwischen längst überwunden, hätten „Hitlers Ideologen" vor einem halben Jahrhundert „Freuds pessimistische Seelenlehre" nicht „als Auswuchs bürgerlicher Dekadenz verteufelt". Der „Egozentriker Freud", dem man „eine ausgewachsene Paranoia mit allen typischen Symptomen", „darunter Größen- und Verfolgungswahn", bescheinigen könne, habe davon allerdings nur Vorteile gehabt. So habe Freud doch selbst eingestanden, „das schöne neue Arbeitszimmer", das er im Londoner Exil vorfand, Hitler zu verdanken. Die Vertreibung der Psychoanalytiker aus Europa – „durchweg Deutsche und Österreicher", die „englisch meist nur stümperhaft sprachen" – hatte aber auch noch andere Vorteile. Das „Prestige der Psychoanalyse" sei, jedenfalls „im demokratischen Westen", aufgrund dieser Verfolgung erst einmal angestiegen: Freuds „Apostel" konnten „mit Unterstützung vor allem jüdischer Sympathisanten" in den Exil-Staaten „großen Einfluß" gewinnen. „Innerhalb weniger Jahre" besetzten sie zum Beispiel „Schlüsselpositionen in den psychiatrischen Kliniken" der USA. Das führte dann aber dazu, daß es „in der US-Psychiatrie" mit „der diagnostischen Sorgfalt" „bergab" ging. Und ein paar Jahre später hatte die Vertreibung der jüdischen Psychoanalytiker dann noch verheerendere Folgen:

> „Unter Aufsicht der Freud-Wächter aus Übersee war die Psychoanalyse in den Nachkriegsjahren nach Europa zurückgekehrt und hatte vor allem in der Bundesrepublik rasch wieder Fuß gefaßt. Mit dem Anspruch, zur Vergangenheitsbewältigung der

schuldbeladenene Deutschen beitragen zu können, erwarb sie sich einen moralischen Kredit, von dem sie bis heute zehrt."

Damit sollte nun aber endlich Schluß sein, fordert der Autor dieser Geschichte der Psychoanalyse: Das „Lehrgebäude" Freuds sollte „endgültig in Trümmer" gelegt werden. Damit wäre dann auch die „schöne Einkommensquelle" der Psychoanalytiker beseitigt, die Freuds „raffinierte Roßtäuscherei" noch immer als Psychotherpie verkaufen und offenbar ebenso geldgierig sind, wie es Freud war, der „zehn Dollar oder 50 österreichische Kronen pro Stunde, zahlbar in Banknoten und sofort" von seinen Patienten verlangt habe.

Die vorstehenden Zitate sind einer Geschichte über Freud und die Psychoanalyse entnommen, die im Spiegel (1998/25) erschienenen ist. Reiht man sie so aneinander, wie hier geschehen, offenbaren sie einen Sinn, der in der Spiegel-Geschichte nur zwischen und hinter den Zeilen steht. Die Botschaft lautet dann: Es ist noch eine alte Rechnung zu begleichen. Sie wird – im konkreten Fall – Freud präsentiert. Dessen Mutter habe „zeitlebens nur Jiddisch" gesprochen, heißt es in einem Halbsatz. Diese – scheinbar neutrale – Feststellung über Freuds Mutter unterstreicht noch einmal, worum es geht. Denn die Bemerkung wäre sinnlos – und nicht gefallen –, hätte Freuds Mutter zeitlebens Wiener Dialekt gesprochen. Die scheinbar neutrale Information über die Sprache der Mutter Freuds hat also Sinn und Bedeutung. Sie beinhaltet einen Code – wie die anderen zitierten Halbsätze über das Täuschen und Aussaugen hilfloser Opfer (hier: der Patienten Freuds) oder das Unterwandern und Zersetzen intakter Gemeinschaften (hier: der amerikanischen Psychiatrie) auch. Der Spiegel-Schreiber geht offenbar davon aus, daß die Leser, die „schuldbeladenen Deutschen", diesen Code verstehen. Also macht er nur Andeutungen. Damit deutet er auf eine sinn- und identitätsstiftende Geschichte hin, deren Kenntnis er voraussetzt: die Geschichte antisemitischer „Vorurteile und Mythen" (Schoeps, Schlör o. J.).

Auch der Hinweis auf eine altbekannte Verschwörungstheorie

darf nicht fehlen. Der Spiegel-Schreiber zitiert die Psychoanalyse-Kritiker Manfred Pohlen und Margarethe Bautz-Holzherr. Sie hätten erkannt, daß die Psychoanalyse eine „geistige „Kolonialmacht" sei, „die sich die ganze Welt" aneigne. Soweit der Spiegel 1998. Die Mitarbeit an der Errichtung der „Herrschaft Israels über die Welt" als das „kaschiert gehaltene Ziel" der „jüdischen analytischen Schule" hatte man freilich schon früher erkannt – kurz vor Hitlers Regierungsantritt (Maylan 1929, S. 195).

Die Behinderung von Aufklärung bei gleichzeitigem Anspruch, Aufklärung zu betreiben, ist nun aber leider kein Privileg der Journaille. Fachinterne Diskussionen über die Geschichte der Psychoanalyse im NS-Staat zeigen, daß auch Psychoanalytiker die Kunst beherrschen, Aufklärung durch Denkverbote zu blockieren. Eine Auseinandersetzung unter Psychoanalytikern bei einem Treffen Anfang der 90er Jahre sei als Beispiel genannt. Darüber hat ein Teilnehmer berichtet:

> „Ich komme gerade von unserer Herbsttagung, auf der zum dritten Mal nacheinander die Nazi-Identifikationen in unserer Vereinigung Gegenstand einer spontanen, nicht in den Ablauf der Tagung eingeplanten Auseinandersetzung wurden. Den Anlaß dazu bot ein Kollege, der im November 1992 auf einen Passus in der fast einstimmig verabschiedeten Resolution der Deutschen Psychoanalytischen Vereinigung zu Fremdenhaß und Gewalt in Deutschland hinweist. Es heißt dort: ‚Wir alle müssen ... das Fremde, soweit es unbewußt eigenes ist, psychisch integrieren lernen.' Er verknüpfte diesen hohen moralischen Anspruch mit der Kritik, daß ihm bekannt geworden sei, in der Ausstellung und (im) Katalog ‚Hier geht das Leben auf eine merkwürdige Weise weiter ...' Zur Geschichte der Psychoanalyse in Deutschland (Brecht u. a. 1985), durch die unsere Gesellschaft sich repräsentiert fühle, sei die Tatsache der NSdAP-Mitgliedschaft unseres Gründungsmitglieds, früheren Vorsitzenden und Ehrenmitglieds Gerhard Scheunert nicht erwähnt; es sei sogar auf dessen Intervention ausdrücklich davon Abstand genommen worden. Man könne schlecht eine Resolution dieses Inhaltes verabschieden und gleichzeitig einen solchen Mangel an Integration der Vergangenheit in unser Selbstverständnis offenbaren" (Friedrich 1994, S. 41).

Ich entnehme dem zitierten Beitrag, der unter der Überschrift „Vom deutschen Kleinmut" in einer österreichischen Fachzeitschrift erschienen ist, die Botschaft, daß nur derjenige zur Integration des Fremden aufrufen sollte, der bereit ist, mit gutem Beispiel voranzugehen. Die psychoanalytische Vereinsgeschichtsschreibung ist für diese Bereitschaft allerdings kein gutes Beispiel. Über Jahrzehnte hinweg hat man an der Zerstörung des historischen Gedächtnisses zum Zwecke der Herstellung „reiner" Westen und einer „reinen" (Gruppen-)Identität gearbeitet. So heißt es in der Freud-Biographie von Jones (1962, III, S. 222) beispielsweise, die „‚Liquidierung' der Psychoanalyse im Deutschen Reich" sei „eine der wenigen Taten" gewesen, „die Hitler vollständig gelungen" seien. Wäre dies tatsächlich der Fall gewesen, die Geschichte der Psychoanalyse im NS-Staat nach 1934 müßte gar nicht erst geschrieben werden. Und tatsächlich hat es lang – fast ein halbes Jahrhundert lange – gedauert, bevor die Geschichte der Psychoanalyse im NS-Staat aufgearbeitet werden konnte.

Das war das Verdienst einer Forschergeneration, die die von Jones konstruierten Geschichtsmythen in Frage stellte – wobei die Pionierarbeit des amerikanischen Historikers Geoffrey Cocks (1985) an erster Stelle zu nennen ist. In Deutschland erreichte der Kampf um die Erinnerung zu Beginn der 80er Jahre einen ersten Höhepunkt. In der Fachzeitschrift *Psyche* erschienen damals „Beiträge zur Bearbeitung eines unbewältigten Traumas" (vgl. den von Lohmann 1985 herausgegebenen Sammelband), in denen das Verhältnis von „Psychoanalyse und Nationalsozialismus" in neuer Weise thematisiert wurde. Damit stand der Mythos zur Diskussion, die Psychoanalyse sei unter Hitler liquidiert (Jones) oder gar „verboten" worden (so noch Lockot 1994, S. 119). Die neu publizierten historischen Dokumente widersprachen dieser Lesart. So stellten die Organisatoren der in Hamburg anläßlich des 34. Internationalen Psychoanalytischen Kongresses 1985 gezeigten Ausstellung „Zur Geschichte der Psychoanalyse in Deutschland" fest: „Es gab keine gesetzlichen Maßnahmen, die sich direkt gegen die Psychoanalyse richteten. Weder die Lehre noch die Berufsausbildung als Psychoanalytiker waren (unter Hitler – B. N.) verboten" (Brecht u. a. 1985, S. 88 ff.).

Die Wiederentdeckung eines Artikels, den Carl Müller-Braunschweig unter der Überschrift „Psychoanalyse und Weltanschauung" 1933 im *Reichswart*, einem antisemitischen Hetzblatt, publiziert hatte, erschütterte die von Jones initiierte Geschichtslegende vollends. Helmut Dahmer, leitender Redakteur und Mitherausgeber der Psyche, hatte Müller-Braunschweigs Artikel wiederentdeckt, republiziert und kommentiert und so das Kollektiv der Psychoanalytiker mit einem dunklen Kapitel einer lange Zeit verdrängten Geschichte konfrontiert. Der Reichswart-Artikel sei „nicht nur als schwer begreiflicher Mißgriff eines sonst verdienstvollen Mannes, nicht nur als skandalöse Kuriosität" zu begreifen, vielmehr müsse man ihn als „lehrreiches Symptom einer fatalen Entwicklung" verstehen, schrieb Dahmer (1983, S. 121) in der Psyche. Zwischen den Vertretern der (institutionalisierten) Psychoanalyse und dem NS-Regime hatte es eine Zusammenarbeit gegeben, deren Ausgangspunkt nun erstmals aufgezeigt worden war. Das Publikum, das der Sicht der Ereignisse und Personen unkritisch vertraut hatte, die Jones vermittelt hatte, war geschockt. So hatte Jones wider besseres Wissen (vgl. Nitzschke 1977a, S. 102 ff.) Müller-Braunschweig nach dem Ende des Krieges beim 16. Internationalen Psychoanalytischen Kongreß in Zürich 1949 als einen der wenigen deutschen Psychoanalytiker gepriesen, die im NS-Staat „true, real, genuine analysts" (Report 1949, S. 186) geblieben seien. Zu diesem Kongreß war Müller-Braunschweig als Vorsitzender der 1945 neu konstituierten Deutschen Psychoanalytischen Gesellschaft (DPG) angereist. Und hier hatte er sich gegen Schultz-Hencke gewandt, der die Freudsche Psychoanalyse bereits vor 1933 inhaltlich und terminologisch revidieren wollte. Kurze Zeit nach dem Züricher Kongreß hatte sich Müller-Braunschweig weitere Verdienste erworben: Nachdem alle Versuche gescheitert waren, Schultz-Hencke, der nun als der Repräsentant jener Psychoanalytiker galt, die mit dem NS-Regime kollaboriert hatten, zum Austritt aus der DPG (oder deren Mitglieder zum Ausschluß Schultz-Henckes aus der DPG) zu bewegen, gründete Müller-Braunschweig 1950 auf Wunsch der Führung der Internationalen Psychoanalytischen Vereinigung (IPV) die Deutsche Psychoanalytische Vereinigung (DPV). Sie wurde 1951 anstelle der DPG als Zweigvereinigung der IPV anerkannt. Erster Vorsitzender des neuen Vereins wurde abermals ein verdienstvoller Mann: Carl Müller-Braunschweig.

Ihm war der Mythos, der mit dem neuen Verein das Licht der (Fach-)Welt erblickte, auf den Leib geschrieben: Demnach waren die Psychoanalytiker, die mit dem NS-Regime kollaboriert hatten, in der DPG zurückgeblieben, während sich die „wahren, wirklichen und genuinen" Freudianer, die – wie Müller-Braunschweig – im „Dritten Reich" Widerstand geleistet hatten, nun in der DPV organisiert waren. Dahmers Re-Publikation des Reichswart-Artikels bereitete diesem Mythos ein Ende. Entsprechend heftig fielen die Reaktionen aus. Der Hamburger Psychoanalytiker Ulrich Ehebald eröffnete die Attacken gegen Dahmer mit einem „Offenen Brief" (alle folgenden Zitate s. Dokumentation ... 1984): Aufgrund „ideologisch verblendeter Nazijägerei" habe Dahmer Müller-Braunschweigs „posthume Exekution" angeordnet, hieß es. Mit diesem Bild vom Scharfrichter, der den 1958 real verstorbenen Müller-Braunschweig noch einmal hinrichtet, spielte Ehebald – bewußt oder unbewußt – auf die Nürnberger Kriegsverbrecherprozesse an, die Ewiggestrige gleich hinter den Versailler „Schand"-Verträgen ansiedeln. Ehebald erhob Anklage: Es sei „hoch bedauerlich", daß Dahmer zu den „Mitherausgebern der Psyche" gehöre. Diesen Wink mit dem Zaunpfahl griff ein zweiter Psychoanalytiker (Sven Olaf Hoffmann) auf, dem zu Dahmer „die Assoziation an Simon Wiesenthal, den Nazi-Jäger", „spontan" eingefallen war: „Lieber Herr Dahmer, möglicherweise unterschätzen Sie das Unbehagen an der Psyche, das weite Kreise ihrer Leserschaft erfaßt hat." Ein dritter Zunftgenosse (Johann-Gottfried Appy) kritisierte schließlich die „Unbedenklichkeit", mit der Dahmer „die Macht des Produktionsmittels Psyche" ausgespielt habe. Zu welchen Zwecken Dahmer diesen Mißbrauch unternommen hatte, entlarvte kurze Zeit später die (damalige) Vizepräsidentin der IPV, Janine

Chasseguet-Smirgel. Auf dem 34. Internationalen Psychoanalytischen Kongreß in Hamburg führte sie aus, in der Psyche seien „70 % der Artikel soziopolitisch, wie der Chefredakteur (gemeint war Dahmer – B. N.), marxistischer Soziologe, weder Analytiker noch analysiert, freimütig bekennt" (1987, S. 98).

Den Sinn solcher Attacken erkannte Stefan Broser, der in der Frankfurter Rundschau damals schrieb: „Da soll ein Mitherausgeber der Psyche (...) als ‚fachfremder Außenseiter' exkommuniziert werden" (zit. n. Nachtrag ... o. J.). Einige Jahre später war es dann soweit: Nach einem (von der Re-Publikation des Reichswart-Artikels durch Dahmer unabhängigen) Streit, der eine weitere Zusammenarbeit der Psyche-Herausgeber – Helmut Dahmer und Lutz Rosenkötter einerseits, Margarete Mitscherlich-Nielsen und Teile der erweiterten Redaktion andererseits – unmöglich machte, hatte der Psyche-Verleger Michael Klett die Qual der Wahl: Von wem sollte er sich trennen? Mit wem wollte er weiterarbeiten? Der Verleger entschied sich gegen den „marxistischen McCarthy" (Ehebald über Dahmer) und gegen Lutz Rosenkötter. Per Gerichtsurteil wurde beiden die weitere Mitherausgeberschaft an der Psyche verboten (zur profitablen Rolle, die Lohmann dabei spielte, der Dahmers Posten als leitender Redakteur übernehmen durfte, s. Dahmer 1998).

Eine Teilnehmerin der Brief-Kampagne (Lotte Köhler), die in den 80er Jahren gegen Dahmer entfacht wurde, hatte ihr Votum gegen Dahmer mit dessen angeblicher Voreingenommenheit begründet. Was Dahmer „gesät" habe, werde „Folgen" haben, meinte sie prophetisch (alle Zitate: Dokumentation ... 1984). Und über Dahmers Kommentar zu Müller-Braunschweigs Reichswart-Artikel äußerte sie: „Der Artikel von Herrn Dahmer gibt sich den Anschein größter Objektivität (...) Aber der Schein trügt." Dahmer habe nämlich vieles verschwiegen – zum Beispiel, daß Müller-Braunschweig mit dem Reichswart-Artikel versucht habe, „etwas von der Psychoanalyse" im NS-Staat „zu retten". Dabei sei er sogar von der IPV „unterstützt" worden. Das ist richtig – und das sollte auch nicht länger verschwiegen werden: Die „Rettung" der Psychoanalyse im NS-Staat durch die DPG-Funktionäre gelang mit Hilfe der Unterstützung des IPV-Vorstands! Und weiter heißt es in dem zitierten Brief: Dahmer habe sich „einer marxistischen Ausdrucksweise" „bedient". Er habe eingestanden, daß er „‚den Schicksalen der Freudschen kritischen Theorie'" nachgehen wollte. „Diese Formulierung zeigt eine Gefahr" – die Gefahr, „daß die psychoanalytische Bewegung zu einer marxistischen umfunktioniert wird, was gewiß nicht im Sinne ihres Erfinders Freud gewesen wäre (Siehe dessen Urteile über Wilhelm Reich)". Diese Bemerkung weist nun wieder auf die Geschichte der Psychoanalyse unter Hitler zurück.

3.

Wilhelm Reich gehörte in den 20er und 30er Jahren zu den Psychoanalytikern, die sich nicht nur mit psychologischen, sondern auch mit sozio-politischen Fragestellungen beschäftigten. Nach 1933 gehörte er zu jenen, die sich dem politischen Abstinenzgebot widersetzten, das die psychoanalytischen Gesellschaften in Berlin und Wien erließen. Schließlich gehörte Reich auch zum engeren Kreis der Empfänger der Rundbriefe, die Otto Fenichel ab 1934 versandte (s. Fenichel 1998). Dieser Kreis rekrutierte sich aus früheren Teilnehmern des „Kinder-Seminars", das in den 20er Jahren unter Leitung von Fenichel und Schultz-Hencke am Berliner Institut entstanden war.

Reich, der seit 1924 Leiter des „Technischen Seminars" der Wiener Psychoanalytischen Vereinigung war, hatte Ende 1930 beschlossen, Wien zu verlassen. In einem Brief vom 10. Oktober 1930 hatte Freud Reich bei dieser Gelegenheit versichert: „Lieber Herr Doktor – Wir haben in unserer Unterhaltung ausgemacht, dass Ihre zeitweise Übersiedlung nach Berlin nicht den Verlust Ihrer Stellungen in Wien zur Folge haben soll, und das meine ich, sollten wir festhalten" (zit. n. Fallend 1988, S. 201). Freud hatte Reich diese

Zusicherung gegeben, obgleich ihm Reichs politische Positionen bekannt waren. In einer Arbeit über Psychoanalyse und Marxismus (Reich 1929a) und in einem Bericht über eine Reise durch die Sowjetunion (Reich 1929b) hatte Reich seine politischen Standpunkt dargestellt.

Im Mai 1931 war Reich endgültig von Wien nach Berlin gezogen (Rackelmann 1997, S. 257). Kurze Zeit später trat er dort in die KPD ein, in deren Namen er sich dann im Juni 1931 an der Gründung des Einheitsverbands für proletarische Sexualreform und Mutterschutz beteiligte. Von Mitte 1931 an agitierte Reich nun als Parteimitglied und Psychoanalytiker bei politischen Massenkundgebungen gegen den Faschismus. Ende des Jahres, am 1. Dezember 1931, wurde er Mitglied der DPG. Am 19. Dezember 1931 hielt er am Berliner Institut einen Vortrag mit dem Titel „Die sexuelle Ökonomie des masochistischen Charakters". Die Publikation dieses Artikels (Reich 1932) wurde zum Ausgangspunkt des Konflikts, der nun mit Freud begann. In Freuds „Kürzester Chronik" heißt es dazu unter dem Datum 1. Januar 1932: „Schritt gegen Reich" (Molnar 1992, S. 267). Und in einem wenige Tage später geschriebenen Brief Freuds an Eitingon (vom 9. Januar 1932) heißt es über Reich und Fenichel, die beiden würden psychoanalytische „Zeitschriften für bolsch(e)w.(istische) Propaganda ... mis(!)brauchen". Hintergrund dieser Äußerung war Fenichels Entscheidung, Reichs Vortrag über das Problem des Masochismus zur Veröffentlichung in der Internationalen Zeitschrift für Psychoanalyse anzunehmen (Fenichel war damals noch Redakteur der Zeitschrift; wenig später wurde er auf Wunsch Freuds von diesem Posten abgelöst).

Die Behauptung Molnars (1992, S. 119), Reich habe in seinem Masochismus-Artikel vorgeschlagen, die marxistische Terminologie in die Psychoanalyse einzuführen, ist durch den Inhalt des Textes nicht zu belegen. Selbst Bernfeld, der von Freud den Auftrag erhalten hatte, eine Gegenkritik zu Reichs Artikel zu verfassen, gelang es nicht, Reichs „bolschewistische" Gesinnung anhand des Masochismus-Beitrags zu belegen. Vielmehr mußte Bernfeld zu diesem Zweck auf Arbeiten zurückgreifen, die Reich Ende der 20er Jahre veröffentlicht hatte und die bis dahin von Freud nicht angegriffen worden waren.

Bernfeld behauptet in seiner Gegenkritik zum Masochismus-Beitrag Reichs, es gebe „eine Methode, Geheimbriefe zu schreiben, indem zwei Texte so kunstvoll vermengt werden, daß nur der Empfänger mit dem vereinbarten Raster den unterdrückten Text in sich zusammenhängend lesen kann". Eben dies sei die „Methode", die Reich im Masochismus-Artikel angewandt habe. Offenbar hatte Reich dem Politbüro der KPD eine geheime Botschaft zukommen lassen, denn Bernfeld stellte fest: „Es sind zwei voneinander unabhängige Aufsätze, die hier ineinander gewoben sind; einer über den masochistischen Charakter, und einer über – nun man weiß nicht recht worüber. Offenbar die geforderte kommunistische Fleißarbeit" (1932, S. 379).

Bevor Freud Bernfeld mit dieser Gegenkritik beauftragt hatte, hatte er zunächst versucht, Reichs Beitrag mit einer kommentierenden Fußnote erscheinen zu lassen. Darin hätte es heißen sollen:

> „Besondere Verhältnisse zwingen den Herausgeber (der Internationalen Zeitschrift für Psychoanalyse, also Freud – B. N.) an dieser Stelle, die Leser an etwas zu mahnen, was sonst als selbstverständlich angenommen wird. Nämlich, daß diese Zeitschrift innerhalb des Rahmens der Psychoanalyse jedem Autor, der ihr einen Aufsatz zum Abdruck anvertraut, das volle Recht der freien Meinungsäußerung einräumt und keinem die Verantwortlichkeit für diese Äußerung abnimmt. Im Falle des Herrn Dr. Reich soll aber der Leser davon verständigt werden, daß der Autor Mitglied der bolschewistischen Partei ist. Nun ist es bekannt, daß der Bolschewismus der Freiheit des wissenschaftlichen Forschens ähnliche Schranken setzt wie die kirchliche Organisation. Der Parteigehorsam fordert, daß alles verworfen wird, was den Voraussetzungen der eigenen Heilslehre widerspricht. Es bleibt dem Leser der Zeitschrift vorbehalten, den Verfasser dieses Aufsatzes von solchem Verdacht freizusprechen. Der Herausgeber hätte sich zu der gleichen Anmerkung entschlossen, wenn ihm eine Arbeit eines Mitgliedes der Societas Jesu vorgelegen wäre" (zit. n. Reich 1982, S. 172).

In einem Rundbrief an die mit ihm verbündeten Linksfreudianer beschreibt Fenichel die Kontroverse um diese Fußnote Freuds:

> „Im Jahre 1931, als ich die Redaktion der (Internationalen) ‚Zeitschrift' (für Psychoanalyse) innehatte, hatte Freud nach Lektüre der Fahnen von (Wilhelm) Reichs Aufsatz ‚Der masochistische Charakter' angeordnet, daß dieser Aufsatz nur mit einer von ihm (Freud) verfaßten Fußnote erscheinen dürfte, deren Publikation allen sozialistischen Analytikern höchst unwillkommen gewesen wäre. Aus diesem Anlaß berief ich die ‚linken' Analytiker Berlins zusammen, um mit ihnen zu beraten, was zu tun sei" (1998, S. 1383).

Diesem ersten Treffen schlossen sich weitere Zusammenkünfte der Linksfreudianer an:

> „Wir kamen bei Reich zur Diskussion marxistisch-analytischer Fragen zusammen, und besonders die beiden Abende über ‚Psychoanalyse und Religion' und ‚Psychoanalyse und Pädagogik' habe ich in sehr guter Erinnerung, weil sie die Fehler der üblichen ‚bürgerlich-analytischen Auffassung' klärten. Diese erste Zeit unserer Arbeit fand ein Ende mit Hitlers Machtantritt. Die Berliner Kollegen zerstreuten sich über die ganze Welt. Wir sehnten uns nacheinander und hatten gleichzeitig (...) den Eindruck, daß eine Einflußnahme auf die vom Faschismus auch innerlich bedrohte psychoanalytische Bewegung nötiger war als je. Im Frühjahr 1934 sandte ich den ersten ‚Rundbrief' in die Welt ..." (Fenichel 1998, S. 1383 f.).

Reich und Fenichel waren lange Zeit befreundet, bevor es – im Zusammenhang mit den Ereignissen, die zum Ausschluß Reichs aus der IPV führten – zum Zerwürfnis zwischen diesen beiden Linksfeudianern kam. Bei diesem Streit spielte die Frage eine entscheidende Rolle, wie die Anpassungspolitik der DPG/IPV-Funktionäre gegenüber dem NS-Staat wirkungsvoll bekämpft werden könnte: Reich trat für den offenen Widerstand gegen den sich abzeichnenden Anpassungskurs der DPG/IPV ein und kalkulierte den Bruch mit dem IPV-Vorstand ein. Fenichel wollte diesen Bruch unbedingt vermeiden und trat für verdeckten Widerstand innerhalb der IPV ein.

In der Auffassung, daß die Psychoanalyse mit der (marxistischen) Gesellschaftstheorie zu verbinden sei, waren sich Fenichel und Reich jedoch einig. Beide befürworteten eine politisch aufgeklärte Psychoanalyse. So hatte Fenichel – genau wie Reich – schon vor 1933 zur Frage Stellung genommen, „warum das Thema ‚Psychoanalyse und Politik' heute in der Luft liegt. Die politischen und die mit ihnen verbundenen wirtschaftlichen Dinge können nicht mehr ignoriert werden (...) Dem Psychoanalytiker treten sie jeden Tag in verstärkter Intensität im Leben seiner Patienten und in seinem eigenen entgegen" (Fenichel 1932, S. 256). Die entgegengesetzte – „unpolitische" – Position hatte Anna Freud beim 12. Internationalen Psychoanalytischen Kongreß 1932 in Wiesbaden formuliert: „Das Interesse" der Psychoanalytiker „an psychologischen Problemen" sei in letzter Zeit „von dem an ökonomischen und soziologischen verdunkelt" worden, was „infolge der „wirtschaftlichen und politischen Krise" zwar „verständlich", jedoch „hoffentlich bald" wieder „vorüber" sei (zit. n. Brecht u. a. 1985, S. 67).

Ob Psychoanalytiker unter Rückgriff auf psychoanalytische Befunde politisch gegen den Faschismus Stellung nehmen oder sich und die Psychoanalyse – wie Reich dies forderte – sogar im Lager der politischen Linken ansiedeln sollten, das waren Fragen, von deren Beantwortung das „Schicksal" der Psychoanalyse im NS-Staat – so oder so – abhing: Die Psychoanalyse wäre sofort verboten worden, hätten sich die psychoanalytischen Funktionäre öffentlich – wie Reich dies forderte – gegen Hitler ausgesprochen. Wollte man einem Verbot entgehen, mußte man die Psychoanalyse politisch mindestens als „neutral" („unpolitisch") erscheinen lassen. Und man mußte sich von jenen distanzieren, die nun weiterhin die Psychoanalyse als eine dem Faschismus feindliche Theorie und Praxis darstellten.

Also mußte man sich von Reich distanzieren. Der hatte schon am 28. Juni 1932 am Berliner Institut einen Vortrag unter dem Titel „Massenpsychologische Probleme innerhalb der Wirtschaftskrise" gehalten. Über den Inhalt dieses Vortrags liest man in einem von Felix Boehm gezeichneten Bericht, der im Korrespondenzblatt der IPV von 1932 erschienen war:

„Anhand der nationalsozialistischen Bewegung wird gezeigt, daß die familiäre Situation des Kleinbürgertums seine Radikalisierung im Sinne der politischen Reaktion statt in dem der Revolution abbiegt. Der Nationalsozialismus erfüllt die Rebellion der Mittelschichten mit reaktionären Inhalten, zu deren Annahme die frühere soziale und familiäre Lage besonders disponierte. Die Analyse des effektiven Gehaltes der Rassentheorie ergibt, daß ‚nordisch-rassisch' gleich rein, d. h. asexuell setzt, ‚fremdrassig' dagegen das Sinnliche, niedrige Tierische meint" (1932, S. 559 f.).

Bernd Nitzschke

Diese Inhaltsangabe gibt wesentliche Thesen wieder, die Reich in der 1933 erschienen „Massenpsychologie des Faschismus" breiter ausführte. In diesem Buch hatte Reich die NS-Ideologie als politische Religion (vgl. zu diesem Begriff: Ley, Schoeps 1997) analysiert. Den Erfolg der NS-Propaganda erklärte er aus den Erlösungs- und Heil(ungs)sehnsüchten der deklassierten, unterdrückten, sexuell gehemmten und autoritätssüchtigen Massen. Da Reich aber nicht nur kleinbürgerliche Gruppen, sondern auch Teile der Arbeiterklasse meinte, hatte er gegen die KP-Doktrin verstoßen, derzufolge die Arbeiterklasse gegen die faschistische Propaganda immun zu sein hatte. Reich wurde wegen dieser Thesen, aber auch wegen seiner Sexpol-Agitation, die dem kleinbürgerlichen Denkhorizont der KP-Funktionäre widersprach, Ende 1933 aus der KP ausgeschlossen.

Beim Luzerner Kongreß im Sommer 1934 wurde dann auch der bereits im Sommer 1933 geheim beschlossene Ausschluß Reichs aus der DPG (und damit aus der IPV) bestätigt. Die „IPV-Mehrheit" konnte und wollte einen Autor, der die Massenpsychologie des Faschismus mit Hilfe sexualökonomischer Theorien erklärt hatte, „nicht mehr als ihresgleichen" anerkennen (Schröter 1998, S. 190). Obgleich – oder besser: weil – der Ausschluß Reichs aus der DPG/IPV in den Jahren 1933/34 eine Schlüsselrolle für das Verständnis der Politik der DPG/IPV-Funktionäre gegenüber dem NS-Regime spielt, ist dieses Ereignis in der verbandsloyalistischen Geschichtsschreibung nach 1945 totgeschwiegen (z. B. Gay 1989, Lockot 1994, Eickhoff 1995) und sogar ins Gegenteil verkehrt worden. So hat Jones (1962, III, S. 229) behauptet, Reich sei in Luzern nicht ausgeschlossen worden, vielmehr sei er damals selbst aus der IPV ausgetreten, eine Auffassung, die bis in die 90er Jahre wiederholt (Katalog 1993) und schließlich durch die Formulierung übertroffen wurde, Reich habe in Luzern auf seine IPV-Mitgliedschaft gar „freiwillig" verzichtet (Friedrich 1990, S. 163). Der Zeitzeuge Emanuel Windholz, der am Kongreß in Luzern 1934 teilnahm, erinnerte sich allerdings anders: „(...) Reich was expelled from the psychoanalytical association. And he spent about two hours, he walks through the woods after he was expelled (...) Ja. I spent two hours with him walking in the woods. He was very unhappy about having been expelled (...)" (unveröffentlichtes Interview, das Ludger M. Herrmanns mit Windholz am 2. 8. 1985 geführt hat; ich danke Herrn Hermanns für die Überlassung des Textes).

Nachdem die politischen Hintergründe von Reichs DPG/IPV-Ausschluß detailliert belegt worden sind (Nitzschke 1997a; s. dazu Dahmer 1998), ist es schwieriger geworden, die verbandsloyalistische Interpretation des „Falles" Reich aufrecht zu erhalten. Ganz unmöglich ist dies aber nicht. So heißt es etwa (unter Rückgriff auf den Jargon autoritärer Politgruppen), Reich habe nach 1933 als Querulant eine „sektiererische Politik" vertreten, weshalb er schließlich auch aus dem Kreis der Rundbrief-Empfänger ausgeschlossen werden mußte (Reichmayr 1998, S. 65). Fenichel äußerte hingegen: „(...) mag in die Affäre Reich auch noch so viel Persönliches hineinspielen", so es handelt sich „bei all dem doch um Gesetzmäßigkeiten (...), die gesellschaftlicher Natur sind" (1998, I, S. 141). Und einige Jahre später heißt es bei Fenichel noch grundsätzlicher: „Das Schicksal der Psychoanalyse hängt gewiß längst nicht mehr von diesen oder jenen Vorgängen innerhalb der analytischen Vereinigungen oder der sog. ‚analytischen Politik' ab, sondern (....) von den großen historischen Abläufen, deren Widerspiegelung die Auseinandersetzungen in der sog. ‚analytischen Bewegung' nur sind" (1998, II, 980).

Angeblich gibt es nun aber auch eine „Legende von Wilhelm Reich als Märtyrer der psychoanalytischen Bewegung", deren Widerlegung Reichmayrs (1998) Anliegen ist. Ein unveröffentlichter Brief offenbart, auf wen diese Wortwahl vom „Märtyrer" Reich zurückgeht: auf Freud. Sie hat ihren Ursprung im Konflikt, den Freud von 1932 an mit Reich austrug. Ein Jahr später, im Frühjahr 1933 (also nach Hitlers Regierungsantritt), erschien der „Arier" Boehm in Wien. Boehm schickte sich damals an, gemeinsam mit dem „Arier" Müller-Braunschweig den Juden Max Eitingon aus dem Amt des Vorsitzenden der DPG zu drängen. Freud, der den Nationalsozialismus als eine neue Form der Barbarei erkannt hatte, aber dennoch für den Erhalt der psychoanalytischen Institutionen während der Regierungszeit Hitlers eintrat, stimmte Boehms Vorhaben zu – unter Bedingungen. Eine dieser Bedingungen lautete: „Reich, der jetzt in Wien stänkert, ausschließen zu lassen. Ich wünsche es aus wissensch. Gründen, habe nichts dagegen, wenn es aus politischen geschieht, gönne ihm jede Märtyrerrolle" (Brief vom 17. 4. 1933 an Eitingon). Und einen Tag zuvor, am 16. 4. 1933, hatte Anna Freud in einem Brief geschrieben: „Papa würde sich sehr freuen R.(eich) aus der Vereinigung loszuwerden. Mir macht es trotzdem Bedenken, daß man ihm Gelegenheit gibt, sich als politischer Märtyrer aufzuspielen, statt ihm zu zeigen, daß er ein schlechter Analytiker geworden ist" (zit. n. Friedrich 1990, S. 164). Das war nun auch das Ziel: Man wollte Reich loswerden, allerdings die politischen Motive dieses Schritts verschleiern. Also versuchte man, Reich als Wissenschaftler und als Mensch zu diffamieren.

Mit dem „Stänkern" Reichs, das Freud im Brief an Eitingon erwähnt hatte, waren Reichs Auftritte bei politischen Kundgebungen in Wien gemeint. In einem Brief Anna Freuds an den IPV-Vorsitzenden Jones heißt es dazu erläuternd:

> „R.(eich) hat die Rücksichtslosigkeit begangen, bei seinem kurzen Aufenthalt hier (in Wien – B. N.) in kommunistischen Versammlungen politische Reden mit psychologischem Anstrich zu halten. Was das in heutigen Zeiten für die analytische Vereinigung bedeuten kann, weiß jeder. Wir sind hier alle jederzeit bereit, uns für die Analyse zu exponieren, aber keineswegs für Reichs Ideen, die keiner von uns teilt. Der Ausspruch meines Vaters darüber ist: Wenn die Psychoanalyse verboten wird, so soll sie als Psa. verboten werden, aber nicht als das Gemisch von Politik und Analyse, das Reich vertritt (...) Mein Vater (...) kann nicht erwarten, Reich als Mitglied loszuwerden, ihn beleidigt die Vergewaltigung der Analyse ins Politische, wo sie nicht hingehört" (zit. n. Friedrich 1990, S. 164).

Nach Berlin zurückgekehrt, hatte Boehm Freuds Wunsch noch im Sommer 1933 erfüllt: Reichs Name wurde aus der DPG-Mitgliederliste gestrichen. Zur selben Zeit führte Boehm aber auch Gespräche mit NS-Funktionären, denen er das „unpolitische" Wesen der Freudschen Psychoanalyse in Abgrenzung zur Reichschen Position zu erklären versuchte. In einem Bericht an den IPV-Vorsitzenden schreibt Boehm dazu: „Bekanntlich war Reich häufig öffentlich als Kommunist und Psychoanalytiker aufgetreten, wobei er seine Ansichten als Ergebnisse der Psychoanalyse hingestellt hatte. Gegen dieses Vorurteil (Freud und die deutschen Psychoanalytiker seien mit Reichs Auffassungen einverstanden – B. N.) hatte ich zu kämpfen" (1934, S. 103; Herv. B. N.). Boehms Kampf für Freud und gegen Reich war erfolgreich: Die NS-Funktionäre begriffen, was sie begreifen sollten. Also erkannten sie, daß von der Freudschen Psychoanalyse, die Boehm ihnen erläuterte, keine Gefahr für den neuen Staat ausgehen würde. Sie forderten Boehm auf, den mündlich vorgetragenen Sachverhalt noch einmal schriftlich zu fixieren, damit ein Verbot der Psychoanalyse vermieden werden könnte. Diesen Auftrag gab Boehm an Müller-Braunschweig weiter, der daraufhin ein Memorandum verfaßte, das er – gemeinsam mit Boehm – am 1. Oktober 1933 bei einem Treffen in Holland dem IPV-Präsidenten Jones und dem IPV-Vizepräsidenten van Ophuijsen vortrug. Über dieses Treffen wurde auch die IPV-Vizepräsidentin Anna Freud informiert. Nachdem das Memorandum so den wichtigsten Repräsentanten der IPV bekannt gemacht worden war, erschien es in einer geringfügig überarbeitete Fassung am 22. Oktober 1933 unter dem Titel „Psychoanalyse und Weltanschauung" im Reichswart.

Will man die – von Freud nicht bestrittene – politische Dimension des Ausschlusses Reichs aus der DPV/IPV in den Jahren 1933/34 heute immer noch bestreiten oder deren Bedeutung herunterspielen, so muß man nur die passenden Fragen stellen – und die dazu passenden Antworten liefern: Hätten Reichs Charakterpathologie und die von ihm vertretenen, der Lehre Freuds widersprechenden Auffassungen seinen Ausschluß aus der DPG/IPV nicht in jedem Fall erzwungen? Schröter behauptet zudem, Reich sei in Luzern 1934 „von einer Austrittserklärung nicht mehr weit entfernt" gewesen (1988, S. 188). Man mag das so beurteilen. Der Logik widerspricht das Argument dennoch. Man kann eine „Austrittserklärung" schließlich nur abgeben, wenn man noch Mitglied ist. Das aber war Reich schon ein Jahr vor Luzern nicht mehr. Schröter schreibt weiter: „Man mag einwenden, daß Reich schon früh die Unvereinbarkeit von Psychoanalyse und Nationalsozialismus behauptete und jedes Entgegenkommen für eine ‚sinnlose Selbstopferung' hielt (...). Aber was hier wie realistische Scharfsicht anmutet, kann auch Zufall sein" (1998, S. 182, Anm. 8; zu weiteren Details der Polemik Schröters gegen Fallend/Nitzschke 1997 s. Fallend/Nitzschke 1998, 1999).

Es war also ein „Zufall", der Reich im März 1933 veranlaßte, an die Leitung des Internationalen Psychoanalytischen Verlags zu schreiben:

> „Man mag sich hinter Illusionen wie dem Glauben an eine ‚un-politische', das heißt der Politik völlig disparate Natur der Wissenschaft verstecken: Das wird nur der wissenschaftlichen Forschung schaden (...) Da die Psychoanalyse (...) kulturpolitische Bedeutung hat und in den bevorstehenden gesellschaftlichen Kämpfen um die Neuordnung der Gesellschaft eine entscheidende Rolle spielen wird, gewiß nicht auf der Seite der Reaktion, bedeutet jeder Versuch einer Anpassung oder Verhüllung des Wesens der Bewegung sinnlose Selbstopferung (...)" (Der Ausschluß 1935, S. 60 f.).

Nein – es war kein „Zufall", sondern das Ergebnis jahrelangen Bemühens über Psychoanalyse und Politik nachzudenken, das Reich dazu bewog, die Selbstauflösung der DPG 1933 zu fordern, um die sich abzeichnende Kollaboration der institutionalisierten Psychoanalyse mit dem NS-Regime zu verhindern. Fenichel, der Reich in dieser Frage 1933 nicht unterstützt hatte, bedauerte diese historische Fehlentscheidung später. Im Rundbrief vom 16. 4. 1939 schrieb er: „Es nutzt nichts, aber man muss zugeben, dass die einzig moegliche Loesung gewesen waere, die deutsche psychoanalytische Vereinigung schon im Fruejahr 1933 aufzuloesen, ein Vorschlag, den Reich propagierte, waehrend Edith J.(acobsohn) und ich dagegen gewesen waren" (1998, II, S. 1093). Und im Rundbrief vom 1. 6. 1937 heißt es noch deutlicher, „daß es im Interesse der Analyse, wie wir es verstehen, am besten gewesen wäre, Institut und Vereinigung im Frühjahr 1933 freiwillig aufzulösen (...) Ich muss gestehen, dass ich und E.(dith) J.(acobsohn) im Gegensatz zu Reich damals den entgegengesetzten Standpunkt vertraten" (1998, I, S. 583).

Da Freud und die große Mehrheit der DPG/IPV-Mitglieder der Auffassung waren, psychoanalytische Befunde ließen sich wie mathematische Erkenntnisse unter allen gesellschaftlichen Bedingungen gewinnen und unter jeder politischen Regierung „unpolitisch" anwenden, solange Politik und Wissenschaft voneinander getrennt blieben, traten sie für den Erhalt der psychoanalytischen Institutionen im NS-Staat ein. Der IPV-Vorsitzende Jones verteidigte diese „unpolitische" – und vermeintlich wissenschaftliche – Haltung beim Luzerner Kongreß, als er in einer Rede ausführte: „Wir sehen (...), daß Politik und Wissenschaft sich nicht besser vermischen als Öl und Wasser" (1935, S. 114). Und auf dem ersten Kongreß nach dem Ende des Hitler-Regimes, der 1949 in Zürich stattfand, verdeutlichte Jones (wiederum mit implizitem Bezug auf Reich) noch einmal, wovor er schon in Luzern gewarnt hatte: „The temptation is understandably great to add socio-political factors to those that are our special concern, and to re-read our findings in terms of sociology, but it is a temptation which, one is proud to observe, has, with very few exceptions, been stoutly resisted." Jones rechtfertigte diese „unpolitische" Haltung so: „The deeper we delve into the mind the less can we perceive any influence of sociological factors on its most primitive layers, those belonging to the first year or two of life" (1949, S. 179). Müller-Braunschweigs Reichswart-Artikel war nun aber genau dieser – von Jones, Freud und der Mehrheit der Psychoanalytiker vertretenen – Auffassung der Psychoanalyse verpflichtet. Schröter kann daher mit einem gewissen Recht behaupten: „In Müller-Braunschweigs Text stehen einige wenige, vielzitierte Sätze, die das therapeutische Ziel in einer anbiedernden Sprache, die später ins ‚Wörterbuch des Unmenschen' einging, beschreiben (‚unfähige Weichlinge zu lebenstüchtigen Menschen umformen'); ansonsten werden analytische Gemeinplätze geboten (...) Kurz: anders als bei Reich beeinflußt hier die Politik nicht die sachliche Substanz" der Psychoanalyse (1998, S. 181). Man muß diesen Passus zweimal lesen: Der Reichswart-Artikel kann demnach 1998 noch genauso begriffen werden – wie ihn die Nationalsozialisten, für die er ja geschrieben wurde, 1933 begreifen sollten. Wilhelm Reich hatte diesen Artikel hingegen schon damals anders begriffen: „Als zur Emigration gezwungenes Mitglied der deutschen psa. Vereinigung erkläre ich hiermit, dass der genannte Artikel von Müller-Braunschweig eine Schande für die gesamte psychoanalytische Wissenschaft und Bewegung darstellt" (zit. n. Fenichel 1998, I, S. 103).

Reich hat den Reichswart-Artikel – der „wichtigste Beitrag im Gleichschaltungsprozeß" (Friedrich 1987, S. 211) – in der von ihm herausgegebenen (Exil-)Zeitschrift für Politische Psychologie und Sexualökonomie in der Rubrik „Unpolitische" Wissenschaft nachgedruckt. Er wollte so die politischen Konsequenzen dokumentieren, die dieser Artikel nach sich ziehen würde. Reich hatte sich nicht getäuscht. Müller-Braunschweig setzte seine „unpolitischen" Bemühungen alsbald fort. In einer Denkschrift, die er unter der Überschrift „Nationalsozialistische Idee und Psychoanalyse" (1935) verfaßte, stellte er den NS-Machthabern in Aussicht, daß die deutschen Psychoanalytiker „Wertvolles für das Ziel einer ‚deutschen Psychotherapie' beizusteuern" hätten. Zudem bedankte er sich für die „Voraussetzungen", die das neue Regime geschaffen habe, um der DPG „ein wirklich deutsches Gesicht" zu verleihen (1935, S. 167). Zu diesen „Voraussetzungen" gehörten zum damaligen Zeitpunkt bereits die Verfolgung und Vertreibung politischer Gegner des Regimes (wie Wilhelm Reich) und die berufliche Diskriminierung jüdischer Psychoanalytiker (wie Max Eitingon, der im November 1933 vom DPG-Vorsitz zurückgetreten war, den nun Boehm und Müller-Braunschweig innehatten). Die genannten „Voraussetzungen" hatten aber auch noch weitere Folgen. Dazu gehörten Edith Jacobsohns Verhaftung durch die Gestapo im Oktober 1935 und der „freiwillige" Verzicht der bis Ende 1935 in der DPG noch verbliebenen Juden auf ihre weitere Mitgliedschaft. Erich Fromm, der zu diesem Zeitpunkt bereits im amerikanischen Exil lebte, aber noch immer der DPG angehörte, hatte Anfang 1936 „von verschiedenen Seiten gehört, dass die Deutsche Psychoanalytische Gesellschaft ihre jüdischen Mitglieder ausgeschlossen habe". In einem Brief vom 11. März 1936 verlangte er deshalb nähere Auskunft von Müller-Braunschweig. Und die erhielt er – postwendend. Am 21. März 1936 teilte Müller-Braunschweig Fromm mit, es sei „der freie Entschluss aller jüdischen Mitglieder" gewesen, aus der DPG auszutreten. Damit sei ein „wesentliches Hindernis (...) für die Weiterexistenz und Betätigung unserer Wissenschaft in Deutschland" beseitigt worden. Dann merkte Müller-Braunschweig noch an: „Also von Ausschluss kann keine Rede sein." Und am 25. März 1936 schrieb Jones, den Müller-Braunschweig (nicht nur) in dieser Sache um Hilfestellung gebeten hatte, an Fromm: „Dr. Müller-Braunschweig forwarded to me your letter of complaint concerning the resignation of the Jewish members. It is not literally true that they have been excluded (you use the word „ausgeschlossen"), but after a considerable discussion in Berlin (...), at which I also was present, they subsequently decided it would be in everyones interest for them to send in their resignation (...)" (alle Brief-Zitate: Funk 1998). Das war freilich noch nicht alles: Nachdem die die DPG-Mitglieder 1936 den Eintritt in das nationalsozialistische Deutsche Institut für psychologische Forschung und Psychotherapie und – in vorauseilendem Gehorsam – zugleich den Austritt aus der IPV beschlossen hatten, widersprachen die Nationalsozialisten diesem Austritt, da Hitler im Jahr der Olympiade Wert auf internationale Anerkennung legte. Also beschlossen Boehm und Jones bei einem Treffen mit Mathias Göring, dem Leiter des Deutschen Instituts, den Wiedereintritt der DPG in die IPV. Und so wurde die nunmehr „judenreine" und auf Hitlers „Mein Kampf" eingeschwore DPG noch einmal ausdrücklich als Zweigvereinigung der IPV bestätigt (vgl. Korrespondenzblatt 1939, S. 213).

Als Mitte der 80er Jahre nach der Wiederveröffentlichung des Reichswart-Artikels Müller-Braunschweigs die Briefkampagne gegen Dahmer geführt wurde, gab es auch (wenige) Psychoanalytiker, die Dahmer verteidigten. So schrieb Wolfram Lüders damals an Dahmer: „Ich hatte (...) den Eindruck, daß Sie anhand Ihrer historischen Analyse den Psychoanalytikern von heute zeigen wollten, wie es durch Kompromisse und politische Ahnungslosigkeit zum Verrat an der Psychoanalyse kommen konnte" (zit. n. Dokumentation ... 1984). Die entgegengesetzte Position vertrat – und vertritt bis heute – Ehebald: Dahmers Bemühen, die Geschichte der Psychoanalyse im NS-Staat anhand des Reichswart-Artikels exemplarisch aufzuarbeiten, konnte (und kann) Ehebald nur als „Diffamierung" verstehen. Und so charakterisiert er auch das Anliegen derjenigen, die 1985 ein Dokument ausstellen wollten, das die NSdAP-Mitgliedschaft des DPV-Ehrenmitglieds Gerhard Scheunert belegt, noch immer als einen Versuch, der gezeigt habe, „wie erbarmungslos eine zum Teil ideologisch verblendete Generation von Kindern und Enkeln dazu neigen kann, mit ihren Vätern und Vorvätern umzugehen" (1998, S. 129).

Wollen wir unsere Vorväter (und Vormütter) also „diffamieren", wenn wir uns an die Geschichte der Psychoanalyse im NS-Staat erinnern? Eine solche Interpretation der Re-Konstruktion der Geschichte ist offenbar naheliegend. Ich führe ein weiteres Beispiel an: Als Wissenschaftler spät begannen, dem Schicksal jüdischer Patienten der Hamburger Psychiatrischen Universitätsklinik während der NS-Zeit nachzuforschen, stellten sie „Fragen an frühere Mitarbeiter der Klinik, deren Angehörige und Schüler". Die Antworten, die sie erhielten, waren typisch:

> „Die erste Reaktionsform reichte von schroffer Ablehnung jedes weiteren Gesprächs bis zur Androhung von Beleidigungsklagen. Die zweite Reaktionsform bestand in der trivialanalytischen Vermutung, die Fragesteller stellten ihre Fragen aus einer unbearbeiteten eigenen Vaterproblematik und wollten Munition für einen posthumen Vatermord sammeln. Die dritte und gleichzeitig häufigste Reaktionsform bestand darin, zu versichern", daß die Klinik damals „alles Menschenmögliche getan habe", um die Patienten zu retten (Pfäfflin, Rüb 1989, S. 4; weiterführend: Pfäfflin 1991, Pfäfflin u. a. 1994).

Noch einmal: Erinnern wir uns an die NS-Zeit, weil wir die damals Handelnden „diffamieren" und uns damit selbst als vermeintlich bessere Menschen darstellen wollen? Der Versuch, die Aufarbeitung der NS-Geschichte mit dem Hinweis zu erledigen, es werde auf Kosten der in die damaligen Ereignisse verstrickten Akteuere „moralisiert", verdeckt, worum es geht: um die Aufarbeitung der Geschichte nach 1945. Erinnern wir uns also immer wieder daran, daß wir keine besseren Menschen sind als unsere Vorväter (und Vormütter) – und hoffen wir doch, mit Hilfe von Erinnern und Durcharbeiten gegebenenfalls bessere Entscheidungen treffen zu können.

Wolfgang Benz, Leiter des Zentrums für Antisemitismusforschung an der Technischen Universität Berlin, hat unlängst festgestellt, daß „die psychische Dimension nationalsozialistischer Herrschaft" noch immer „weitgehend unerforscht und unbewältigt" ist. Und er hat hinzugefügt, daß „eine politisch und historisch argumentierende Psychoanalyse, die den Umgang mit der nationalsozialistischen Vergangenheit als Gruppenprozeß begreifen und Erklärungsmodelle" anbieten könnte, sich auch „eine Generation nach Mitscherlichs ‚Unfähigkeit zu trauern'" (1967) noch „in den Anfängen" befinde (Benz 1998, S. 12). Warum ist das so? Warum fehlt die angeforderte „politisch und historisch argumentierende Psychoanalyse" weitgehend? Und warum wird sie, wenn sie denn betrieben wird, noch immer eher von Außenseitern („weder Analytiker noch analysiert") als von Insidern (sowohl analysiert wie Analytiker) betrieben? Die vielbeschworene und in Sonntagsreden viel zerredete „Trauerarbeit" (vgl. Nitzschke 1997b) nutzt der Aufklärung der „psychischen Dimension nationalsozialistischer Herrschaft" jedenfalls weniger als der Versuch, die Massenpsychologie des Faschismus (Reich 1933) zu erhellen. Die Frage, ob es ideale Väter (oder Mütter) je gegeben hat, läßt sich demgegenüber vergleichsweise leicht beantworten. Dazu reicht das vorhandene psychoanalytische Wissen aus: Ideale Väter (und Mütter) hat es nie gegeben – und wird es nie geben. Diese Einsicht könnte Söhnen (und Töchtern) vielleicht doch noch helfen, sich vom Zwang einer Geschichte zu befreien, in der mörderische Wut das Streben nach dem Idealen immer wieder motiviert und das Streben nach dem Idealen mörderische Taten immer wieder legitimiert hat.

Literatur

Benz, W. (1998): Vorwort. In: Heil, J., Erb, R. (Hg.): Geschichtswissenschaft und Öffentlichkeit. Der Streit um Daniel J. Goldhagen. Frankfurt/M. (Fischer), S. 9-15.
Bernfeld, S. (1932): Die kommunistische Diskussion um die Psychoanalyse und Reichs ‚Widerlegung der Todestriebhypothese'. In: Internationale Zeitschrift für Psychoanalyse 18, S. 352-385.
Boehm, F. (1932): Deutsche Psychoanalytische Gesellschaft, II. Quartal 1932. In: Internationale Zeitschrift für Psychoanalyse (Korrespondenzblatt) 18, S. 557-560.
– (1934): Bericht vom 21. 8. 1934 über die Ereignisse 1933 – 1934. Zit. n. Brecht, K. u. a. (Hg.) (1985): „Hier geht ...", S. 99-109.
Brecht, K. u. a. (Hg.) (1985): „Hier geht das Leben auf eine sehr merkwürdige Weise weiter ..." – Zur Geschichte der Psychoanalyse in Deutschland. Hamburg (Kellner).
Chasseguet-Smirgel, J. (1987): Überlegungen zum Hamburger Kongreß. In: Jahrbuch der Psychoanalyse 20, S. 89-113.
Cocks, G. (1985): Psychotherapy in the Third Reich. The Göring Institute. New York/Oxford (Oxford University Press).
Dahmer, H. (1983): Kapitulation vor der „Weltanschauung". Zu einem Aufsatz von Carl Müller-Braunschweig aus dem Herbst 1933. In: Psyche 37, S. 1116-1135.
– (1998): Psychoanalytische Vereinsgeschichte, „anders" erzählt. Zu einer „Kritik" von Michael Schröter. In: Journal – Psychoanalytisches Seminar Zürich, Heft 35, S. 70-77.
Der Ausschluß Wilhelm Reichs aus der Internationalen Psychoanalytischen Vereinigung (1935). In: Zeitschrift für Politische Psychologie und Sexualökonomie 2, Heft 1, S. 54-61 (ohne Verfassername; der Text stammt von W. Reich).
DER SPIEGEL (1998): „Kathedrale auf Treibsand" – Sigmund Freud, Schöpfer der Psychoanalyse, prägte das Jahrhundert wie kein anderer. Heft 25, S. 195-207.
Dokumentation des DPV-Vorstandes zum Briefwechsel Ehebald/Dahmer – Masch. 1984.
Ehebald, U. (1998): „Wünsch' dir eine lange Fahrt". In: Hermanns, L. M. (Hg.): Psychoanalyse in Selbstdarstellungen. Bd. 4. Tübingen (edition diskord), S. 73-163.
Eickhoff, F.-W. (1995): Über die Herausforderung der Nachkriegszeit aus der Sicht eines Analytikers der Deutschen Psychoanalytischen Vereinigung. In: Hermanns, L. M. (Hg.): Spaltungen in der Geschichte der Psychoanalyse. Tübingen (edition diskord), S. 120-140.
Fallend, K. (1988): Wilhelm Reich in Wien. Psychoanalyse und Politik. Wien/Salzburg (Geyer).
–, Nitzschke, B. (Hg.) (1997): Der „Fall" Wilhelm Reich. Beiträge zum Verhältnis von Psychoanalyse und Politik. Frankfurt/M. (Suhrkamp).
–, Nitzschke, B. (1998): Der „Fall" Wilhelm Reich – jenseits manichäischer Fiktionen und diplomatischer Konstruktionen. In: Werkblatt – Zeitschrift für Psychoanalyse und Gesellschaftskritik, H. 41, S. 36-58.

–, Nitzschke, B. (1999): „Diplomatisches" Konstrukt. Eine Erwiderung auf Michael Schröters Erzählung der Geschichte des Ausschlusses Wilhelm Reichs aus der DPG/IPV in den Jahren 1933/34. In: Psyche 53, S. 77-83.

Fenichel, O. (1932): Psychoanalyse und Politik. Eine Kritik. In: Die psychoanalytische Bewegung 4, S. 255-268.

– (1998): 119 Rundbriefe (1934-1945), I-II. Frankfurt/M., Basel (Stroemfeld).

Flacke, M. (Hg.) (1998): Mythen der Nationen – ein europäisches Panorama. Berlin (Deutsches Historisches Museum).

Friedrich, V. (1987): Psychoanalyse im Nationalsozialismus. Vom Widerspruch zur Gleichschaltung. In: Jahrbuch der Psychoanalyse 20, S. 207-233.

– (1990): Der 13. Internationale Psychoanalytische Kongreß 1934 – Seine Bedeutung in der psychoanalytischen Bewegung. Dokumentation. In: Gidal, T. N. (Hg.): Die Freudianer auf dem 13. Internationalen Psychoanalytischen Kongreß 1934 in Luzern. München (Verlag Internationale Psychoanalyse), S. 154-171.

– (1994): Vom Deutschen Kleinmut. In: Bulletin – Zeitschrift der Wiener Psychoanalytischen Vereinigung, H. 3, S. 41-55.

Funk, R. (1998): Erich Fromm's Role in the Foundation of the IFPS. Evidences from the Erich Fromm Archives in Tuebingen. Lecture presented at the Workshop on the Foundation and History of the IFPS. X. Internatinal Forum of Psychoanalysis, May 5.-9. 1998, Madrid. Masch.

Gay, P. (1989): Freud. Eine Biographie für unsere Zeit. Frankfurt/M. (Fischer).

Geulen, C. (1998): Die Metamorphose der Identität. Zur „Langlebigkeit" des Nationalismus. In: Assmann, A., Friese, H. (Hg.): Identitäten. Erinnerung, Geschichte Identität Bd. 3. Frankfurt/M. (Suhrkamp), S. 346-373.

Hermanns, L. (1985): Interview mit Emanuel Windholz. Masch.

Hobshawm, E. (1998): Wieviel Geschichte braucht die Zukunft? München (Hanser).

Jones, E. (1935): Ansprache zur Eröffnung des 13. Internationalen Psychoanalytischen Kongresses 1934 in Luzern. In: Internationale Zeitschrift für Psychoanalyse 21, S. 112-115.

– (1949): Opening Adress. In: International Journal of Psycho-Analysis 30, S. 178 f.

– (1962): Sigmund Freud – Leben und Werk. Bd. 3. Bern (Huber).

Katalog (1993): Ausstellung „Die Freudianer – Fotographien vom 13. Internationalen Psychoanalytischen Kongreß Luzern 1934". Jüdisches Museum der Stadt Wien.

Ley, M., Schoeps, J. H. (Hg.) (1997): Der Nationalsozialismus als politische Religion. Bodenheim (Philo).

Lockot, R. (1994): Die Reinigung der Psychoanalyse. Die Deutsche Psychoanalytische Gesellschaft im Spiegel von Dokumenten und Zeitzeugen (1933 – 1951). Tübingen (edition diskord).

Lohmann, H.-M. (Hg.) (1984): Psychoanalyse und Nationalsozialismus – Beiträge zur Bearbeitung eines unbewältigten Traumas. Frankfurt/M. (Fischer).

Maylan, C. E. (1929): Freuds tragischer Komplex. Eine Analyse der Psychoanalyse. München (Reinhardt).

Mitscherlich, A., Mitscherlich, M. (1967): Die Unfähigkeit zu trauern. Grundlagen kollektiven Verhaltens. München (Piper).

Molnar, M. (1992) (Hg.): The diary of Sigmund Freud 1929-1939. A record of the final decade. London (Hogarth).

Müller-Braunschweig, C. (1933): Psychoanalyse und Weltanschauung. In: Reichswart, 22. 10.

1933. Zit. n. Wiederabdruck in: Lohmann, H.-M. (Hg.) (1984): Psychoanalyse ..., S. 109-112.
- (1935): Nationalsozialistische Idee und Psychoanalyse. Zit. n. Faksimile in: Brecht, K. u. a. (Hg.) (1985): „Hier geht...", S. 167.
Lessing, T. (1919): Geschichte als Sinngebung des Sinnlosen. Neuauflage: München (Matthes & Seitz, 1984).
Nachtrag zur DPV-Dokumentation zum Briefwechsel Ehebald/Dahmer – hg. von der Redaktion der Zeitschrift „Psyche". Masch. o. J.
Nitzschke, B. (1985): Der eigene und der fremde Körper. Bruchstücke einer psychoanalytischen Gefühls- und Beziehungstheorie. Tübingen (Konkursbuchverlag).
- (1995): Gigantomachie: Hitlers pseudoreligiöse Erlösungsvision. In: Der Pfahl – Jahrbuch aus dem Niemandsland zwischen Kunst und Wissenschaft 9, S. 104-119.
- (1997a): „Ich muß mich dagegen wehren, still kaltgestellt zu werden". Voraussetzungen, Umstände und Konsequenzen des Ausschlusses Wilhelm Reichs aus der DPG/IPV in den Jahren 1933/34. In: Fallend, K., Nitzschke, B. (Hg.) (1997), S. 68-130.
- (1997b): Über einige Unfähigkeiten und Fähigkeiten sich zu erinnern und zu vergessen. Die Geschichte des Nationalsozialismus zum Beispiel. In: Werkblatt – Zeitschrift für Psychoanalyse und Gesellschaftskritik, H. 39, S. 59-73.
Pfäfflin, F., Rüb, H. (1989): Erinnerungen an den November-Pogrom 1938 und die damaligen jüdischen Patienten der Psychiatrischen Universitätsklinik Hamburg. In: Recht & Psychiatrie 7 (H. 1), S. 2-9.
- (1991): Ein Kapitel aus der Geschichte der Deutschen Gesellschaft für Sexualforschung. Zeitschrift für Sexualforschung 4, S. 258-264.
-, Rüb, H., Göpfert, M. (1994): Die Verflechtung der Universitätspsychiatrie in die nationalsozialistischen Anstaltstötungen am Beispiel der Hamburger Universität. In: Wahl, G., Schmitt, W. (Hg.): Vom Nutzen und Nachteil der Historie. Warthenhausener Gespräche zur Geschichte der Seelenheilkunde. Bd. 1 (Verlag Kommunikative Medien und Medizin), S. 174-194.
Rackelmann, M. (1997): Wilhelm Reich und die Sexpol. In: DeMeo, J., Senf, B. (Hg.): Nach Reich. Frankfurt/M. (Zweitausendeins), S. 250-275.
Reich, W. (1929a): Dialektischer Materialismus und Psychoanalyse. In: Unter dem Banner des Marxismus 3, S. 736-771.
- (1929b): Die Stellung der Psychoanalyse in der Sowjetunion. Notizen von einer Studienreise in Rußland. In: Die psychoanalytische Bewegung 1 (H. 4), S. 358-368.
- (1932): Der masochistische Charakter. Eine sexualökonomische Widerlegung des Todestriebes und des Wiederholungszwanges. In: Internationale Zeitschrift für Psychoanalyse 18, S. 303-351.
- (1933): Massenpsychologie des Faschismus. Kopenhagen (Verlag für Sexualpolitik).
- (1982): Menschen im Staat. Frankfurt/M. (Nexus).
Reichmayr, J. (1998): Zur Wiederbelebung der Legende von Wilhelm Reich als Märtyrer der psychoanalytischen Bewegung. In: Journal – Psychoanalytisches Seminar Zürich, H. 35, S. 52-69.
Schoeps, J. H., Schlör, J. (Hg.) (o. J.): Antisemitismus. Vorurteile und Mythen. Frankfurt/M. (Zweitausendeins).
Schröter, M. (1998): Manichäische Konstruktion. Kritik an zwei Studien über Wilhelm Reich und seine Konflikte mit der DPG/IPV (1933-34). In: Psyche 52, S. 176-196.

Gedächtnis – Vergessen und erinnern: Ein Akt des Mutes, der Identität oder des Glaubens

Yolanda Gampel

Um einen schädlichen Übergriff der Vergangenheit auf die Gegenwart zu verhindern, müssen wir die Vergangenheit einholen, kennen und ihre Bedeutung ermessen können. Das heißt, wir müssen erkennen, daß bestimmte Ereignisse nicht nur stattgefunden, sondern grundlegend zu unserer Identität und unserem Sein in der Welt beigetragen haben.

Aus unserer Arbeit als Psychoanalytiker kennen wir die verheerenden Folgen, die amnestische Krankheiten für die menschliche Psyche haben. Insbesondere bei unseren klinischen Erfahrungen mit Psychosen werden wir mit den tragischen Konsequenzen der Unkenntnis und Ignoranz der Vergangenheit und mit der Blockade des Zugangs zu Zeitbedingtheiten konfrontiert.

Die Psychoanalyse nutzt die Sprache und Worte – Worte, die in der Erinnerung greifen, durch die Erinnerung wirken. Durch den Erinnerungsprozeß, der sich während der Behandlung im Übertragungsraum entwickelt, können die aktiven Spuren wiedergefunden werden, die aufgrund der Folgewirkungen der Geschichte, Zeit, Imagination und erzählerischen Darstellung vergessen, deformiert oder transformiert wurden. Die Worte, die wir aussprechen, die Rede, die wir gehalten haben, um unsere Geschichte zu erzählen, um über unsere subjektive geistige Verfassung zu sprechen, machen jeden von uns zu dem, was er ist. Wir können die psychoanalytische Unternehmung, die im Rahmen der Interpretation und Bestimmung erfolgt, als eine historiographische Anamnese betrachten. Sie webt und gestaltet aufs neue die Hülle der Erinnerung, die ein Gefühl der Kontinuität des Selbst in der Zeit, des Identitätsgefühls, gewährleistet und uns, während wir uns in die Zukunft projizieren, den Unterschied spüren läßt.

Yolanda Gampel

Wenn wir über Identität sprechen, die nicht in der Theorie, sondern in der Erfahrung wurzelt, müssen wir eine Vorstellung davon mit einbeziehen, was es in unserer Zeit bedeutet, ohne ein Gefühl menschlicher Wirksamkeit zu existieren. Wenn die Identität durch Umstände wie die Shoah-Zeit, statt durch Werte geprägt wird (was wir aus den zahllosen Situationen wissen, die in den Zeugnissen von Holocaust-Überlebenden beschrieben werden), durch Situationen, in denen das Rechte zu tun, seine Bedeutung verloren hatte, dann zwingt uns dies zu fragen, ob wir nicht nach einem „unausgesöhnten Verständnis" (Langer 1991) suchen, das uns auf einen anderen Weg bringt. Das Desaster des Holocaust hat sehr viele Formeln, die einmal als gesichert galten, für nichtig erklärt.

Wenn M. Blanchot zwischen dem „Wissen vom Desaster" (du désastre) und dem „Wissen als Desaster" (comme déastre) unterscheidet, definiert er die Grenzen, die das verletzte Selbst des Zeugen vom unverletzlichen Selbst des Publikums trennen. Das Wissen vom Desaster umgeht den subversiven Gehalt des Ereignisses, während das Wissen als Desaster dessen zerrüttenden Einfluß verstärkt.

Wir gehen davon aus, daß Haß das Ergebnis von Nichtkonfrontation ist; Haß ist die Konsequenz, wenn Dinge nicht bewältigt werden. Haß zielt nicht auf die Wiedergutmachung von Ungerechtigkeit ab, sondern strebt nach Krieg und damit nach noch größerer Ungerechtigkeit, die im Namen eines reinen Gewissens oder ethnischer oder religiöser Säuberung begangen wird.

Die Leugnung von Haß hat keinen anderen Effekt, als die Wiederkehr von Haß zuzulassen; das Eingeständnis von Haß bedeutet, ihn zu einem integralen Bestandteil des menschlichen Seins zu machen. Freud stellte in seinem Vortrag vor dem B'nai Brith am 15. Februar 1915 fest, daß „wir von einer unendlich langen Generationsreihe von Mördern abstammen, denen die Mordlust, wie vielleicht noch uns selbst, im Blute lag." Wir müßten die Tatsache berücksichtigen, zitiert Hassoun (1997) weiter, daß die Gesellschaft vom Bösen durchdrungen ist, um herausfinden und erkennen zu können, wo es wirksam wird. Insbesondere werde es gegenüber dem Anderssein des anderen und seiner Subjektivität wirksam.

Die Organisatoren dieses Symposions in Düsseldorf sind Freuds Weg gefolgt und haben einen Prozeß des Eingeständnisses in Gang gesetzt. Sie haben sich als Juden und Nichtjuden zusammengeschlossen, um gemeinsam zu überlegen und Wege und Möglichkeiten zu finden, um Personen, die in den schrecklichen Jahren des Zweiten Weltkrieges in Europa und insbesondere in Deutschland waren, und deren Kinder zu behandeln. In gewisser Weise haben Sie mit Ihrem Zusammenschluß diese Klinik geschaffen, um mit den Wechselfällen des Erinnerns und Vergessens umzugehen und durch einen Prozeß eine Verarbeitung in Gang zu setzen. Verantwortung zu übernehmen, ein Bewußtsein, nicht vom Standpunkt der Schuld, sondern vom Standpunkt der Sanktion und historischen Verantwortung, kann zu einem Weg für die Grundlegung eines symbolischen Erinnerungsvermögens und eines Raumes der Heilung und Wiedergutmachung führen. Diese ganze Arbeit ist aus meiner Sicht ein Akt des Mutes, der Identität und des Glaubens.

Ein Intervall und gleichzeitig eine Fortsetzung dieses Prozesses ist dieser Kongreß, der die deutsche und die internationale Gemeinschaft über Ihre Existenz und Initiative informiert. Durch diesen Kongreß fordern Sie uns alle auf, nochmals gemeinsam über all das nachzudenken.

Individuelle und kollektive Erinnerung

Geschichte wird im Rahmen der menschlichen Interaktion entdeckt, und das Entdeckte wächst mit dem gemeinsamen Teilen von Erinnerungen. Die Psychoanalyse geht vom Trugbild der geteilten Erinnerung des Analysanden und Analytikers aus, aber das Leugnen der historischen oder psychischen Realität weist auch auf eine gemeinsame Erinnerung hin, die so schmerzlich ist, daß sie eine Bedrohung für die Grundlage der Identifikation darstellen kann, auf der sich die Beziehung entwickelt hat, während Ressentiments, Haß und Schuldgefühle verschärft werden. Diese Ideen, die eine Verbindung zur Vergangenheit und Repräsentation haben müssen, ermöglichen es, die Lücken in der kollektiven historischen, kulturellen Erinnerung zu schließen und das Individuum wieder mit seiner libidinösen und Triebgeschichte zusamenzubringen. Es gibt eine ständige Interaktion zwischen den Mechanismen der individuellen Erinnerung und der kollektiven Erinnerung, ohne die ein Handeln unmöglich ist. Und das gleiche gilt auch umgekehrt: Die Mechanismen der kollektiven Erinnerung können ohne die individuelle Erinnerung nicht funktionieren. Bei vielen Überlebenden ist es so, daß sie, wenn sie sich erinnern und sie diese Erinnerungen nicht in einer gemeinsamen kollektiven Erinnerung unterbringen können, die die private schmerzliche Erinnerung aufnehmen kann, nahe an den Punkt kommen, ihre Identitätslinie im Leben zu finden; dabei gibt es jedoch ein Element, das weder real noch imaginär ist. Und die Unmöglichkeit zu verstehen, die so bleibt, verhindert eine Vermittlung.

Zwischen Schweigen und Worten

Die unbegreifliche, endlose Gewalt und Folter der Shoah hat die natürliche Abfolge der ontogenetischen Entwicklung gestört (den Lebenszyklus des einzelnen Organismus) und das Individuum in einen Zustand grundlegender Hilflosigkeit zurückkatapultiert. Dieser Einschnitt erschütterte die bestehenden konzeptuellen Ordnungsstrukturen und Werte der inneren und äußeren Welten. Die Shoah konfrontierte ihre Opfer mit Dimensionen emotionaler Erfahrungen, die so überwältigend waren, daß sie grundlegende Gedankenprozesse zunichte machten und den Überlebenden wortlos dastehen ließen. Die einzigen Optionen, die blieben, waren psychischer Rückzug oder Schweigen. Robert Antelme (1957) beschreibt in seinem Augenzeugenbericht das Mißverhältnis zwischen dem, was er tatsächlich in Buchenwald zu ertragen hatte, und dem, was er anderen erzählen konnte:

> „Von den ersten Tagen an erschien es uns unmöglich, jene Kluft zu überbrücken, die wir zwischen der Sprache, die uns zur Verfügung stand, und dieser Erfahrung feststellten, die in unserem Körper immer noch anhielt ... Wir hatten kaum begonnen, die Geschichte zu erzählen, und schon brachten wir kein Wort mehr heraus. Was wir zu sagen hatten, schien unvorstellbar zu sein, sogar für uns selbst."

Zwischen Schweigen und Worten gibt es eine Zone, die kein Zeugnis durchdringen kann. Vielleicht ist dies die Zone, in der Ethik und Überleben aufeinanderprallen. Den Worten Elie Wiesels zufolge ist der Holocaust eine heilige Sphäre, in die man nicht eintreten kann, ohne sich bewußt zu machen, daß nur diejenigen, die dort waren, „wissen" können. „Man" werde es nie wissen, meinte er, und dennoch müsse man es versuchen. Aber trotz der schmerzlichen traumatisierenden Erinnerungen der Überlebenden beharrte Primo Levi (1992) darauf, daß es aus zweierlei Sicht zwingend notwendig sei, Zeugnis abzulegen – sowohl für die Vergangenheit als auch für die Zukunft. Zum einen sei es notwendig zu versuchen, eine Antwort auf die schreckliche Frage zu finden, ob das, was sich im Universum der Konzentrationslager ereignet hat, je wieder entziffert oder übersetzt werden kann. Und zum zweiten sei es in einer Welt, die bis zu einem gewissen Grad voller Grauen ist, notwendig zu fragen, was getan werden kann, um die Wiederkehr solcher Greuel zu verhindern.

Stumm zu bleiben, hieße, all das, was geschehen ist, in Vergessenheit geraten zu lassen. Das ethische Gebot verlangt, über die Shoah zu sprechen. Das psychoanalytische Gebot, das zweifellos von anderen Feldern wie der Geschichte und Literatur geteilt wird, gebietet, die deskriptiven Möglichkeiten an Ausdrucksweisen, die ein Individuum wählt, um „darüber zu sprechen", zu bewerten und wann immer möglich zu erweitern.

Wie findet man die richtigen Worte, mit denen man über die Shoah sprechen kann? Eine der Gefahren, über die Shoah zu sprechen, hängt damit zusammen, wie der Zuhörer die Schilderung des Überlebenden hört und aufnimmt. Der stumme Zuhörer hat in gewisser Weise eine große Macht, die darin besteht, daß er bestimmen kann, wie bedeutsam die Schilderung ist. Soweit der Zuhörer auch selbst eine Sprecherrolle übernimmt, wird diese Macht geteilt, aber nur bis zu einem bestimmten Punkt. Eine Unterhaltung, bei der es darum geht, einem Überlebenden zuzuhören, ist ein asymmetrischer Dialog, da der Zuhörer permanent schweigt; angesichts solchen Entsetzens ist es fast so, als müsse der Zuhörer sprachlos bleiben. Viele professionelle Zuhörer neigen in der Tat dazu, die Worte des Überlebenden im Sinne einer praktischen psychologischen Theorie zu interpretieren, deren Botschaft lautet: „Wir wissen, wovon Sie sprechen; wir sind Experten, was die Shoah, Entsetzen und Greuel angeht" – was nichts anderes als eine Abwehrreaktion gegen die gräßlichen Gefühle ist, die durch die Schilderung des Überlebenden geweckt werden. Aber solche Experten müssen sich in der Praxis dennoch davor hüten, nicht den Fehler zu machen, vorzeitig einen Raum ständiger Insensibilität mit eigenen Erinnerungen, Wünschen und dem eigenen Verständnis zu füllen (Bion 1972). Aber auch umgekehrt besteht eine ebenso große Gefahr: den Überlebenden in der erstarrten Erzählung der sadistischen Szene in visuellen Halluzinationen gefangen zu lassen. Um dieser entsetzlichen Gefangenschaft zu entkommen, muß der Überlebende einen schmalen Pfad zwischen dem nackten Entsetzen und dessen Darstellung in Worten beschreiten. Als psychoanalytische Psychotherapeuten können wir dem Überlebenden dabei helfen, indem wir einen alternativen Denkprozeß in Gang setzen, mit dem der Überlebende sich einen Zwischenraum zwischen dem Entsetzen und seinen Reflexionen darüber schaffen kann.

Aber selbst wenn Aspekte der Holocaust-bezogenen Vergangenheit des Patienten unbekannt sind, kann der Analytiker von dem „Wunsch" überwältigt werden, das schwarze Loch einer „unrealistischen" Realität zu meiden, die er nicht erfassen kann. In diesem Fall wird der Analytiker dazu neigen, dogmatisch auf eine Theorie zurückzugreifen, um zumindest vorübergehend sein Selbstvertrauen wiederzugewinnen.

Ein Erwachsener, der als Kind die Shoah überlebte (den ich als „kindlichen Überlebenden" bezeichne) begibt sich möglicherweise in Behandlung, um dort im therapeutischen Rahmen verstohlen die ferne, verlorene Identität – die fehlende Identität – und den Zustand völliger Hilflosigkeit zu deponieren. Der Überlebende öffnet sich noch einmal für die Möglichkeit der Berührung, die ihm so sehr fehlt, und die damit verbundene Agonie. Unsere Gegenwart als Therapeuten stellt somit eine der Hauptmöglichkeiten für eine Wiederherstellung und Wiederaufrichtung dar. Wir können dem Individuum helfen, eine schreckliche Geschichte, die wir alle geerbt haben, nochmals zu durchleben und dann aus diesem nochmaligen Erleben eine symbolische Erinnerung zu schaffen.

Durch den Akt, der Erinnerung in Worten eine konkrete Form zu geben, wird die „Sünde" des Überlebens oder Vergessens entkräftet und ein psychisch nutzbarer Raum für das Erinnern anstelle eines fortwährenden Schwelgens in Erinnerungen geschaffen.

Bestimmte „Fehler", die in der Psychoanalyse durch Verleugnung, Negierung oder Unterdrückung begangen werden

Ich bin in verschiedenen europäischen Ländern einigen Dutzend Psychoanalytikern und Psychotherapeuten begegnet, die zur Zeit der Shoah Kinder oder Adoleszenten waren und die ich im Rahmen der zusammen mit Judith Kestenberg durchgeführten Studie interviewt habe. Sie waren genauso überrascht wie ich festzustellen, daß ihre Gefühle, Affekte, Verzweiflung, Erfahrungen von Verlust und Trennungen, die sie als Kinder in den Kriegsjahren und den unmittelbaren Vor- und Nachkriegsjahren erlebt hatten, in ihren Analysen nicht berührt worden waren. Die meisten von ihnen hatten jahrelange psychoanalytische Erfahrung, die tiefe Spuren in ihnen hinterlassen und mitunter Kreativität gefördert hatte. Aber etwas fehlte bei diesem Wachstums- und Reifeprozeß, nämlich die Aufarbeitung der Kindheit im Krieg, die Erfahrung, in den Ghettos oder Lagern versteckt zu werden – das Wiederzusammensetzen von sich selbst, wobei ihre Kindheit und Adoleszenz im Krieg und ihre Erfahrungen in ihre Identität mit einbezogen werden. Durch die direkten Fragen des Interviews wurden Emotionen und Erinnerungen geweckt, die bis dahin unangetastet geblieben waren. Viele dieser Personen begaben sich nach dem Interview nochmals in Analyse oder fingen eine Gruppenpsychotherapie an, in der ihre Kindheit während des Krieges aufgearbeitet und in ihr Leben eingegliedert wurde.

Wir dürfen uns fragen, was hier geschehen ist – ging es bei der Analyse nur um die Lösung des Ödipuskomplexes, um Kastration, die inneren Wechselfälle der Triebe, ohne daß dabei die äußere Welt berücksichtigt wurde? Wir können davon ausgehen, daß die Erinnerung an die Vergangenheit, die nicht erschlossen oder angerührt werden konnte, im Zweifel verletzend für das psychoanalytische Paar war. Und deshalb stellt sich die Frage, welche Wiederholung, welcher nicht aufgearbeitete Konflikt, welcher emotionale Schmerz zu dieser Negierung oder Leugnung geführt hat. Warum ist dies geschehen? Eine meiner Hypothesen für eine Antwort auf diese Frage berührt das Phänomen der „ineinander übergreifenden Welten" – hier kann der Analytiker, der während des Krieges auch in Europa lebte, das Leid nicht ertragen, das durch den so heraufbeschworenen Kontakt mit seinen eigenen Erfahrungen ausgelöst wird, die emotional vielleicht Ähnlichkeit mit dem Leid haben, das jedem dieser Kinder zugefügt wurde.

Danieli (1980, 1984, 1985) ist der Überzeugung, daß diese wesentlichen Effekte Teil eines einzigartigen Prozesses, der sogenannten „Übertragung gegenüber dem Holocaust", sind. Danieli behauptet, daß die Hauptursache solcher Reaktionen in der überwältigenden

Natur des Holocaust liegt und nicht in den üblichen Aspekten des Dynamik-Konfliktes der individuellen Persönlichkeiten des Psychotherapeuten und Patienten. Dasberg (1987) bezeichnete diese Form von Reaktionen als „gesellschaftliche Gegenübertragungen", das heißt, daß die Reaktionen des Therapeuten nicht nur als Reaktion auf den Patienten, sondern aus einem größeren historischen und gesellschaftlichen Zusammenhang heraus erzeugt werden, der die Haltung des Therapeuten beeinflußt.

Puget und Wender (1982) verdeutlichen, daß der Therapeut bei solchen Reaktionen von einer totalistischen Introjektion des Entsetzens des Patienten übermannt und in den gleichen Zustand versetzt wird. Aus meiner Erfahrung meine ich, daß diese Reaktion auch auf das Phänomen der „ineinander übergreifenden Welten" zurückzuführen ist, die zwischen Therapeuten und Patienten bestehen, die einen ähnlichen persönlichen Hintergrund haben.

Bestimmte „Fehler", die durch Leugnung, Negierung oder Unterdrückung in der Gesellschaft begangen werden

In Frankfurt begab sich 1975 eine etwa sechsunddreißigjährige Frau in eine der elegantesten und teuersten gynäkologischen Kliniken, um in ihrer Geburtsstadt ihr erstes Kind zur Welt zu bringen. Als die Wehen einsetzten, entschied der Chefarzt der Station nach einigen Minuten, ohne erkennbaren Grund, daß ein Kaiserschnitt vorgenommen werden müßte. Die Frau, selbst eine Ärztin, erkundigte sich, wieso er zu diesem Schluß gekommen sei. Die Antwort, die sie erhielt, war unklar. Ohne weitere Diskussionen wurden alle Vorbereitungen zur Operation getroffen. Statt einer Vollnarkose wurde eine lokale Epiduralanästhesie vorgenommen, und das Ganze schweigend durchgeführt. Als die Operation vorbei war, sah sich weder der Arzt noch ein anderer des Teams gemüßigt, der Frau zu

Yolanda Gampel

sagen, welches Geschlecht das Kind hatte, noch ob es gesund war. Sie begann zu schreien, sie möchte ihr Baby sehen. Eine Krankenschwester flüsterte ihr schließlich das Geschlecht des Neugeborenen zu. Was sie von dem Chefarzt sodann einzig zu hören bekam, war, daß er ihr erklärte, auch wenn ihre „inneren Organe" in Ordnung seien, würden sie sie sterilisieren. In ihrer Hilflosigkeit schrie die Frau, sie sei nicht bereit, sich einer Sterilisation zu unterziehen. Zufällig war ein junger Arzt dabei, der mit der Frau zusammen Medizin studiert hatte und ihr, um sie zu beruhigen, versprach, die Sterilisation zu verhindern. Im Operationssaal war alles sauber und ruhig, abgesehen von den Schreien der Frau. Nur der junge Arzt machte den Mund auf, und wir wissen nicht, welchen Preis er dafür zu zahlen hatte, daß der dem Professor die Stirn bot. Jahre später fragte ich die Frau, warum sie keine Untersuchung des Falles verlangt habe, die wahrscheinlich zu einem landesweiten Skandal geführt hätte. Ein derartiger Gedanke, sagte sie, sei ihr nicht einmal in den Sinn gekommen, „da man einen Professor" in Deutschland „nicht in Frage stellt" (weil man es allgemein unterließ, Autorität in Frage zu stellen, was auf den Nazismus zurückzuführen war?). Ich fragte mich, wieviele Frauen in Deutschland auf diese Weise wohl sterilisiert worden waren. Wer war dieser Mann, der qua Beruf Geburtshelfer war, aber mit der Fähigkeit der Frauen zu gebären, nicht umgehen konnte, so daß er sie kastrieren mußte? Was für eine Geschichte hatte er? Wo hatte sein Vater während des Zweiten Weltkrieges gedient? Hatte sein Vater oder sonst jemand aus der Familie jüdische Frauen sterilisiert? Gehörte er der Hitlerjugend an? Welche Form von „radioaktiver Identifikation" trug er in seinem Innern, die ihn dazu trieb, diesen Akt der Nichtzulassung einer natürlichen Geburt zu wiederholen und eine Sterilisation zu forcieren? Es ist die Erinnerung, die sich in destruktivem Handeln wiederholt, das fortgesetzt wird und sich gegenwärtig gegen Frauen seines eigenen Volkes statt gegen andere Völker richtete. Warum beweisen diese Frauen und andere in Deutschland keinen Mut, und warum wird nichts dazu getan, um solche Vorgänge publik zu machen? Welche anderen Vorgänge werden im Nachkriegsdeutschland auch nicht bekannt, die weiterhin gleich einem Quanteneffekt geschehen?

Radioaktive Identifikation

Ich möchte mein Konzept der „Radioaktivität" nochmals kurz erläutern: Hierbei wird unterstellt, daß eine äußere Realität in das psychische System eindringt, ohne daß das Individuum irgendeine Kontrolle über deren Eindringen, Implantation und Folgewirkungen hätte. Das Konzept von der „radioaktiven Identifikation" soll als eine konzeptuelle und metaphorische Darstellung des Eindringens entsetzlicher, gewaltsamer und destruktiver Aspekte der äußeren Realität dienen, gegen die das Individuum wehrlos ist. Diese „radioaktive Identifikation" oder dieser „radioaktive Kern" (Gampel 1990, 1991, 1993a, 1993b) umfaßt nicht darstellbare Rückstände, Reste der radioaktiven Einflüsse der äußeren Welt, die im Individuum fest verankert sind. Über diese nicht darstellbaren Rückstände des radioaktiven Einflusses kann nicht gesprochen werden, sie können in Worten nicht beschrieben werden. Sie offenbaren sich durch Bilder, Symptome und Träume.

Das Individuum internalisiert diese radioaktiven Rückstände, deren es sich nicht bewußt ist, und identifiziert sich mit ihnen und ihren entmenschlichenden Aspekten. Diese dem Individuum fremden Identifikationen werden dann später von ihm selbst oder durch den Prozeß der generationsübergreifenden Weitergabe von seinen Kindern ausagiert.

Verschiedene psychoanalytische Modelle verweisen auf eine Zone, in der es keine Worte gibt. Freud (1915) sprach von „Sachvorstellungen", Lacan von „dem Realen", Aulagnier (1976) vom „Piktogramm", Anzieu (1987) von den „formalen Anzeigern", Rosalato (1985) von „Demarkationsanzeigern", und Bion (1962, 1967) präsentierte sein Modell von den vorgefaßten Meinungen. Diese Konzeptualisierung weist auf ein inhärentes Potential der menschlichen Natur hin, das Teil der Entwicklung des Individuums ist. Puget (1988) entwickelte diese Ideen unter Berücksichtigung der gesellschaftlichen Gewalt mit der Einführung des Undenkbaren und des Ungedachten weiter. Ein Akzeptieren dieser Kategorie ist für Puget

> „gleichbedeutend mit dem Tolerieren der Existenz eines unerkennbaren mentalen Raums, der, wenn er in Worte verwandelt würde, Wahnsinn und Tod hervorbrächte. Es bedeutet auch, die Existenz einer Welt außerhalb des Ichs zu tolerieren, in die das Subjekt eingetaucht ist, ohne jedoch wissen zu können, daß dem so ist. Und es läßt auch auf die Anerkennung des Unkennbaren-Unteilbaren, des sensorischen Wissens schließen" (S. 123).

Menschen, die gesellschaftliche Gewalt erlebt haben – das undenkbarste alptraumartige Erlebnis –, können mit der Wahrnehmung des Entsetzens bewußt und unbewußt durch verschiedene Abwehrmechanismen wie eine affektive Anästhesie (Minkowski 1946), psychische Betäubung (Lifton 1976) oder dadurch umgehen, daß sie in einem Zustand der Spaltung leben, den „unheimlichen Hintergrund" unterdrücken. Andere versuchen bewußt, sich von der Wahrnehmung von Gewalt fernzuhalten, indem sie bewußt nichts lesen, hören oder sehen wollen, was mit ihrem Trauma zusammenhängt.

Man kann jedoch davon ausgehen, daß die Wahrnehmung von Gewalt wie Radioaktivität eingedrungen ist, sich ihren Weg in die drei Räume der Psyche gebahnt und sie kontaminiert hat. Jeder Raum begegnet dieser Radioaktivität gemäß seinen eigenen spezifischen Funktionsregeln und nimmt sie entweder auf oder weist sie ab. Im intrasubjektiven Raum, dem Raum, der die Triebe betrifft, können wir einen derartigen Prozeß voraussetzen, da der Trieb nicht zu sehen ist. Er ähnelt den radioaktiven Rückständen. Diese „Radioaktivität" dringt ohne jede Repräsentation ein; sie zerstört bestimmte Teile und verbindet den Trieb und seine Repräsentationen vielleicht direkt im Unbewußten. Das Individuum nutzt die Verdrängung, um zu verhindern, daß diese schreckliche Radioaktivität zusammen mit dem Trieb in Erscheinung tritt.

Wenn sie in Erscheinung tritt, dann in Kombination mit irgendeiner Form der Triebrepräsentanz. Das Verdrängte kann durch einen Traum oder ein Symptom wieder in Erscheinung treten, und damit können wir sowohl den Trieb als auch die zerstörerischen radioaktiven Elemente wahrnehmen. Ein Beispiel hierfür war der Vater eines Patienten, der im Konzentrationslager die nackten Leichen eingesammelt und begraben hatte. Wenn er von der Arbeit nach Hause kam, lag er die ganze Zeit für gewöhnlich im Wohnzimmer herum, wobei er nichts weiter als eine sackige Unterhose anhatte, die den Blick auf seine Geschlechtsteile freigab. Seine Familie schämte sich infolge dessen zu sehr, um Besuch nach Hause einzuladen. Mir schien, daß dieser Mann kein Exhibitionist war, sondern daß sein Herumliegen im Wohnzimmer eine Form der Identifikation mit den Leichen darstellte. Hier können wir sehen, wie die radioaktive Infiltration direkt ins Unbewußte gelangt und sich dort an den Sexualtrieb bindet.

Wenn dieses Material im Übertragungskontext der Behandlung offenbart wird, muß der Psychoanalytiker zwischen dem unterscheiden, was zum Trieb gehört, und dem, was zum Aspekt des Eindringens von gesellschaftlicher Gewalt gehört. Dies kann durch Rekonstruktion und durch die Einführung von Material erfolgen, das der Patient im Augenblick nicht in die Sitzung eingebracht hat. Bisweilen wird es durch den Gegenübertragungsdrang hervorgeholt, wobei der Patient den Therapeuten bittet, die Rolle der geschichtlichen Erinnerung zu übernehmen und ihm zu helfen, über das Undenkbare und das Unausgesprochene nachzudenken.

Im intrasubjektiven Raum wird die Radioaktivität, die in das Elternteil eingedrungen ist und im Unbewußten existiert, durch die generationsübergreifende Weitergabe im Kind deponiert. Verschiedene Aspekte, die Bion (1953, 1962, 1970) aufgezeigt hat, können uns bei unseren Überlegungen über die traumatische Weitergabe helfen. Ein Kleinkind kann zunächst nur seine sensorische Fähigkeit

Yolanda Gampel

zu fühlen nutzen, aber diese Gefühle noch nicht organisieren. Es nutzt die Fähigkeiten der Mutter zu Träumereien, um Erfahrungen zu organisieren. Sofern eine Mutter nicht in der Lage ist, die Todesangst ihres Kindes mit diesen Mitteln aufzufangen und zu transformieren, bleibt diese Angst bedeutungslos und wird vom Kind als irgendeine namenlose Furcht internalisiert. In diesem Fall ist das Kind dann mit seiner sehr primären Bewußtheit genötigt, diese Funktion selbst zu übernehmen.

Dieser intrasubjektive Raum wird leicht gefährdet, wenn Eltern ihre Trauer nicht aufgearbeitet haben und sich ihrer Fähigkeit zur Infiltration jener traumatischen gesellschaftlichen Gewalt nicht bewußt sind, die sie als Kinder oder Adoleszenten erlitten haben. Die Eltern können das Kind unbewußt dazu aussehen, ihren Überschuß an Leid auf sich zu nehmen, und es damit dazu zu bringen, in ihre Welt einzutreten. Die Folge dieses Prozesses ist eine radioaktive Identifikation.

Und was ist mit dem Glauben?

Im Herbst 1944 schrieb Theodor W. Adorno: Der Gedanke, nach diesem Krieg werde das Leben wie gewöhnlich weitergehen und es möglich sein, wieder Kultur aufzubauen, sei Unsinn. Nach Auschwitz, meinte er, sei die Fortsetzung des normalen kultivierten Lebens und der Glaube an das Gute und die Wahrheit als die höchsten Werte, die den Menschen leiten, sei das Schreiben von Gedichten, die diese Kluft außer acht lassen, barbarisch. Er prägte den Satz: „Nach Auschwitz ein Gedicht zu schreiben, ist barbarisch" ("barbarisch" bedeutet nach dem griechischen Ursprung des Wortes „unmenschlich"). Zu dem Zeitpunkt, als Adorno den allgemeinen Bankrott der westlichen Kultur feststellte, schrieb ein anderer Flüchtling im besetzten Paris, Albert Camus, eine Reihe von Briefen an einen anonymen deutschen Freund. Im Namen der westlichen Kultur erklärte er, daß die Besetzten gegenüber den Besatzern moralisch überlegen waren. Er schrieb vier Briefe; die ersten beiden wurden Ende 1943 und Anfang 1944 in den Flugschriften des französischen Widerstandes veröffentlicht. Die übrigen Briefe wurden im April bzw. Juli 1944, nach der Besiegung Deutschlands, publiziert. Es gibt einen markanten inhaltlichen Unterschied zwischen den ersten beiden und den letzten Briefen. In den ersten beiden Briefen versucht Camus, den Leser zu überzeugen, daß die historische Gerechtigkeit auf der Seite der französischen Widerständler ist. Im Unterschied dazu legt er in den letzten beiden Briefen seine Meinung zum Wiederaufbau eines neuen Europa dar. Im Namen dieses Wiederaufbaus, meint er, müßte beim Feind das respektiert werden, was der Feind bei dem anderen nicht respektiert. In einem im Mai 1941 verfaßten Artikel schrieb Camus, man müsse den Tatsachen ins Gesicht sehen, die die Dekadenz Europas, den Aufstieg von Schwachsinnigen und das Absurde der Existenz des einzelnen verdeutlichen. Wir müßten lernen, schlußfolgerte er, Striche zu ziehen – Striche, die nicht zwischen Gutem und Bösem oder zwischen Häßlichem und Schönem unterscheiden, sondern die menschlichen Ruhm und menschliches Leid anzeigen.

Welche Bedeutung haben diese Briefe heute? Sie veranschaulichen beispielhaft die mutige Stimme eines Menschen, der sich nicht von Grundsätzen der demokratischen Gesellschaft abbringen ließ.

Bion (1970) spricht vom „Akt des Glaubens". Er betrachtet den Glauben als einen wissenschaftlichen Geisteszustand, der als solcher anerkannt werden müsse. Ihm zufolge hat ein Akt des Glaubens nichts mit Erinnerungen, Wünschen oder Empfindungen zu tun. Hinter dem Akt des Glaubens steht etwas Unbewußtes und Unbekanntes, da das, worum es bei diesem Glauben geht, nicht geschehen ist.

(Übersetzt von Anni Pott)

Literatur

Amati Sas, S. (1992): Ambiguity as the route to shame. In: International Journal of Psycho-Analysis 73, S. 329-334.
Amati Sas, S., Gampel, Y. (1997): Mass sexuality, private sexuality (what sexuality, whose sexuality?): The International Psychoanalytical Congress, Barcelona, 1997.
Antelme, R. (1966): L'espace Humaine. Paris (Gallimard).
Anzieu, D. (1985): Le Moi-Peau. Paris (Dunod).
Berenstein, I., Puget, J. (1997): Lo vincular. Clinica y tecnica psicoanalitica. Buenos Aires (Paidos).
Bion, W. R. (1962): Learning from Experience. London (Heinemann).
– (1970): Attention and Interpretation. London (Heinemann).
Blanchot, M. (1980): L'ecriture du Desastre. Paris (Gallimard).
Camus, A. (1943-1944): Letters to an anonymous German friend. In: Actuelles – Ecrits Politiques, Paris (Gallimard).
Danieli, Y. (1982): Countertransference in the treatment and study of Nazi Holocaust survivors and their children. In: Victimology 5, S. 355-367.
– (1984): Psychotherapists' participation in the conspiracy of silence about the Holocaust. In: Psychoanalytic Psychology 1, S. 23-42.
– (1985): The treatment and prevention of long-term effects and intergenerational transmission, and victimization: a lesson from Holocaust survivors and their children. In: Figley, C. R. (Ed.): Trauma and its wake. New York (Bruner/Mazel), S. 295-313.
Dasberg, H. (1987): Society facing trauma. In: Hebrew. Sihot: Israel Journal of Psychotherapy 1, S. 98-103.
Freud, S. (1919): Das Unheimliche. GW Bd. 12 Frankfurt (Fischer).
– (1920): Jenseits des Lustprinzips. GW Bd. 13 Frankfurt (Fischer).
– (1921): Massenpsychologie und Ich – Analyse. GW Bd. 13 Frankfurt (Fischer).
Gampel, Y. (1992): Psychoanalysis, ethics, and actuality. In: Psychoanalytic Inquiry 12, S. 526-550.
– (1993): From the being in itself by modeling through transformation by narration in the therapeutic space. In: British Journal of Psychotherapy 19, S. 280-290.
– (1996): The interminable uncanny. In: Rangell, L, Moses-Hrushovski, R. (Eds.): Psychoanalysis at the Political Border. Madison (International Universities Press).
– (1997): The role of social violence in psychic reality. The Perverse Transference and Other Matters. New Jersey (Jason Aronson), S. 461-470.
– (1998): Einige Gedanken zu Dynamiken und Prozessen in einer Langzeitgruppe von Überlebenden der Shoah (Some thoughts about the dynamics and process of long term large group with child and adolescent survivors of the Shoah). In: Psychoanalytische Blätter 9, S. 83-104.
– (1999): Between the background of safety and the background of the uncanny in the context of social violence. In: Bott Spillius, E. (Ed. in chief): Psychoanalysis on the Move. London (Routledge), S. 59-74.
Hassoun, J. (1995): Le cruaute melancolique (The cruelty of melancholia). Paris (Aubier).

Kestenberg, J. S. (1972): Psychoanalytical contribution to the problems of children of survivors from Nazi persecution. In: Israel Ann. Psychiat. 10, S. 311-325.
–, Gampel, Y. (1983): Growing up in the Holocaust culture. In: Israel Ann. Psychiat. 20, S. 129-146.
– (1992): Children of survivors and child survivors. In: Echoes of the Holocaust 1, S. 27-50.
Langer, L. (1991): Holocaust Testimonies. New Haven, London. (Yale University Press).
Lifton, R. J. (1967): Death in Life: Survivors of Hiroshima. New York (Random House).
Minkowski, G. (1946): L'anesthesie affective. In: Ann. Med. Psychology. 104, S. 80-86.
Puget, J. (1991): The social context: searching for a hypothesis. London (Free Associations).
– (1988): Social violence and psychoanalysis in Argentina: The unthinkable and the unthought. In: Free Association 13, S. 84-144.
–, Wender, L. (1982): Analista y paciente en mundos superpuestos. In: Psicoanal. 4, S. 502-503.
Wiesel, E. (1987): Gesang der Toten. Erinnerungen und Zeugnis. Freiburg (Herder).

Autorinnen und Autoren

Brenner, Ira, Philadelphia, M. D., Professor für Psychiatrie am Jefferson Medical College, Training and Supervising Analyst am Philadelphia Psychoanalytic Institute und in eigener Praxis, Vorsitzender der Forschungsgruppe „Effects of the Holocaust on the Survivors and their Families", Assistent Editor der Zeitschrift „Dissociation". Zahlreiche Veröffentlichungen: The Last Witness (1996, mit J. Kestenberg), The Dissociation of Trauma: Theory and Technique (1998).

Gampel, Yolanda, Tel Aviv, lebt seit 1963 in Israel, Doktor der Psychologie an der Universität Tel Aviv, Assistenz-Professur an der Sorbonne in Paris, Mitglied der Internationalen Psychoanalytischen Gesellschaft und Co-Direktorin der Jerome Riker International Study Group of Organized Persecution of Children, Sand Point/N. Y. Zahlreiche Veröffentlichungen zum Thema, teilweise zusammen mit J. Kestenberg.

Grossmann, Klaus E., Regensburg, Dipl.-Psych., Dr. phil., Fulbright-Studium in den USA von 1991-1995, Professur für Psychologie an der Universität Regensburg. Forschung über „Psychologische Folgen und sprachliche Repräsentation unterschiedlicher Bindungserfahrungen" an Hand von Längsschnittuntersuchungen; Kooperation mit Prof. Abraham Sagi, Haifa, im Rahmen einer drei Generationen umfassenden Untersuchung über Auswirkungen von Holocaust-Erfahrungen.

Hirsch, Mathias, Düsseldorf, Dr. med., Facharzt für Psychiatrie und Facharzt für Psychotherapeutische Medizin-Psychoanalyse (DGPT), in eigener psychoanalytischer Praxis tätig. Dozent und mit Lehranalysen beauftragt am Düsseldorfer Institut für Analytische Gruppentherapie und Gruppendynamik (IAGD), Vorstandsmitglied der Akademie für Psychoanalyse und Psychosomatik, Düsseldorf. Forschungsschwerpunkte und Veröffentlichungen: psychoanalytische Traumatologie; Schuld und Schuldgefühl (1997), Der eigene

Körper als Objekt (1998) Realer Inzest (1999), Psychoanalytische Blätter, Arbeit und Identität (2000).

Klose, Bernd, Düsseldorf, Dr. med., Psychiater und Psychoanalytiker im klinischen Bereich und in eigener Praxis.

Kogan, Ilany, Tel Aviv, 1957 nach Israel emigriert, Studium der Psychologie und Sozialwissenschaften, Mitglied der Israelischen Psychoanalytischen Gesellschaft, Vorlesungen für Mediziner und Sozialwissenschaftler in Tel Aviv. Forschungsarbeiten und zahlreiche Veröffentlichungen über die zweite Generation der Holocaust-Überlebenden.

Moscovitz, Jean-Jacques, Paris, Dr. med., Psychiater, seit 1968 Psychoanalytiker in eigener Praxis, Mitglied der psychoanalytischen Vereinigung „Psychoanalyse Actuelle". Arbeitsschwerpunkt: Transgenerationelle Weitergabe im Zusammenhang mit dem Bruch der Geschichte. Veröffentlichungen: Une Psychoanalyse pour quoi fair (1991), D'où viennent les parents? (1995), La psychoanalyse, est-elles une histoire juive? (1991), Shoah, le film, des psychoanalytes ecrivent (1991), Destructions des homme (1995).

Nitzschke, Bernd, Düsseldorf, Dipl.-Psych., Dr. phil., Psychoanalytiker (DGPT) in eigener Praxis in Düsseldorf, Lehranalytiker am Institut für Psychoanalyse und Psychotherapie Düsseldorf e. V. Veröffentlichungen u. a.: Der „Fall" Wilhelm Reich (1997, hg. mit K. Fallend), Aufbruch nach Inner-Afrika (1998), Das Ich als Experiment (2000).

Opher-Cohn, Liliane, Düsseldorf, Dipl.-Päd., eigene Praxis für Psychotherapie und analytische Kinder-und Jugendpsychotherapie.

Pfäfflin, Johannes, Erkrath, Dipl.-Psych, Psychoanalytiker in eigener Praxis.

Pogany-Wnendt, Peter, Köln, Dr. med., Facharzt für Psychiatrie und Psychotherapie in eigener Praxis.

Rüsen, Jörn, Bochum, Prof. Dr., Lehrtätigkeit in Braunschweig, Berlin, Bochum und Bielefeld, seit 1997 Präsident des Kulturwissenschaftlichen Instituts Essen im Wissenschaftszentrum NRW. Forschungsschwerpunkte: Theorie und Geschichte der Geschichtswissenschaft, Geschichtsbewußtsein und historisches Lernen, Geschichtskultur, Menschen- und Bürgerrechte. Veröffentlichungen u. a.: Historische Vernunft (1993), Historische Orientierung (1994), Krisenbewußtsein und Katastrophenerfahrung (1997), Historische Sinnbildung (1997), Die dunkle Spur der Vergangenheit (1998).

Sonntag, Bernd, Köln, Dr. med., Facharzt für Psychiatrie, Psychotherapie und Psychotherpeutische Medizin, Institut für Psychosomatik und Psychotherapie der Universität Köln. Veröffentlichungen: Mein Partner ist in Therapie (1998).

Streeck-Fischer, Annette, Göttingen, Dr. med., Leiterin der Abteilung Klinische Psychotherapie von Kindern und Jugendlichen des Fachkrankenhauses Tiefenbrunn bei Göttingen, Kinderpsychiaterin, Psychoanalytikerin, Lehr-Kontrollanalytikerin der DPG, DGPT, Mitglied der Verbindungskommissionen der DGPT und VaKJP, seit 1980 an der Universität Göttingen. Veröffentlichungen über Zwangssyndrome im Kindes- und Jugendalter, stationäre Psychotherapie, Adoleszenz.

Virág, Terez, Budapest, Klinische Psychologin, Leiterin einer kindertherapeutischen Ambulanz, Lehranalyse bei Imre Hermann, IPV-Analytikerin, Lehranalytikerin in UPV, seit 1982 Behandlung von Holocaust-Opfern, Gründung einer Beratungsstelle, um kostenlose Hilfe anbieten zu können. Zahlreiche Aufsätze und Bücher zum Thema.

Volkan, Vamık D., Charlottesville, Professor für Psychiatrie an der Universität Virginia und Psychoanalytiker, Direktor und Gründer des „Center for the Study of Mind and Human Interaction" an der University of Virginia. Interessen- und Tätigkeitsschwerpunkte: psychologische Gründe für Konsequenzen von Großgruppenkonflikten, Beratung des vormaligen ägyptischen Präsidenten Sadat, der israelischen Knesset und der Regierungen der UdSSR, Ungarns, Türkei u. a. Zahlreiche Aufsätze und Bücher in verschiedenen Sprachen: Eine Borderlinetherapie (1996), Spektrum des Narzißmus (1994), Blood Lines: From the Ethnic Pride to the Ethnic Terrorism (1997); Sibling in the Unconscious and Psychopathology (1997), Blutsgrenzen (1999), Das Versagen der Diplomatie (1999), Psychoanalyse der frühen Objektbeziehungen (1999), Wege der Trauer (2000).

2004 · 237 Seiten · Broschur
EUR (D) 19,90 · SFr 34,90
ISBN 3-89806-202-3

»Die Seelennot der Kriegskinder, wie sie sich von der Warte der Analytiker, in der therapeutischen Praxis darstellt. Und wie sie sich in die zweite, in die dritte Generation fortwirkt. Ein erhellende Lektüre inmitten der Erinnerungskultur.« Die ZEIT

»Offenbar fällt es bis heute der (insbesondere altersmäßig jüngeren) Öffentlichkeit schwer, wahrzunehmen und damit auch anzuerkennen, was damals diesen Kriegskindern zustieß und wie eingeschränkt ihre Entwicklungsmöglichkeiten insbesondere in der direkten Nachkriegszeit waren.« (Aus dem Vorwort von H. Radebold)

Mit Beiträgen von: Elmar Brähler, Georg Driesch, Tillmann Greb, Jürgen Hardt, Christoph Seidler u. a.

P☒V
Psychosozial-Verlag

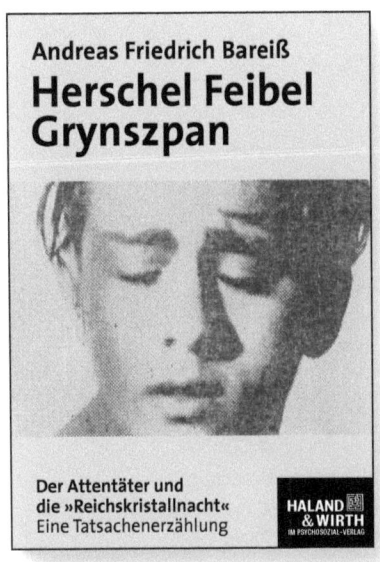

Andreas Friedrich Bareiß
Herschel Feibel Grynszpan

Der Attentäter und die »Reichskristallnacht«
Eine Tatsachenerzählung

2005 · 161 Seiten · Broschur
EUR (D) 19,90 · SFr 34,90
ISBN 3-89806-930-3

Am 9. November 1938 inszenierten die Nationalsozialisten die so genannte »Reichskristallnacht« – ein lang vorbereitetes Pogrom gegen die jüdische Bevölkerung in Deutschland. Von offizieller Seite wurden die Ausschreitungen als »spontane Reaktion« auf das Attentat des damals erst 17-jährigen Juden Herschel Grynszpan auf den NS-Diplomaten Ernst vom Rath in Paris dargestellt.

Unter Verwendung authentischer, größtenteils bislang unveröffentlichter Dokumente hat Bareiß nun die wahren Hintergründe des Attentates recherchiert und spannend und lebendig nacherzählt. Im Mittelpunkt steht dabei die persönliche Geschichte des jugendlichen Attentäters. Aufgewachsen in Hannover, lebte Herschel in den 30er Jahren bei seinem Onkel in Paris. Im Homosexuellenmilieu traf er auf den deutschen Diplomaten, für den er sich alsbald als Strichjunge und Kontaktperson zur Szene betätigte.

Vom Rath versprach Herschel dafür, sich für dessen in Deutschland lebende Familie einzusetzen, konnte sein Versprechen aber nicht halten. Als Herschel von der Deportation seiner Familie erfuhr, beschloß er, sich zu rächen.

HALAND & WIRTH
IM PSYCHOSOZIAL-VERLAG

4. Auflage 2003
231 Seiten · Broschur
EUR (D) 19,90 · SFr 34,90
ISBN 3-930096-58-7

»Erziehung durch Bindungslosigkeit zu Bindungsunfähigkeit wurde unter dem Nationalsozialismus systematisch und wirkungsvoll geplant und in die Praxis umgesetzt. Daß vieles davon bis heute nachwirkt, machen Chamberlains Analysen in dankenswerter Klarheit deutlich. Damit ist ihr Buch von größtem Wert – auch für die analytische und therapeutische Arbeit.«

Jürgen Müller-Hohagen, Psyche 11/99

»Chamberlain arbeitet den latenten Haß in der NS-Gesellschaft auf die Kinder heraus, der vermutlich von Neid durchzogen ist. (...) Höchst lesenswert ist die Auseinandersetzung mit den tiefpsychologischen Hitler-Deutungen im furiosen Schlußkapitel.«

Tilman Moser, Süddeutsche Zeitung

P❋V
Psychosozial-Verlag

2001 · ca. 250 Seiten
Broschur
DM 39,80 · öS 291,–
SFr 37,– · EUR 20,35
ISBN 3-89806-068-3

Kultur des Friedens – damit ist ein hohes Ziel gemeint. Es ist die Vision einer echten Leitkultur, die über alle ethnischen, nationalen und religiösen Grenzen hinausreicht und die hervorbringen soll, was heute noch eher eine Leerformel darstellt, nämlich eine menschliche Gemeinschaft, eine Gemeinschaft der Menschlichkeit, was die englische Sprache mit dem einem doppelsinnigen Wort Humanity erfassen kann.«
Horst-Eberhard Richter

Aus dem Inhalt:
György Konrad: Kultur des Friedens
Egon Bahr: Neue Gefahren für den Weltfrieden
Hans-Peter Dürr: Die Kunst des Friedens
Oskar Negt: Gewaltpotenzial aus sozialen Konflikten – Analysen und präventive Strategien
Horst-Eberhard Richter: Heilung einer Krankheit
Weitere Beiträge von:Heinz Loquai, Dan Bar On, und Ercan Kanar.

P🕮V
Psychosozial-Verlag

Juni 2001 · ca. 220 Seiten
Broschur
DM 39,80 · öS 291,–
SFr 37,– · EUR 20,35
ISBN 3-89806-044-6

Die Möglichkeit, politische oder ökonomische Macht auszuüben, nährt Größen- und Allmachtsphantasien. Umgekehrt bahnen Karrierestreben und Rücksichtslosigkeit den Weg zu den Schaltzentralen der Macht. In detaillierten Fallstudien – u. a. über den Skinhead Max, den Pädophilen Ivo, Ministerpräsident Uwe Barschel, Ex-Bundeskanzler Helmut Kohl und Serbenführer Slobodan Milosevic – analysiert der Autor die Verflechtungen zwischen der individuellen Psychopathologie und den ethnischen, religiösen und kulturellen Identitätskonflikten der Gruppe.

P⊞V
Psychosozial-Verlag

2000 · 280 Seiten
Broschur
DM 69,– · öS 504,–
SFr 62,50 · EUR 35,28
ISBN 3-89806-033-0

„Soll ich meinen Weg zur Psychoanalyse typisch nennen? Gewiß nicht. Er ist durchaus individuell, von meinen unbewußten Wünschen und Ängsten mitbestimmt. Aufmerksamkeit verdient er lediglich, weil er sich genau in den Koordinaten bewegt hat, die der Psychoanalyse seit ihrer Entstehung zukommen. Es geht um die Psychoanalyse als kulturelles Phänomen, wenn ich höchst persönliche Erlebnisse erzähle." (Paul Parin, 1985)

Mit Subjekt im Widerspruch ist der Widerspruch gegen die äußeren (und vielfach verinnerlichten) Verhältnisse, die gesellschaftlichen Strukturen, die politischen Zwänge, die alltäglichen Schnittmuster unseres Subjektseins gemeint. Auf sie fällt der analytische Blick – in einer Art Rückblende der ethnopsychoanalytischen Erfahrungen, die in fremden Ländern gewonnen wurden – auf die eigene Kultur, seien es nun eingeschliffene Verhaltensweisen oder aktuelle Wende-Ereignisse

P🕮V
Psychosozial-Verlag

2001 · ca. 440 Seiten
Broschur
DM 69,– · öS 504,–
SFr 62,50 · EUR 35,28
ISBN 3-89806-061-6

Das Buch unternimmt den Versuch, dem Vater in der Psychoanalyse einen ganz neuen Stellenwert einzuräumen. Dabei kommt man an einer Feststellung der defizitären Beziehungen zu »fernen Vätern« in der heutigen Gesellschaft nicht vorbei. Diese »Vaterferne« wird auch in ihren Auswirkungen auf eine gewaltvolle männliche Sozialisation (Fremdenfeindlichkeit, Antisemitismus) analysiert. Aigner sammelt klinische Ergebnisse zur Vaterentbehrung, die angesichts der Entwicklungsprobleme von Kindern und männlichen Heranwachsenden zu einiger Sorge berechtigen. Schließlich bietet er mit der frühen Vaterbeziehung und dem »negativen Ödipuskomplex« eine heilsame Alternative zur Vaterlosigkeit und Vaterferne an.

P🕮V
Psychosozial-Verlag

www.ingramcontent.com/pod-product-compliance
Ingram Content Group UK Ltd.
Pitfield, Milton Keynes, MK11 3LW, UK
UKHW041414180426
11947UKWH00007B/138